U0038414

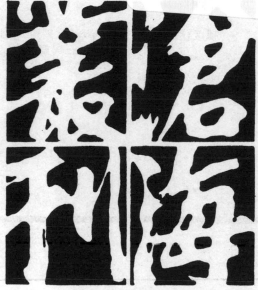

制度化的社會邏輯

葉啓政 著　　東大圖書公司 印行

國立中央圖書館出版品預行編目資料

制度化的社會邏輯/葉啓政著．--初版．
--臺北市：東大出版；三民總經銷，民80
面；　　　公分．--（滄海叢刊）
含參考書目
ISBN 957-19-1334-0（精裝）
ISBN 957-19-1335-9（平裝）

1.社會學-哲學，原理-論文，講詞等

540.2　　　　　　　　　　80003416

© 制 度 化 的 社 會 邏 輯

著　者　葉啓政
發行人　劉仲文
出版者　東大圖書股份有限公司
總經銷　三民書局股份有限公司
印刷所　東大圖書股份有限公司
　　　　地址／臺北市重慶南路一段
　　　　　　　六十一號二樓
　　　　郵撥／〇一〇七一七五──〇號
初　版　中華民國八十年十一月
編　號　E 54087①
基本定價　伍元壹角壹分
行政院新聞局登記證局版臺業字第〇一九七號

有著作權·不准侵害

ISBN 957-19-1334-0（精裝）

制 度 化 的 社 會 邏 輯

編　號　E 54087①

東 大 圖 書 公 司

自 序

收集在這兒的六篇文章都是最近五年內寫就的。其中,〈『創造性轉化』的社會學解析〉和〈誰才是『知識份子』〉兩篇文章,當初是應兩個不同性質之研討會的需要而寫的,因此,無論就文章的主題或內容,都不免遷就研討會的性質而有所限制,難以隨個人的旨趣充分地發揮。其他四篇文章則不同,它們純然是在無外力驅使下,因個人興趣與關心的緣故而寫出來的,可以說是代表這五年來做爲社會學者的一點成績,也是個人對社會學這個領域所從事的一點思考成果。

這六篇文章是在不同的時間、不同的動機、不同的心境的情況下寫成的。表面上看起來,彼此之間似乎沒有必然的聯貫關係。它們可以獨立成篇, 甚至是互不相干的。 但是, 細心的讀者應當可以看得出, 這中間其實有一些共同的論述主題, 也有共同的思維線索可尋的。這些的共同性反映的正是作者從事理解「社會」所企圖建立、也是表現的基本立場。這事實上是當作者分別撰寫這些文章時,早已預存的態度,準備有朝一日把這些文章編在一齊時,可以成爲一本具有立場意識的書籍。

作者對於社會學知識的切入立場是什麼,可以從第一篇文章〈對社會學一些預設的反省——本土化的根本問題〉看出一些端倪來。這篇文章始於對西方社會學知識背後之哲學人類學的檢討,而終於對本土化之根本的確立。我一直以爲,社會學並不是一門絕對保持價值中立的科學,任何對社會的思索都有一些預存的命題,而這些命題都是

反映人對自然與人自身的一些基本觀點。這些觀點都是預設，也是依存在信仰或自然的思維態度上面，不可能透過經驗檢證來確立的。

　　哲學人類學的預設命題是建構倒金字塔型之知識體系的基石。正因為如此，這些命題正是尋找知識體系之分離點時所必然要挖掘探究的。所謂「本土化」，基本上即是尋找知識體系之可能分離點的建構功夫。若此，尋找主流知識體系之哲學人類學命題並加以批判、甚至顛覆，正是尋找、建構知識體系之分離點的必要過程。

　　依個人的意見，西方社會學知識體系乃建構在三個基本預設上面。它們分別是: (1)肯定世俗的現世界的實在性、(2)賦予占有與慾望滿足以倫理與美學上的正當性、和(3)承認外化客存之結構的必然限制性。結合這三個哲學人類學上的預設，西方社會學者眼中的社會是一個具「體系」性 (systemic) 的巨靈。於是乎，社會即等於社會體系 (social system)，它乃脫離人的生活世界，被視為是獨立於其外而自存的客化實體。如此把社會當成體系來看待，才會有 Habermas 視體系與生活世界為二獨立實體，而有前者殖民化後者之說出現。

　　無疑的，把社會看成是一個具「體系」性的客存巨靈是形塑了強調制度化之「結構──功能」說的基石。第二篇與第三篇文章即在此立論基石之下寫出來的。第二篇〈『功能』的概念〉一文，其實是另一篇文章〈結構、意識、與權力──對『社會結構』概念的檢討〉的延續。兩篇形同姐妹，應當擺在一齊才對。只是，後者一文已收入作者另外的一本書──《社會、文化、和知識份子》（東大圖書公司印行，1984年），不便再度收集進來這本書內。總之，倘若有了上述三個預設命題當成底子，我們就不難理解何以「結構」與「功能」此二概念成為西方社會學傳統中重要的核心概念，也自然明白把社會當成「社會體系」來看待的緣由。

在前面，我們已指出，把「社會」「體系」化成爲一個獨立自主之客存實體，是使「社會」與個體之生活世界被剝離的基本要件。如此的二元分離，乃至對立的看法是我個人不能完全贊同的。這樣的看法是最近才逐漸形塑成。在這之前，我一直採取 Habermas 的立場，把「生活世界」與「體系」看成兩個可以獨立的領域來處理，而接受「社會」的「體系」性（尤其制度化的「體系」性）。這是當初寫〈『功能』的概念〉與〈『制度化』的社會邏輯〉（甚至是〈『創造性轉化』的社會學解析〉）等文章時的基本立場。因此，當在編輯這本書時，我只好在可能的範圍內，把有關此二概念的部份修改。但是，由於此一思考立足點的改變可以說是革命性的，任何努力的修改都無法克服原來之思考邏輯上所具有的限制與缺陷，因此，縱然是儘可能的修改了，但是，所留下的問題恐怕比原先的還多，文字所欲表達的恐怕也更加是難以充分掌握，這是必須向讀者們事先說明，也致歉的。我準備在下一本書中以系統化而完整的寫作方式來處理這個否定有所謂「社會結構」自足於生活世界領域之外的說法。在我觀念中，社會指的是人之生活世界的交集，有的只是生活世界被「體系」化，並無自存的社會體系。

話說回來，把社會「體系」化成爲是一個客存實體自身，才有「功能」之說的可能性，也才有使「制度」得以形成而展現其邏輯之社會效能的條件。這是作者在第二及三篇文章中所欲討論的重點，更重要的是，企圖由此牽引出一個西方社會學界一直視爲兩難的問題來。此一問題即自由意志與結構制約之間的相互詰難關係，也是個體與集體之間的弔詭關係。這是作者在〈『制度化』的社會邏輯〉一文中期冀化解的重點，也是希望經由此來尋找另一條重建社會秩序之理論的途徑。易言之，作者企圖透過點明制度化作爲詮釋並建構社會秩

序之基本社會邏輯的極限，來拆解制度化做爲社會理論之基石的思考傳統迷思。東方傳統主內省自修的社會秩序觀；於是乎，是一條頗值重新撿回來省思的線索。這是一項極富挑戰，也是艱鉅的理論建構工程，有待大家共同來努力。

後面三篇文章可以看成是另一組具有聯貫性的作品。三者基本上都是處理文化的問題。表面上看來，這三篇文章乃是基於關懷這個社會的文化變遷的問題而寫成的。這的確是作者當初寫作時的原始動機。讀者們可以很容易地看得出，無論是討論「文化優勢的擴散」、「創造性轉化」、或「知識份子」，概念的衍伸都是緊扣著這個社會的歷史而來的，儘管討論的基本上似乎是屬於結構性的層面。

然而，在此，必須指出的是，這三篇文章事實上尚具有社會學理論上更爲深層的意涵，這也是作者原先就有的意思。簡單地來說，這一層意義不能以時下流行之「文化研究」的立場來論斷，更非只是企圖用「文化」來充當顯現「社會」此一萬花筒的石蕊顯示劑。其意義在於向西方社會學偏重結構之形式的傳統挑戰，而以爲文化做爲概念來看待，是構成人們日常生活中活動的主體，相反地，結構的形式是隱藏的，也是自然的。其實，這個問題早已在二十世紀初 Simmel 提出「形式」與「內容」之爭論時呈現出來了，只是，後來爲結構論者的主張所掩蓋掉。

我所以提出「文化」做爲社會學的主要議題，並不單純基於用來反制或平衡結構論，而是緣於另一層面的預設主張上。反面來說，此一預設卽前述的反社會體系自主觀；正面來看，它則是以爲形塑「社會」的解析主體是每個人實際活動的日常生活世界。此一基本立場的轉移，固然沒有否定了「結構」的存在與其可能具有的解析意義，但是，無疑地是企圖否定了「體系」自立於個人之生活世界外的主張。

準此，把「結構」還原到生活世界來，文化是一個重要的媒介性概念，具有啟承轉折的作用。這是理論上需要嚴肅來思考的問題。

其實，把「文化」的理論地位凸顯出來乃意涵肯定人之主體性，也是意涵社會之所以形成的主體要件是不容忽視的。所謂「文化優勢的擴散」、「創造性轉化」、與「知識份子」，均與此有著密切的關係。前二概念與之的關係可以說是特殊的、歷史的，而後一概念則是結構性的。這也就是說，「文化優勢的擴散」與「創造性轉化」此二現象所以顯得重要，基本上是因特殊歷史條件而促成的。十九世紀以來帝國主義與資本主義之開展所形塑之世界體系化是最主要的歷史動力。

「知識份子」做為一羣具某些特定特徵的人，在人的社會裏，有一定的社會意義。依其古典定義，這羣人可以看成是展現人做為主體的羣體性化身；也就是說，知識份子可以看成是人展現其主體的羣體性代言人，是個體的集體表徵。因此，倘若「主體性」、「自由意志」……等概念是思考現代社會的核心問題，則「知識份子」做為一集體形式就不能不嚴肅地加以考量了。它在建構「人為主體」之社會學理論中居有重要的地位，不容輕易忽視的。不過，讀者們可以看得出，這個理論上的論述性議題並不是很明顯地表現在這本書的文字當中，這是作者必須承認的。其實，依作者個人的意見，有關知識份子一文是全書六篇文章中最為不滿意的一篇。整個文章的論述過分拘泥於「知識份子」概念的歷史性回顧與結構性澄清，論述過於靜態，而動態面的論述不足，其所以如此，除了作者功力不足外，誠如前述的，乃因作者考量當時寫作所為之研討會的性質使然的。

不管如何，「知識份子」做為社會學中的議題，其重要性不在於其本身是一個有意義、值得探討的現象，而是它在重構社會學理論上

具有不可忽視的地位。其地位之所以重要，無疑地，乃緊貼著「文化」做爲一個主體的前題而來的。這些問題都是未來值得研究的論題，而事實上晚近西方社會學者已逐漸注意到了。

　　對一個寫作的人，過去的作品再回過頭來讀，總會發現其缺點，感到十分的不滿意。嚴格來說，對於缺失或不滿意之處，應當加以修改的。不過，一旦動筆修改起來，又會發現，倒不如重寫。面對這樣的心境，尤其怠惰似乎是人的天性，其結果是不如不改，讓它儘可能以原貌，做爲人生旅程中之一段記錄的姿態呈現出來。如此，既方便又省事。這本書於是就在這樣的心態下呈現在大家面前了。

葉　啟　政　　識於臺灣大學法學院
　　　　　　　研究室 1991. 10. 20

制度化的社會邏輯

目　　次

對社會學一些預設的反省——本土化的根本問題

一. 前　言

　　自從社會學問世以來，社會學者首先爭取的是在學院中有著合法
的地位，進而與別的學門競爭一席之地。大體來說，決定其地位之有
無與高低的主要條件之一在於是否具備「科學」的身份上面。這是廿
世紀以來，任何學門確立其學院地位的重要標準。認為社會學是一門
科學，它的知識有一定的客觀性，可以說是絕大部份社會學者深信，
甚至是強迫自己相信的「事實」。其所以如此，推其原因，不但是基於
確保自身在學院門牆內的合法身份和尊貴地位，更重要的是，基於對
科學知識的價值，產生一份崇高無比的信仰。

　　在這個時代，人們崇拜科學，把科學看成是檢驗真偽的惟一，也
是終極判準，更是建立一切知識體系的依據。人類文明的前途似乎就
寄望在科學的發展上面。在這樣的認知之下，科學知識是真理的化
身，一切事理都需要經由這個晶球來透視，才能辨其真假，也才能確
立其價值。按理，科學是一種冷靜、理智的心靈思考和觀察體系，它
反對帶情感好惡的論斷，更是排斥直觀感受性的認知方式。但是，令
人感到弔詭的是，人類對科學的基本心態卻是產生近乎非理性、情感
化的膺服態度。它成為一個具無上權威、無比威力，也具神才魅力的

怪物。人們對它膜拜，像以往人們對神膜拜一般。

　　在這兒，我無意貶抑，更無意蔑視科學的社會價值，因為社會價值畢竟還是反映人們認知上的喜好態度，本質上是歷史的、文化的，因此沒有爭論對錯的餘地。同時，我更無意完全否定社會學可能具有的科學性，也不否定此一科學性在知識上具有的意義，畢竟科學帶來的所謂「客觀」和「實用」性，早已成為人類在知識上確認，也是追求的心理要求了。其實，這些問題既非本文關心的主題，也遠非筆者能力所能逮及的，根本就不打算在這兒做進一步的討論。我所以刻意把社會學的科學性向和社會學者努力向科學認同這兩樣「事實」提了出來，為的是彰顯其所可能蘊涵的意義。這個意義是值得我們去挖掘的。尤其，這些年來，國內學者一直在倡言社會學科「本土化」❶。談了幾年，說真的，所談的還只停留在強烈的情感認定之層面上。雖然不少同仁們已為「本土化」勾勒出基本的輪廓，但它既朦朧、又曖昧，容貌難以確認，更罔談能夠帶出其基本精神，開展新的學風。

　　談到「本土化」，牽涉的問題是錯綜複雜，包含的層面更是多元，任何的闡述都只能檢其一二，難以涵蓋其全貌。在這兒，我無野心從事全貌性的探究，事實上這也是不可能的。依我個人的看法，我以為「全貌」式的探索任何社會現象，基本上就是一種認知上的迷思，因為這是違反社會現象的本質，也不貼切人類的認知特質，根本是不可行的。在人的認知中，社會現象永遠不可能展現有「全貌」，人們能夠捕捉的永遠只是限於一定時空的展現「部份」而已。有鑒於此，我以為，在討論「本土化」的問題時，我們首先必須要做的是貫注入智慧，讓個人的想像力和洞識敏感力，在既有之文化叢體的孕育下發

---

❶　主要的論說收集在楊國樞與文崇一（1982）、李亦園等（1985）、與蔡勇美與蕭新煌（1986）等三本書中，有興趣的讀者可自行參閱。

揮，並導出一個方向，才可能剔透出整個問題的癥結來。這樣的說法是相當地玄，同時也不合乎時下流行的「科學」精神。我接受這樣的批評，但是，我還是堅持以為，惟有這樣的進路才能把問題的理路耙梳出來，也才可能開展「本土化」的意涵範域。

倘若社會學有本土化的可能，也有此必要，但又無法是全貌的，那麼，我們應當從何下手，才能充分發揮我們的想像力和洞識力，把文化特色表現出來？我個人以為，這是一個無法讓大家有共同一致之答案的問題。況且，事實上，本土化的努力本就是多元、多層面的，絕非任何單面努力可以充分含蓋的。話雖如此的說，審視諸多可能努力的面相，我們還是不難於其中找出一條具有先後、主從之分的線索來。以我個人的意見，目前最迫切需要努力探究的，不是提出適合這塊土地之風俗人情的研究方法或工具，也不是闡明此一地區特有的現象，更不是修改西方社會學界提出來的理論，而是檢討整個西方既有之社會學知識背後隱藏的預設與其意識形態的理路。

誠如眾所皆知的，我們的社會學知識基本上是舶來品❷。自從社會學知識自西方引進以來，經過近百年來的推廣，尤其是一代代學子渡洋去學人家的社會學，我們的社會學早已深染上西方社會學的文化風格而不自知。這種源於文化傳統之特殊風格是我們不能不剖析的知識深層結構。要剖析這個深層結構，自得緊扣西方社會學的基本風格──科學性來做起點。但是，更重要的還是梳理出內涵在「科學」意理之「客觀性」中有關哲學人類學上的特性。這個特性一直是深隱在西方社會學研究的傳統之中，它反映西方社會學知識背後有關「人」和「社會」的基本預設和認知模式。這預設和認知模式主宰著社會學的研究，也確立了社會學知識的「真實性」，更企圖因此保證它具有

---

❷　參看鄒理民（1981）、葉啓政（1982, 1985）、Wong（1979）。

超文化範疇的普遍效準性。這是西方社會學知識大量輸入後所帶來的
意識形態與迷思，不能不認真地加以思索的。

二. 社會學知識的特質

Giddens (1967) 曾指出，當前的社會學知識說穿了只是對歐美
工業（尤指資本）社會之特性加以描繪、解析而堆砌成的。稍微熟悉
西方社會學發展史的學生都清楚，社會學是因應工業革命和法國大革
命對社會所帶來之衝擊而產生的❸。它之產生,尤其產生於學院之外,
基本上乃是基於知識份子關懷自身社會的未來去向而來的❹。因此,
社會學的誕生是源於對「自身」社會的關懷， 其本意相當程度是具
「問題」取向的。當是時，所謂「理性」以工業化和民主化兩個具體的
形態展現，它們排山倒海地衝擊著舊有社會秩序，終使之幾近瓦解殆
盡。面對著社會失序的狀況，有些有識之知識份子（如Saint Simon,
Comte），為了重建社會秩序， 開始以有別以往冥思的方式， 採取所
謂「科學」的態度來探索社會的本質與其問題，希望藉此為未來社會
建構一個藍圖。在此背景下，社會學知識的建立一開始就緊緊地嵌入
歐洲的歷史，深深地扣著歐洲的文化與社會問題而來的❺。正因為如

❸　參看 Nisbet (1967)、Zietlin (1968)、Giddens (1976)、Abrams
 (1982)、或 Seidman (1983)。
❹　參看Coser (1971)。
❺　倘若把社會學與人類學並看，我們發現此二學門的誕生雖有著不同的心
 理動向，但卻有著相聯的時代背景。社會學是因歐洲人為了處理工業化
 帶來的內部問題，而人類學可以說是因應其興起之帝國主義的野心而產
 生的外部問題。為了便利對其海外殖民地與亞非「落後」地區執行政治
 統制、推銷基督宗教的福音、和滿足經濟利益的剝削，歐洲人必須對興
 起的新世界體系中的另一端點──邊陲社會有所認識。人類學即在此動
 機下誕生，其目標是指向「他」社會，而且研究的策略也就不能如社會
 學一般是指向特殊問題面相， 必須是全面的包含社會的各個面相，因
 為畢竟這些社會是他們一向陌生的。在十九世紀中，英國是最大的帝國
 主義者，有「日不落國」之稱。為了有效掌握其海外殖民地，瞭解殖民
 地人民的風俗習慣、思考與行為模式或社會結構等等，就變成是相當重
 要的事業。無怪乎，人類學始於英國，也以其發展最為發達。

此，當前社會學知識是反映著西方的思考模式和世界觀，有著一定的預設在其背後支撐著。Giddens 於是呼籲社會學者應當對歐美以外之「發展中」或「未發展」國家多加研究。阿根廷的 Frank(1971) 也才會指出，近代社會學知識事實上只是反映中心社會的發展迷思(myth)。他因此大加撻伐，並進而提出「依賴理論」的觀點。

Giddens 指責的是正確，Frank 的剖析也很有道理。社會學的知識對歐美中心社會以外的世界確實一向是缺乏關照的，又是缺陷，也使整個社會學的知識相當不完整。以歐美社會之變遷發展模式為主體的社會學知識是有偏差，也是應當加以檢討的。這些都是可以接受的論點，必須給予以正視。但是，我們應當更進一步認識到，假若既有的社會學知識是有偏失，其偏失並不是只要再添加一些來自非歐美社會的經驗，就可以彌補過來的。當然，在相對比較和競爭之下，西方的發展模式占居優勢，在所謂「現代化」的催動下，經過這一百多年，亞非社會確實也已步著歐美社會的後塵，走上工業化、都市化……的路子上去。雖然每個社會都仍然保有其獨特的文化風格，但是，無容諱言的，長期西化的結果，早已使亞非社會與歐美社會共享一些相同（至少相似）的風貌，有著相同的問題。很明顯的，此一歷史趨勢似乎可以用來支持西方社會學知識的有效性。不過，即使情形是如此，其有效性也可能僅及於具一定時空範疇下的表層現象，而不足以反映及社會深層的結構特質。

我個人以為，社會學的知識所關照的不應僅及於經驗層面的現象表層，而應當伸衍到更為基本的預設層面上。任何社會學的知識都有一定的預設做其後盾，這些預設涉及的是有關「人」與「社會」之本質的問題，是屬於哲學人類學的範疇，它是超乎科學的問題，無法以科學方法來處理的。假若我們都同意，社會學並不是一門具反動保守

色彩的(reactionary)學問，相反的，它具有超越、批判、與反省的精神（而事實上，從其發展歷史來看，社會學一直就具有此一風格），那麼，我們就不免要問這麼一個問題：如何開展此一超越、批判、與反省的精神傳統呢？要開展此一精神，首要之務莫過於是檢討既有社會學知識傳統的基本哲學人類學上的預設了。

　　美國社會學者 Nisbet (1976) 曾指出，社會學不但具有科學性，同時也是一種藝術的形式。做為社會學者，除了必須具備一般科學家應有的所謂「嚴謹、客觀」的理性素養之外，更應展現藝術家常有捕捉意義的敏感與直覺能力。Nisbet 這樣的主張，對深受自然科學觀洗禮的實證社會學者來說，可以說是近似荒謬，根本是無法理解，也難以接受的。在這兒，我們沒有足夠的篇幅可以詳細地來闡述 Nisbet 的立論。其實，這也沒有必要，因為 Nisbet 這樣的主張並非十分新鮮。早在廿世紀的初期，Weber (1949) 力主「瞭悟」(Verstehen) 行動者行動背後之動機的意義卽社會學應當關照的最主要課題時，事實上卽透露了這樣的意思。Weber 之「理想型」的方法論主張，卽企圖在社會學的科學性和藝術性之間，尋找一個立論上的平衡點。廿世紀六〇年代末，Mills(1959)力主社會學的想像(sociological imagination)，強調社會學的研究應具有文化與政治意義的考慮，不也正有異曲同工的意思嗎？他說道：「他們需要的，也是他們覺得需要的是一種心靈品質，它可以幫助他們使用資訊和發展理性，以對正在世界中進行或可能發生的事情完成清澈剔透的總結。」(Mills 1959: 5) 正因為意義的剔透和捕捉是社會學知識的靈魂，Mills (1959: 64) 才會譏笑美國式的經驗實徵研究乃是一種抽象經驗主義 (abstracted empiricism) 的表現形式。這樣的研究是提供了許多具體經驗性的資料，也被抽象化了，但卻往往無法凝聚出對現實或未來具有深邃、開展的「意義」

來。

　　根據以上的見解，我們可以這麼地說：社會學知識的價值不在於它處理的是不是大問題，也不單純在於它是不是客觀、有經驗事實之基礎爲依據，而是在於它是否具有開展更寬廣、深邃的意義空間來貫聯過去、現在、和未來，進而藉此對人類的文化、社會、與政治事務提供反省、批判、與指導的作用。我們所求的是，經由如此意義的開展來提升、轉化人類文明的內涵，也因此拓展存在的意義空間。顯而易見的，這樣子來界定社會學的社會意義是相當富有彌薩亞精神。對社會學的知識賦予以濟世的神聖使命，很容易導使社會學者膨脹了自己的角色，而可能產生知識上的專斷暴君。他們可能挾持著學院的合法優勢，建立起文化霸權，宰制人類的社會。事實上，馬克思主義者有意或無意地卽已展示出這樣的跡象來。

　　其實，任何有關人與社會的知識，不管自己宣稱是多麼的客觀，也自以爲價值中立，都不可能免除有一些預設；也就是說，對人與社會的本質存有一些超科學性的假定與冥思，其間所不同的只是包裝這些預設的方式而已。有的包裝得十分有技巧，讓人感覺到是相當客觀，而且是「事實」；有的包裝得比較露骨大膽，讓它的意理或預設明顯地展示出來。因此，任何有關人與社會的知識宣稱自己是客觀、不帶價值判斷，若非是無意的自欺欺人，就是有意掩飾自己的意圖。前者是由於人類的無知、淺薄而起，是可能原諒的，因爲它可以透過反省、自覺而有所改造。但是，後者則是恣意的傲慢、有意的欺騙；這是一種有意的惡行，必須還得有著倫理上的誠意覺悟，才可以改變的。準此立論，我們以爲，實在沒有太多的理由必須矜持主張社會學知識是免於價值干預。任何社會學的知識都或多或少、明顯或隱涵地對其研究的主題帶有價值預設。情形是如此的話，我們所努力的就

不必要是把價值完全排除，而是如何確立預設的價值（尤其倫理）基礎，和忠實地把此等預設明白地展示出來。唯有如此，讓各種不同的主張可以很清楚地呈現在大家面前，不會常常以偷天換日、假借「眞理」之名的方式來欺騙自己或別人，也才有可能減低爲政治權力所利用的危險。

三. 當前社會學知識的一些特性
其一： 世俗現世觀

　　誠如上述的，當我們提到「當前社會學知識」時，其實我們眞正所指的核心主題是歐美爲主所建構的社會學知識。這是文化優勢擴散所導致的結果， 或許不是頂令人感到愉快， 但卻十分無奈，必須接受。撇開情緒的因素不談，平心而論，歐美的社會學知識並非單元一體，而是分歧多元的，其間有各種不同的主張，也有著各種不同的關懷， 其所觸及問題的層次更是不盡相同。準此，當我們說「當前社會學」或「歐美社會學」時，其實是相當不精確，指涉十分曖昧模糊，意涵也不夠清楚，嚴格來說，是沒有多大意義的。然而，我個人對這樣的見解一直是採取保留性的半同意態度。一方面，我同意歐美社會學知識的內容是多元、乃至是分歧的。但是，另一方面，我卻以爲，在這分歧多元性中，我們仍然可以尋找出其間的共同脈絡來。這個共同脈絡正是我們在這兒所要討論，也是當我們倡言「本土化」時所必須關照的主要分離點。

　　當我們主張說：不論其流派爲何，當前（歐美）社會學共有一些哲學人類學上的預設，事實上我們談論的是歷史經驗事實的問題。既然是屬於經驗事實的範疇， 就必須舉證； 既然是屬於歷史淵源的範

疇，更應當從事「時間」性的事例說明。按當前學術界的規矩來說，這些都是份內要求的工作，是不能夠豁免的。然而，在這兒，我們卻無法如此的進行，理由除了是因篇幅所限之外，是因為我們討論的重點並不在於檢討歐美社會學知識的特性自身，而只是藉此討論來彰顯社會學本土化的意涵與可能考慮的範疇或問題。由於有這樣的考慮，我們只好把舉證，尤其歷史性的分析的步驟省下來，而改採結論式的方式例舉當前歐美為主之社會學知識的特點。諸位不妨憑著個人經驗感受來裁奪，同意嘛！表示我們彼此之間心有戚戚焉；不同意嘛！不妨一笑置之，算我在這兒張著口說空話——瞎扯❻。

我個人以為，當前社會學知識最為突顯的特性是其所展現的「世俗現世性」。這個特性可以分成兩部份來看：一是「世俗」，二是「現世」。所謂「現世」，指的是人活著，在社會中活動著的這一段日子，不是如佛家所言的前生或來世。其實，這個特性可以說是學院內科學知識普遍具有的特點，是實證科學觀衍生出來的一種認知態度。對社會學來說，學者所關心的是由生死這一段生命的問題，而且其關照、

❻ 底下的討論和說明，按當前學術界的規矩，原應引述或舉證，但全都免掉了。其理由不只是因為篇幅限制的緣故，更重要的是我個人的態度。我以為，為了迎合科學性的要求，也為了表示學術的理性負責態度，長期以來，學院裏充滿著迂腐僵化的教條。要求證據的理性變成僵守學術儀式的陋規。此一行止幾與日常生活中的宗教儀式一般，已經自主化而喪失其原始的理性內涵，變成是非理性的習慣動作。在此僵化的形式主義下，我們不再相信一個受過長期專業訓練的人常有的敏銳洞識，也不承認想像力的重要，更否定一個人的直覺判斷。一件在日常生活中明顯易見的「事實」，卻也一再要求必要用繁瑣的所謂「科學方法與程序」來求證。這是一種新八股思想，而且也把知識化約成為只是經驗素材的堆砌與實驗或調查步驟的刻板形塑。在這當中，容不下演繹性的思考運作，更容不下概念性的推理建構。我個人深以此為當前社會學者的危機。總之，有鑑於諸如此類的學界規矩的僵化矜持，個人在此有意採取較為激烈、極端的方式來處理問題，意思也只是當成一種「抗議」的表態，希望藉此引起大家的注意。

參考、指涉的時間只侷限在這一段之內，空間也侷限在地球上有限的人的活動範圍。因此，就時空來看，現世觀是界定知識有效性與正當性的畛域，本質上反映一種世界觀，具有一定的意識形態之成份。

其次，讓我們對「世俗性」這一個當前社會學知識最為突顯的特性略作說明。首先，我們必須指出，當我們說當前社會學知識具「世俗」性時，我們並不帶任何惡意、輕蔑的意思。「世俗」這個字其實用英文 secular 一字來表達，或許會更為適當、恰題些。在這兒，說社會學知識具「世俗」性，意思是說：社會學者接受一般人在日常生活中對其社會互動關係所持的基本價值、認知態度來對社會生活從事概念上的重建工作。也就是說：社會學者對於社會中普遍存在而且流行之價值與態度基本上採取「存而不論」的方式來進行。他們以自認所謂「客觀」、「價值中立」的態度，尊重社會裏普存的價值、「就事論事」式的來進行分析。這樣的「世俗」且是「現世」的分析態度要說清楚，最好的辦法還是舉個例子來說明。我想，最為明顯的例子應當是美國社會學界最看重的有關社會階層和流動的研究吧。

歐美社會學者（尤指所謂「自由民主」的資本主義社會的學者）所以強調社會階層和流動的研究，其最主要的動力是企圖來證明社會中給予個人的發展機會是公平、公正、開啓的。很明顯的，這個動力帶有高度的理想色彩，對某些價值給予相當的肯定。但是，這樣的理想依歸卻可以說是十分的世俗、也是絕對現世取向的觀點。

社會學者對於芸芸眾生在生命旅程中爭名奪利，企圖充分掌握種種社會資源的努力，並未給予任何價值上的否定或批判。相反地，他們至少把它當成「客觀」的「事實」，賦予以「價值中立」的態度來看待，進而從事所謂「就事論事」的實徵分析。社會學者這樣對此世俗價值採取的態度，雖難以說是給予正面、積極的肯定認同，但卻有

迂迴、消極性的默認。

就這點而言，這樣的「就事論事」客觀態度並不卽表示絕對的價值中立，而是以一種沉默、狡黠的方式對世俗既定的價值賦予潛意識的同意。其意識形態來得偷偷摸摸，也因此根植於社會學解析之中未為習用者所注意與察知的心理狀態。在這樣的情形下，學者們自誇具「科學客觀」實徵性與保持價值中立，追根究底是一種自我欺騙、也是自我陶醉。讓自己的立場淹沒在世俗現世的普遍觀點中而自稱「客觀」，其實是犯了培根所謂的「市場偶像」的思考謬誤而不自知。準此，我以為，社會學的知識並非絕對的價值中立。因此，做為社會學的學生，我們擔心的，不在於從事解析時帶有價值色彩的預設，而是連自己都不清楚自己的立場何在，甚至迷信以為自己是絕對客觀、價值中立的。說來，這樣的態度才是思考和分析問題上的一大陷阱，相當地危險。

其實，社會學者採取一般人的世俗現世態度來分析、還原、重建社會的特質這樣的方法進路，並不是不行、不好、或不正當。在尊重多元價值的原則上，這樣的認知進路是應當被尊重、也必須肯定的。令我們擔心、也是以為不滿的是，學者以此冠加上「科學」的身份，堅持自己所持立場的「客觀性」，因此肯定自身所具詮釋和理解的權威正當性。這是一種學術上的專制、橫暴行為，才是令人難以苟同的。

其次，社會學的世俗現世化很容易引導人們以為社會學因此缺乏批判的能力和契機。理論上來看，世俗現世化與批判能力之有否並沒有必然的邏輯關係，兩者之間可以是相互獨立的。事實上，從社會學史的角度來看，自從 Comte 以降，社會學的知識卽是因應反省與批判工業社會的發展而來的。一開始，其目標卽是企圖在舊秩序瓦解中

尋找另一個新的社會秩序，其批判精神早已具備了。而且，這個批判精神也一直是被延續下來的。Marx, Weber, Durkheim, Mannheim 以及新馬克思主義者等等的論說在在說明這個事實。只是審諸西方社會學之批判的出發點，絕大部份還是建立在對世俗現世世界做了入世式之肯定的前提上。換句話說，他們對人的存有實在還是一秉現實俗世的立場來肯定。Marx 的論點就是最好的例子。在《1844 哲學經濟手稿》中，Marx藉引 Hegel 的勞動觀念，對人性做了非常實在且現世的定義。他以為，凡人都要生存，而生存必須仰賴自然與社會資源。在人的社會裏，人們並不以赤裸裸的方式來運用資源，而是必須轉化它。更重要的是，人所運用的資源並不是完全由自己生產。因此，生產與交換變成是與保證人生存緊扣的社會形式。對 Marx 而言，人類自我尊嚴的肯定的最終基礎就是對此「生產」、「交換」，因此「分配」過程的充分且合理掌握。人類一切有形與無形的存在價值都必然以此人之存在的物質條件為基礎。

　　姑且不論 Marx 之論點的邏輯性，Marx 這樣的觀點是採取相當現世實在的態度來界定人的本質，由此而引伸對資本主義之生產與社會形態的批判，也因此是立基於世俗入世的立場來進行的。其實，這樣的立場不是 Marx 僅有，可以說是整個西方社會思想的普遍特質。以近代社會思潮來說，至少可以追溯到 Hobbes 的「巨靈說」(Leviathan)❼。

---

❼　Parsons (1937) 以為近代社會學理論基本上即處理 Hobbes 所提出的「社會秩序」的問題。此一觀念為社會學者們所接受(如Giddens 1976; Seidman 1985; Alexander 1982)。我個人以為，Hobbes 的影響不只是提出「社會秩序」的問題基礎，而且是為西方近代社會思想奠定了有關人與社會之本質的哲學人類學基礎，這是我們在這兒特別要強調的。

反觀東方思想，若以佛家思想為例，其社會觀就不一樣了。撇開其輪迴報應之來世觀不說，基本上，它就不是單純地採取世俗現世角度來看人的問題。他們提出了一個「西方極樂世界」來對照現世的婆娑世界，而以苦集滅道及十二因緣等觀念來為人之存在與慾念定位。他們的主張不是如英國功利主義者　(如 Bentham)　之主滿足論，以為人的慾望應在可能範圍內盡量給予滿足。相反地，他們主張去慾。在此前提下，很自然地，如 Marx 所以為生產與分配形態的重要性就必須予以重估了。對佛家而言，這些都不會、也不應當被看重的，因為這些都是製造業障的禍源。因此，人的問題不在於分配的公平性上，而是如何去除種種慾念的引誘。人類唯有透過自我修養，把慾望減到最低的地步，才有達到圓滿至善境地的可能，社會也因此才可能臻至和諧，這才是理想的境界。很明顯的，根據這樣的觀點，生產與分配的社會倫理意義就不可能如 Marx 的主張一樣，而必然會另外給予評估了。

四. 其二：占有滿足觀

由上述的世俗現世觀可以衍生出另一個特性來，這是「占有滿足」觀。這個觀點的基本論點是：凡人皆有慾望；同時，在可能的範圍內，慾望應當給予以最大的滿足。社會最主要的意義即在於提供最有利的條件來充實人們的慾望，保證並拓展慾望的滿足。因此，（正當的）占有社會資源成為人羣的評量一個人之存在意義的共同標準，也往往為個體所內化而接納成為人生觀。因此，這樣的存在基本上是以「有」為基礎，可以說是一種「存有」觀。認真來看，這樣的觀點其實並不是西方人才有，在現實世界裏，東方人也大多如此看。說它

是全人類普遍具有的世俗觀應當是不爲過的。社會學者對採取這樣的觀點存而不論的態度，說來只是接受世俗現世的立場而已，基本上並沒有罪過的。

從史的角度來看，假若「占有滿足」的哲學人類學觀是近代西方社會學思想的預設前提，Hobbes 可以說是此一觀點最近的源頭，而且也爲當代社會學理論所關照的問題預鋪下線索。他以爲：人的慾望是無止盡，若不予以適當地約制，將使人與人之間處於永久戰爭的狀態。持這樣觀點的其實並不只有他，中國之佛、道、乃至儒家都或多或少對人性持類似的看法。他們彼此之間所不同的，最主要的是由此衍生的後續命題上面。就東方佛老而言，他們由此轉而強調個人修養之上來思考問題。以爲在這樣的人性基礎下，要化解人與人之間可能產生的衝突與紛爭以建立、維持社會秩序，只有從個人修養做起，尤其做到清心寡慾的地步才有可能。他們把社會的問題化約到個人身上來。但是，西方社會思想家（如 Hobbes）則採取較爲現實世俗的立場，對人性並不預存崇高的精神淨化期望。當然，他們並不否認人性中有善的一面，人有爲善、捐私納公的情操，也有淨化靈魂的可能，但是，他們卻寧願接納人性中因私慾而帶動出來之自私、甚至爲惡的一面，以爲這是一不可能完全否定或改變的事實。這樣的態度是相當的實際。一方面，它可以把人性中，以東方傳統倫理標準來看，一向視爲醜惡的一些特點（其最原始體即人慾）予以中性化，乃至給予正面的價值肯定。另一方面，它們因此肯定慾望的滿足、乃至開發和創造，是人存在意義的一環，甚至是建構倫理道德的實質基礎。這表現在英國功利主義者的主張（如 Bantham）中最爲明顯，也最爲具體而微。

西方社會思想對人之慾望給予理論上的正面肯定，並賦予社會意

義, 正好與資本主義社會的社會邏輯相呼應, 而且彼此增強。在這兒, 我不敢斷言這樣的社會哲學是資本主義發展的思想基礎, 但兩者之間的相互對應而有親近性卻是十分明顯的。此間的因果關係爲何, 留待有興趣的學者們去追究吧! 不過, 大體而言, 資本主義社會的人生哲學必然要是正面肯定人之慾望的滿足的倫理地位。它不但必得正當化慾望的社會義意, 鼓勵人們盡量滿足慾望, 並且進一步以開發、創造更多慾望爲理想目標❽。尤其在科技一再發展、開創的刺激下, 這種「存有」的心理表徵更加變本加厲地被肯定, 顯得更爲積極、具體。因此, 在資本主義的社會裏, 儘管人是講求「控制」, 但其控制的指向不是對個人的慾望加以約束、收斂, 而是針對環境和種種社會資源做有效的充分掌握,藉此以保證、並擴展慾望的滿足。人們經由外控種種社會資源的多寡、種類、和品質來界定個體的社會存在價值。

顯而易見的, 主張「占有滿足」的哲學人類學所企圖勾勒的理想相當程度地在資本主義的社會裏被實現, 也因此被證實。這樣的歷史趨勢吻合, 使得社會學知識背後的這種「占有滿足」觀, 被視爲理所當然的事實前提, 而不被看成只是一種帶價值色彩的假設。這是長期以來隱藏在諸如「現代化」這樣的發展觀背後之深層意識形態支配下的認知結果。直到晚近, 因環境污染、人工破壞自然生態、與能源短缺等等問題的嚴重, 才逐漸使人們意識到此一意識形態的存在與其涵蘊的潛在危機。

五. 其三: 外化結構觀

綜合以上的說法, 我們可以說, 社會學知識的第二個特性乃是西

---

❽ 參看 Bell (1976)。他以爲, 資本主義社會的基本心理特徵是「需要」(wants), 而不是「眞求」(needs)。人類靠需要的滿足程度, 和擁有此類需要之社會形式的多寡來界定自己的存在意義與價值。

方社會哲學人類學與資本主義社會形態發展結合下的知識產物。這個觀點本質上是第一特性「世俗現世」觀的歷史衍生物，它所反映的正是西方社會（乃至是整體人類社會）的「世俗」世界觀，兩者相互輝映，並且由此可以推衍出另外一個特性來，這個特性不妨稱之「外化結構」觀。這個觀點也可以推到 Hobbes 來談起。

Hobbes 從上述有關人性的命題衍生另外一個命題來。他以為，人會因為慾望無止盡而可能導致彼此之間鬪爭，並處於對抗與戰爭的狀態。為了維持一定的秩序，也化解衝突與鬪爭，社會之中必要存有一個權威體來做為維持的中介體。這個中介體的最具體形式即「共聯體」（commonwealth）或「國家」（state），它具有獨立於個人意志的統制權（sovereignty）。這即是 Hobbes（1651）所稱之「巨靈」。Hobbes 此一主張遂成為往後西方之政治思想，尤其民主共和政治之思想的濫觴❾。

姑且不論 Hobbes 之「巨靈」是以集權專制或民主共和為形式，這個主張有一根本、且影響深遠的社會學意涵，那就是：社會秩序之所以可能是必須有賴一外於個體，且處於個體之上的一個「人工人」（artifical man）實體來維持。這個思想左右了往後西方社會思想之發展走向。很明顯的，這樣的論點是與東方（中國與印度）的主流思想正好是相反的。就西方而言，個人的自我解放只有透過對外在社會形式的合理形塑才可以保證的。因此，人類的問題不能僅靠個人修養來化解，而必須靠社會結構（尤指制度化的結構）來約制才可能處理的。東方的佛老想法正好相反，他們不以為透過外在制度化的社會形式的自身可以化解人的問題。人的問題要根本化解，只有從「人」自

---

❾　學者咸主張，古典社會學理論如 Marx, Durkheim, Weber，以至 Parsons 莫不以此為基礎。參看 Alexander (1982), Seidman (1983), Hearn (1985), Hawthorn (1976)。

身來著手。

西方之「外化結構」的論點往下挖，可以說是與上述「占有滿足」論相通的。在上文中，我們曾引述 Marx 之力主「生產」與「分配」之社會形式對化解人之問題的重要性，並宣稱這是一種尊重世俗現世觀的見解。其所以為世俗現世，最主要的即是以人之占有滿足的特性為立論的基礎的緣故。這是由「生產」與「分配」往前拉的說法。然而，當我們由「生產」與「分配」往後引，那就是強調表現在人羣中之社會關係結構（對 Marx 而言，當以「生產」與「分配」關係為核心）的歷史形式了。從這個例子，我們可以看出來，西方社會學之主「外在結構」觀乃與前述二特性有著密切的關聯。

表現「外化結構」觀，且最為突顯的不只是 Marx，Durkheim 的理論可以說是最具典型。他所提出的「社會事實」的概念正是這種「外化結構」觀的最佳寫照。一方面，他確定所謂「外於個體，且對個體具強制力之集體性現象」的存在；另一方面，他把這種現象正當化成是社會學研究的主題。倘若我們接受 Durkheim 的「社會事實」概念，也不管它指涉的是具體可見的集體展現體，抑或抽象主觀的意識集合體，這個概念所傳遞給我們的是確立、肯定外化性之集合展現體的存在與其社會意義。這一點是相當地清楚。

再以 Weber 為例，有學者（如 Coser 1971）稱他為「方法論上的個體主義」，以對照 Durkheim 的「方法論的集體主義」。這樣的論說甚有可議之處。其所以如此來論斷，無疑地與 Weber 強調對個體行動者行動之動機的探討的主張有關。但是，當 Weber 論及動機時，其所意指的其實是其後隱涵的歷史意涵。他所關心的毋寧是整個社會結構性的問題。因此，當 Weber 由社會行動轉而討論權威與宰制類型、封建社會、資本主義社會、城市、以及理性的內涵與表現在宗

教、法律、音樂……等上的形式時，其所意指的，在在皆以外於個體
之集合展現體的外在結構為重點。

再拿 Parsons 為例，在其巨著《社會行動的結構》中，他企圖
融合 Durkheim, Weber, Pareto 與 Marshall 四人的論點來建立所
謂「主願性行動論」(the theory of Voluntarism)。他的用意是籍
「內化」(internalization) 的概念來彰顯啓蒙時期的人本觀，但又能
確立外化結構的現實地位。不管 Parsons 的努力是否成功❿，他並
沒有因借用 Freud 的「內化」概念，以及相當程度地強調心理建構而
走離了「外化結構」的基線。相反地，他因強調價值與規範的內化作
用，而更加確立了「外化結構」觀的理論地位，也因此強化 Durkheim
之「社會事實」的理論意義，並且以為把所謂 Weber 的主觀論與所
謂 Durkheim 的客觀論的兩元對立立場做了相當程度的統一❶。

其次，我們再以象徵互動論者的主張來說明「外化結構」論的
威力。表面上看來，象徵互動論者是以個體的心理表徵為立論的重
點，但是，認真來看，他們還是深受「外化結構」觀之影響，立論
的重心還是在於外於個體的集體性現象的討論。他們強調角色如何形
塑，規範與價值如何作用……等等。這些考慮本質上還是建立在「外
化結構」觀的基礎上。Gouldner (1970) 即以為，這一流派的見解事
實上只是結構功能論的一種變形表現。這樣的批評的確是有道理的。
假若他們與古典社會學或 Parsons 有明顯的不同，那是他們著重「外
化結構」如何在個體身上產生作用，以及其作用所帶來的社會效果和
意義。其他如世界體系論、依賴理論、與新馬克思主義者（包括結構

---

❿　有關的討論，參看葉啓政(1986)。
❶　這麼的說並不等於筆者本人即同意這樣的見解，更不等於主張 Weber
　　是主觀論，而 Durkheim 是客觀論。他們的真正論點為何，非此文討
　　論之重點，故略而不論。

主義與法蘭克福學派）基本上亦是在「外化結構」觀的線上來討論問題的，在此就不再細論了。

六. 意志自由與結構必然的關係邏輯

當我們提出「外化結構」觀這個特性來時， 很容易使大家以為西方社會學是完全忽視個人意志的問題。這是錯誤的看法。基本上，「外化結構」觀的主張與是否關心個人意志（或個體本身）可以是無關的。然而，若從歷史的眼光來看，情形正與上述的看法有所出入。「外化結構」觀的主張，就其理念發展的意圖而言，可以說是為了彰顯、保證個人意志的自由發展而形成的 。 這個關聯性的建立乃立基於上述的西方人性觀上。事實上，自從有了社會學以來，尋求如何確保、彰顯個人自由意志的發揮一直是西方社會學者意涵的探索的目標。Comte 如此，Marx 如此，Weber 如此，Durkheim 如此， Parsons 如此，馬克思主義者更是如此，其間所不同的只是關懷的方式、表現的程度、或面相而已。

肯定個人自由意志的倫理地位是歐洲啓蒙思想的重點。個人意志能否自由發揮，成為經營政治、經濟、與社會事務的考慮重心。雖然社會學者未必直接地介入提供保證個人自由之實際方案的討論，但是此一啓蒙時期的人觀與倫理觀卻是深嵌入社會學的理論思考之中，並且把它當成是具歷史意義的社會事實來處理⓬ 。 如此一來，此一啓蒙時期的哲學已不只是以純「理念」的形式存在，而是外於個體，對個體具約制作用的實際社會集體意識了，它是一種社會實在也是一股實

⓬　參看 Hawthorn (1976), Seidman (1983).

際的社會力。

只是， 循著 Hobbes 以降的思想總以爲： 個人意志能否自由發展，乃必須靠一有形的外在社會結構來保證，才可能完成。如此的邏輯關係所以成立乃立基於如前述有關 Marx 之理論的預設建構： (1)肯定人慾望之存在與謀取滿足的倫理地位， (2)既然人慾具有倫理上的正面(至少中性)意涵，滿足慾望的有形或無形資源的生產與分配自然就必要關心， (3)生產與分配乃是有關人際關係的結構問題。因此，如何建構合理的生產與分配關係模式就變成必然考慮的重點。於是乎，社會學以探討種種社會關係的結構型態爲其最主要的職志。在爲人類的未來思考前途出路時，社會學者也以集體性之結構的改組或重組爲重心，並不特別強調個人本身之心理建構的改造。因此，當論及「社會」時，社會學者強調的必是種種社會機制與社會資源。如何使權威、權力、利益、組織、制度等等具集體性意義之「存在」體「理性化」，於是就成爲人之自由意志得以解放與保證的前提了。在這兒，讓我們引用兩個理論立場上看來似乎是站在極端點的人物來做例子。一是 Parsons; 另一是 Lukács。

在前面我們曾引述 Parsons 之「主願性行動」論。現在讓我們就此概念再略加伸述。表面上看來， Parsons 並未明白表示他對保障個人自由意志的政治主張，甚至也無意提供保障的策略，但是，他肯定人的行動是具有自我主導的特質。這樣的「實然」性的確立，從某個角度來看，是爲個人自由意志之可能舖設了具實然意涵的社會條件，也同時爲「自由意志」的討論往前跨上一步， 由傳統政治哲學（如 Mill, Rousseau, Montesquieu 或近人 Berlin 等）的探討轉入社會學式的經驗論證。這是 Parsons 之偉大貢獻之一，他自己也在其著《社會行動的結構》一書中表示出此一努力的方向。

　　根據 Parsons 的意思，人的自由意志不是來自眞空，也不是來自萬能上帝的恩寵，而是來自「社會」這一個大的「巨靈」。很明顯的，這是 Durkheim 式的哲學人類學立場。對他而言，自由主義是一股實存的社會事實。形塑這股社會實存「意識」的條件可以是多方面的，其中，古典自由主義的思想家所提出的哲學思想當然是主要的催動促成力量。但是，對 Parsons 而言，不管其來源爲何，個人行動之主願性本質是由社會價值與規範內化的過程所形塑出來的。換句話說，它是由「社會」這一大巨靈所賦予的，因此，必然的是由外表於社會中的結構來保證，也必然要透過社會化與種種社會控制機制來促成。這樣的命題可以說是卅年代以來社會學思考自由意志之社會條件的最典型範例。無怪乎，Parsons 的理論風靡一時，蔚成典範⑬。

　　再來看看 Lukács 的看法。在所謂「新馬克思主義」的傳統中，Lukács 是一個具開創地位的思想大師。在其著《歷史與階級意識》(1971) 中，Lukács 對 Marx 的詮釋，把他的理論往前推了一大步。他把 Marx 有關「意識」之理論地位予以澄清，並賦予以重要的位置。對 Lukács 而言，Marx 是企圖解決由資本主義思想所引起之二律背反 (antinomy) 的困境，這個困境可以追溯到 Vico ⑭ 。基本上，他們要處理的是有關「價值—事實」(value-fact)、「自由—必然」(freedom-necessity)、「表相—本質」(appearance-essence)、「形式—內容」(form-content)、或「主體—客體」(subject-object) 的兩元關係的問題。這些問題一直是西方哲學所關心的核心問題，無庸再多加贅言的。Lukács 提出「意識」，其實只是企圖把 Marx 理論中

⑬　有關 Parsons 此一見解的討論，不在此多加贅言，讀者可參考葉啓政 (1986)。
⑭　Marx 在其著《資本論》中曾一再提及 Vico，其受 Vico 影響甚爲明顯。

有關人之主體性特別彰顯出來。對 Lukács 而言，透過階級這個集體概念，人之主體與物質之客體面的辯證關係的原始性質才得以突顯出來。

基本上，Lukács 秉承馬克思的見解，以行動與知識乃一體之兩面，人類惟有認識到這個特性，貫穿俗世現實和超越理想，知識才有存在的意義，否則會產生「超越的飄泊」(transcendental homelessness)，無法落實 (Lukács 1971)。為了尋找此一知識的實存基礎，也為了讓超越理想能夠落實而不只是飄泊在學院之中，Lukács 主張必須還原到俗世現實中尋找，此一現實的原始形式即「生產」結構。因此，這個世俗現實不是「個體」本身，而是個人所依附之集體性的社會形式。在此，Lukács 與 Marx 一般，肯定個人自由的獲得與解放是人類文明努力的目標。但是，要使這個目標圓滿實現，必須努力追求的自由解放不能只停留在個人層面，必須是指向「羣體」的──對他而言，即階級。所以他說：「歸結來說，有一件事必須弄清楚：此處所謂的自由不是意指個體自由。」(Lukács 1971: 315)換句話說，雖然全體個體自身的自由與保證解放是人類努力的目標，但是，這樣的自由，只有對集體性的關係加以改善，才有可能達成。任何與社會情境隔離的有關個體意涵都將是「物化」(reification)。在 Lukács 眼中，此一集體性關係的原始形式即生產關係，而要改變此一關係形式，必須仰賴政治組織來實踐。此一政治組織即「共產黨」(Lukács 1971: 315)。

我們引述 Parsons 與 Lukács 兩個一向被視爲代表兩個不同思想端點的論述，只不過是用來說明西方社會學思想有著共同的哲學人類學。這個基礎早在古希臘荷馬 (Homer) 之史詩《伊里亞德》與《奧狄賽》中，把道德貫入人之立即日常生活中即看到了。此一哲學人類

學肯定「外控」是人存在的必然價值，也是倫理基礎。因此，任何在政治權力上或經濟宰制上的恣意作爲，都是違背外控的「公平」正義，也侵犯到個人自由的原意。爲了保證這樣的存在意義有最大實踐的可能，在「制度」上從事資源之分配的「合理」安排乃成爲勢在必行，且是不可代替的惟一途徑。惟有經由制度提供保證，人才能合理地彰顯其存在意義。所以，人必須一再地對不合理的外在限制加以鬥爭，爭取最大的主控自由，也因此確保社會的正義。本質上，這是一種現世功利的人生觀，與東方之中國與印度一向的優勢思想傳統正好是相反的。誠如前面指出的，東方思想（尤以佛老爲代表）以爲「外在制度」，終極而言，只是假象，人不可能經由外在制度來確保最終的自由⑮。政治上與經濟上的外控解放只是一種表象，它不可能使人完全解放；相反地，它只是添增人類負擔的枷鎖。這些外制性的努力都會爲使人因想有、擁有、或占有而產生自限性的負擔，它是墮落、也是悲劇的來源。「自由」是解脫一切約束的自我超越。因此，根據這樣的觀點，政治上的專制、經濟上的剝削都不是緊要的關鍵，關鍵是在人自身。泰戈爾的話是這種哲學的最好例證。他說：「眞正的自由惟有透過滅己斷慾的內在努力才能達成。一切形式的枷鎖，其魔障皆蟄居於內在自我，而不在外在世界；它籠罩了我們的意識，窄化了我們的透視力，歪曲了我們對事物的估計。」（泰戈爾，1981）若用佛家的語言來說，那就是：人最終是「靜待寂滅」，才可能保證有無限自由的可能性。

七. 社會學知識本土化的意涵

　在上面，我們用了相當多的篇幅來描繪西方社會學知識的基本特

⑮　有關「制度化」的社會邏輯的討論，參看葉啓政(1987)。

質，也用了冗長的文字來論證其內在邏輯。說實在的，這樣還是未能
充分地刻劃出其內在理路。雖然，在上節中，我們也略引東方的思想
來對照，但是整個舖陳相當簡陋粗糙，實在說不上有說服力。所以
未及詳論，最主要的理由是本文之主旨不在於爲社會學提供另一種哲
學人類學的觀點，我們的主要目的是在於闡明，社會學的知識乃建立
在具一定文化傳承之預設上這一個事實。至於這個事實的歷史緣由爲
何、如何發展、應當如何超越，並不是這兒要討論的主題。這些問題
當然是非常地重要，值得我們投下功夫來探討的。就此而言，這個報
告只是一個開始，其進一步的旨意才是重要的，那是：透過對當前西
方社會學知識之特質的釐析，爲所謂「本土化」的研究提供指引方
向。這是我在此必須特別強調的。再者，我們點明西方社會學的特
點（倘若眞的是如此的話），並無意指控它是無效；用東方思想來反
照，更無意宣稱其具優越性或有效性。此一問題是需要更多的思考、
辯論才可能獲得更具體的結論。

　　從上述的討論，或許，大家會同意我的看法，以爲當前社會學理
論上的基本命題是爲人類自由意志的充分發展尋找有效的途徑。固然
我們不敢冒然地肯定西方社會學所採取由「外化結構」（尤其是「制度
化」）的角度來努力是完全的無效，但是，從西方社會學的文獻中，我
們發現，許多學者咸體認到「自由意志」與「結構必然」之間是有必
然的內在矛盾存在，如何化解這個矛盾（或兩難）一直是個問題❶。
誠如哲學家 Heidegger 所指出的：在日常生活中，人當成一種「類
存有」一直是被當成是「向外投射」（thrown-projecting）的存有。
他爲所具有之可能丟來投去，而始終是向外投射出去。人類存有一直
是期望自我從未是靜止，而是忘形關懷。對人類存在之關懷的存在

───────────

❶　參看❾所引文獻，另外，參看葉啓政(1987)。

結構應是根植於時間性(temparality)。人類存有當成一開展之可能乃是具「歷史—時間」(卽「時空」)意義的存有，是不穩定、多變的，因此，我們關懷的不是「存有」(being, Sein)本身，而是「存有可能」(being-possible)。Nietzsche 亦指出：人是過度地保護自己，他防衞以免自我剝削和自我俘虜。在此常見到一個規則，那就是：他看不到一點自己，看到的只是他的外塑（以上引自 Tiryakian 1962)。

這兩個西方哲學家對人的批判，不但道出了西方哲學對人之觀點的典範，也一語道破西方社會學之哲學人類學中世俗現世的外塑風格。Beger 與 Berger (1963) 稱此社會學是「那兒」(there)、而不是「這兒」(here)社會學。這樣的社會學令學者在探討社會時，產生一個根深蒂固的觀念，以爲爲了保持科學的價值中立客觀性，對「自我」的研究，不能從「我」的立場出發，應當把我自己當成其他人來看待。「我」在社會學中一直就是隱晦不彰，而且有意使它如此。當然，我們並無意倒轉過來，堅持以爲社會學的基本態度應當從「我」的本位拉出來，也一定必要由「內」往「外」衍伸才可以。在此股盼指出的其實只有一個意見：社會學知識絕不可能完全中立而不帶任何意理的預設。假若這個見解可以成立而也可爲大家接受，「本土化」本質上就是對一種意理預設給予定位與引伸的努力。

根據這樣的前提，「本土化」的努力很明顯的不是只停留在提供一個更合乎當地之歷史文化背景、而足以客觀忠實刻劃「事實」的研究方法、概念、或命題而已[17]。「本土化」的深層意義應當是爲我們提供一個瞭解、認識社會的深層理路脈絡。這是一種有關意理預設的建構和舖陳，以此來超越、豐富化既有的理論體系。這也是一種在哲

---

[17] 參看楊國樞與文崇一(1982)與蔡勇美與蕭新煌(1986)所編之書內的論文。

學人類學上尋找意義「分離點」的努力。韋伯（1985: 134-135）曾經說過：「學術工作得出的結果有其重要性，亦即『有知道的價值』。顯而易見的，我們所有的問題都包含在這裏，因爲這項預設無法用學術方法證明。這個預設，只能根據它的終極意義來詮釋，而這個終極意義，個人只能根據自己對生命所抱持的終極立場，加以接受或排斥。」這段話給「本土化」的涵義做了最好的注解。

　　長期以來，對於邊陲的地區，中心社會所形塑的知識體系與其背後支撐之意理早已彌漫而且根植在其學院之中。更重要的是，誠如本文一開始時所指出的，邊陲社會有意或無意地以中心社會的發展模型來做爲楷模。換句話說，中心社會之文化的歷史風格和社會結構形態往往成爲是一股實際的社會力量，使得邊陲社會承受類同的結構壓力，分享類似的命運。當然，沒有兩個社會會共享完全相同的風格。任何社會都會因其特殊的文化和社會歷史條件，對同一個外來刺激，產生程度或性質不同的反應風貌。但是，由於中心與邊邊之間不對等關係的存在，中心社會的文化形貌往往具有優勢性，足以明顯地左右邊陲社會實際的展現運作。此一優勢性的存在使得整個世界有一相當程度的「趨同」的心理傾向。這種心理傾向能夠發揮多久、多深、多遠的實際社會效果是一個問題，但至少我們看到的是：在此一心理傾向下，「趨同」的努力變成是當前世界普遍的現象。在如此主觀與客觀的條件催動下，西方社會學知識背後的意理預設更加是隱涵，被視爲理所當然，而未能被挖出來檢視。

　　相對此一情形，「本土化」無疑地是一種「例外化」的「方法論」。它也是一種理論建構，乃企圖從自身社會的文化傳統經驗之中去捕捉、甚至超越優勢中心之意理脈絡的努力。它從本是具「普遍」性之社會的文化傳統，但卻因劣勢而成爲「例外」性出發，以此一例外特

殊性來對照既有的優勢思想理路，一方面謀求拓展、另一方面致力於超越。這是由特殊而開發出的進展，其目的不是彰顯本土的思想或文化特色，而是尋找一個反省、檢討既有優勢思想理路的分離點，爲整個人類文明拓展更寬廣的思想與行動空間。因此，本土化的努力目標是批判、反省與重建社會學知識的整體，而不是只於諸多社會學流派之中，再多添加另一流派而已。

最後讓我引用《華嚴經》中所說的善財童子例子來比喩社會學的情況。對俗世芸芸衆生來說，社會學者是有如善財童子，智能很高，並且已具備根本智，但差別智未圓，其眼光卻猶如長在頭頂上，自以爲已通世界，可以爲人們解決問題。然而，事實上，當他一落入這個世界裏，他卻迷失了。所以，善財童子一上妙峯山，整天在山上盤轉，一無所見，失望不已。這時，德雲比丘在妙峯山另一個小山頭上出現。他告訴善財童子，你縱是天才，也不要把眼睛長在頭頂上，還要下迴到人世間來看吧！ 善財童子聽了，才開始下迴，望一百一十餘域，尋找各自具不同生命力和具各成就的人，以非常謙虛的態度向他們一一學習，才修成正果。

對社會學者來說，下迴卽是回到本土的現實日常生活，而不是中心社會學知識所編織的觀念世界。這個下迴卽是本土化。我們需要從西方社會學爲我們編織的知識象牙塔中走出來，回到我們的現實世界，學習如何從其中獲取啓示，凝聚理念，再用來反照這個世界。這樣一下一上再一下的工夫是絕對的必要。尼采在其著《蘇魯支語錄》中提到超人在山頂上看太陽，發現太陽竟是從山下升起。他說：「光明，假若沒有世界，你這光照在什麼地方！」於是，他不再昂首看，而是低下頭，一步步走下山，走回現實的人間來。這不正是我們以修習社會是什麼爲職志的這一羣人應當學習的嗎？這人世間是在「這

兒」、不是「那兒」。「這兒」正是本土化的開始，它有兩層指涉：一是自己所生長的的這個人世間現實；另一是我們用來瞭解社會的既有的知識體系。這基本上是已有的西方社會學知識體系。我們必得由這兩個「這兒」出發，絕不能把自己擺在一個絕對「中立」的「那兒」的，否則的話，將會使社會學喪失了熱情、逃避了倫理、一步步地走上「異化」的路子上去，終使「社會學」成爲一門脫離實際人生而自限於學院內的概念遊戲。

（本文係作者卸任中國社會學社理事長時之卸任演講文。原文開始一段開場白因不適於本文集之性質，特加刪除。原文刊於《中國社會學刊》，第十一期，頁1-21，1987年）

參 考 文 獻

李亦園等編

　　1985　《現代化與中國化論集》。臺北：桂冠。

韋伯（Weber, Max）

　　1985　《學術與政治》。（錢永祥等編譯）臺北：允晨

泰戈爾

　　1981　《泰戈爾論文集》。（蔡仲章譯）臺北：志文。

鄒理民

　　1981　《社會學在中國的發展》。國立臺灣大學社會學研究所碩士論文。

楊國樞與文崇一（編）

　　1982　《社會與行爲科學研究中國化》。中央研究院民族學研究所專刊乙種10號。

葉啓政

　　1982　＜從中國社會學既有性格論社會研究『中國化』方向與問題＞，見楊國樞與文崇一編，《社會與行爲科學研究中國化》，中央研究院民族學

研究所專刊乙種10號，115～152。

1985 ＜文化優勢的擴散與『中心～邊陲』對偶關係＞，《中國社會學刊》，
9: 1～24。

1986 ＜『功能』的概念——社會的事實抑或詮釋的幽魂＞，《中國社會學
刊》，10: 17～60。

1987 〈『制度化』的邏輯〉，《中國社會學刊》，12: 1～31。

蔡勇美與蕭新煌

1986 《社會學中國化》。臺北: 巨流。

Abrams,

1982 *Historical Sociology*. Somerset. England: Open Books.

Alexander, J.

1982 *Theoretical Logic in Sociology*. Volume I. London: Routledge
and Kegan Paul.

Bell, D.

1976 *The Cultural Contradiction of Capitalism*. New York: Basic
Book.

Berger, P. & B. Beger

1963 *The Invitation to Sociology*. New York: Doubleday.

Coser, L.

1971 *Masters of Sociological Thought*. New York: Harcourt. Brace
& Jovanovich.

Frank, A.G.

1971 *Sociology of Development and Underdevelopment of Sociology*.
London: Pluto Press.

Giddens, A.

1976 "Classical social theory and modern sociology," *American Jour-
nal of Sociology*. 81: 703-729.

Gouldner, A.

1970 *The Coming Crisis of Western Sociology.* New York: Aron Books.

Hawthorn, G.

1976 *Enlightenment and Despair.* Cambridge, Mass.: Cambridge University Press.

Hearn, F.

1985 *Reason and Freedom in Sociological Thought.* Boston, Mass.: Allen Umwin.

Hobbes, T.

1651 *Leviathan.* Cambridge, England: Cambridge University Press.
[1904]

Lukács, G.

1971 *History and Class Consciousness.* Cambridge, Mass.: MIT Press.

1971 *The Theory of Novel.* Cambridge, Mass.: MIT Press.

Mills, C.W.

1959 *Sociological Imagination.* New York: Oxford University Press.

Nisbet, R.

1967 *The Sociological Tradition.* New York: Basic Books.

1976 *Sociology as an Art Form.* New York: Oxford University Press.

Parsons, T.

1937 *The Structure of Social Action.* New York: Free Press.

Seidman, S.

1983 *Liberalism and the Origin of European Social Theory*, Berkeley, Calif.: The University of California Press.

Tiryakian, E.A.

1962 *Sociologism and Existentialism: Two Prespectives on the Indivi-*

dual and Society. Englewood Cliffs, New Jersey: Prentice-Hall.

Weber, M.

1949 *Methodology for Social Sciences.* (trans. & ed. by E. Shils and H. Finch) New York: Free Press.

Wong, Siu-lun

1979 *Sociology and Socialism in Contemporary China.* London: Routledge and Kegan Paul.

Zeitlin, I.

1968 *Ideology and the Development of Sociological Theory.* Englewood Cliffs, New Jersey: Prentice-Hall.

「功能」的概念——社會的事實 抑或詮釋的幽魂

一. 導 言

　　使用「功能」(function) 的概念來理解社會，可以說是與社會學的誕生相伴而來的。諸如 Comte、Spencer、與略晚的 Durkheim 莫不把社會類比有機體，強調「功能」對理解社會的重要性。但是，真正把「功能」當成主要核心概念來建構社會觀，還是二十世紀的兩位人類學者 Malinowski 和 Radcliffe-Brown❶。在社會學的領域裏，把功能的理論地位確立，並與「結構」相提並論，而成為一個扣聯的思想體系，是在 1930 年代後期的事。Parsons 於 1937 年出版了他的第一本重要著作《社會行動的結構》(*The Structure of Social Action*)，首先為 「結構—功能」 之說奠下了它在社會學史中的立論基礎。Merton 於 1949 年首度出版《社會理論和社會結構》(*Social*

---

❶　有關功能論的歷史回顧與批判，可參看 Turner（1978， 或馬康莊譯，1985: 27-184）。Abrahamson（1978 的小書《功能論》(*Function-alism*)則對功能論之思想淵源，尤其與希臘時代 Aristotle 之宇宙觀及以後演進之思想間的關係，有相當簡明扼要的介紹，頗值參考。另外，Martindale（1960: 441-522; 1965）、Becher & Boskoff（1957）亦可參考。

Theory and Social Structure），更爲「功能」此一概念加以釐清，
並往前推進。Parsons 於 1951 年所出版的《社會體系》(*The Social
Systems*) 與他和 Shils 次年所編的《邁向行動的一般理論》(*Toward
a General Theory of Action*) 更明確地爲其「結構—功能」說的
內涵勾勒出基本的輪廓。自此，在 Parsons 與 Merton 的領導下，
功能之說如雨後春筍般地流行起來，一時人才輩出。Davis 更於1959
年在其就職美國社會學會會長之主題演講中，力主功能論並不是一種
特殊的方法，而就是社會學本身；也就是說，理解社會必然得從功能
來看，功能原本就是內涵在人類的社會生活之中，從功能來看社會是
吻合社會實在之本質的。此說一出，無疑地爲崛起之功能論注入一劑
強心針，彷彿爲此說奠下了金剛不壞之身的基礎。

　　截至 1960 年代，雖然反對之聲迭起，但是 Parsons 之從者人
才輩出，諸如 Merton、Davis、Levy、Bales、Moore、Smelser 等
等，均爲其中翹楚者。因此，一時，「結構—功能」之說蔚成社會學理
論的主流，學者必言之，也必習之。到了 1950 年至 1960 年代間，
可以說是達到顚峯。其間，支持者與反對者更是個自據「理」以爭，
熱鬧非凡。累積起來，典籍浩瀚、汗牛充棟，難以一言以蔽之。學者
因此眼花撩亂，目不暇給，更不知該何歸從❷。

　　不管爭論孰是孰非，到1970年代以前，有些反對者之立論，諸如

---

❷　其間，正反兩方之著作甚多，難以一一列舉，除參考 Turner （馬康莊
　　譯， 1985）所列之著作外， Demerath 與 Peterson（1967）所編之
　　《體系、變遷、與衝突》(*System, Change, and Conflict*) 一書中所
　　包含之論文，至今還算是收集正反兩方論證最爲完備的參考文獻。 另
　　外，Moore (1978)對 Parsons 以降之功能論的主要發展亦有建設性的
　　整理，只可惜未夠體系化，而且批判性也不足。倒是 Sztompka (1974)
　　對此論做了相當完整而系統的整理，對初讀者瞭解功能論的來龍去脈有
　　莫大的助益，值得一讀。

Dahrendorf（1958; 1968）、Mills（1959）、Homans（1964a; 1964b）與 Wrong（1961）等人之批判，曾引起相當程度的震撼和共鳴。但是，還是一時難以與功能之說相抗衡，更罔談起而代之。直到 1970 年 Gouldner《西方社會學來臨之危機》（*The Coming Crisis of Western Sociology*）一書問世之後，情形才急轉直下，有了很明顯的改觀。Gouldner 以整整五百多頁的篇幅，對 Parsons 之理論的來龍去脈加以釐析，並對與之相關或衍生的理論，也一併檢討、批判。此書一出，幾乎宣告「結構一功能」論的死亡。至此，「結構一功能」論，尤其「功能」之說大失先前所領的風騷和光彩。年輕一代的社會學者羣起呼應，轉而以揚棄「結構一功能」說為時尚。

英國學者 Mulkay（1971）隨即繼起對功能論，尤其 Merton 的功能概念，大加抨擊，並舉與 Parsons 同屬哈佛社會學系之 Homans 的交換理論(exchange theory)來對照，主張 Parsons 其實也是個交換理論❸。劍橋大學社會學者 Giddens（1976）也加入陣營，針對功能的概念嚴加批判。他復於最近著作（Giddens, 1979, 1985）宣告「功能」概念無效，主張以其他概念替代❹。學者如 Stinchcomb（1968）則力圖挽瀾，企圖另闢蹊徑以重建功能的概念，並舉證主張，事實上，反對功能論最有力的馬克思主義衝突論說本質上也是功能論者。Sztompka（1974）更為文支持，並且對功能論的種種不同分支詳加解析整理，綜合成一概念上具層次的理論體系，以力圖為功能論挽回其在社會學理論中已失的地位。然而，終究大勢已失，實難以恢

❸ Homans乃力持交換之說的主將，其說參看 Homans（1964a; 1964b; 1982）。

❹ Giddens（1976; 1979; 1985）主以結構化（structuration）代之。對 Giddens 之批評，參看Archer（1982）。

復往昔之風采❺。

功能論所以相伴著社會學的誕生而來，乃與十九世紀流行於西歐之有機整體（organic holism）的哲學思想有關。這幾乎已是社會學史中的常識，無庸在此多加贅言❻。而其所以迅速崛起於二次大戰後的美國，則與當時整個美國的社會條件與 Parsons 本人的學術環境有關❼。同樣地，其所以在 70 年代開始衰退，也與美國的社會背景有密不可分的關係❽。由於這不是本文主旨之所在，我們也就不再在此詳加說明了。我們所要指出的是：撇開藉知識社會學的觀點，從「客

❺ 雖然Coser（1956）秉承 Simmel（1950）的觀點，並不如 Dahrendorf（1958,1967）般強調衝突帶來分裂與破壞意義，而特別強調衝突對社會體系所可能具有的整合與適應功能，但我們很難視 Coser 之論調是替功能論做辯論。誠如 Turner（馬康莊譯：1985: 244）所指出的，Coser 一方面是批評功能論忽視衝突的存在，另一方面也批評衝突論對衝突之社會學意義過度強調。Coser 的衝突功能說因此是另樹一幟，自有其風格。

❻ 參看 Gouldner（1970）、Buckley（1967）、Abrahamson（1978）、Alexander（1984）、Turner（馬康莊譯, 1985）、Zeitlin（1968）或其他有關社會理論的書籍。

❼ 參看 Gouldner（1970）, Alexander（1984）。

❽ 1960年中葉，美國開始積極投入越戰。經過二次大戰後十多年的安息，越戰對美國知識界無疑的有如另一顆炸彈。知識份子開始反省，也因而懷疑參戰的意義。隨著戰後興起的種種人權運動，如馬丁·路德·金（Martin L. King）所領導的黑人人權運動，以及女權運動，加上嬉皮等等的崛起，知識份子所看到的是衝突與緊張。這反應到社會學界的，不但是社會學者積極參與反建制的示威遊行，且也使學者對主穩定、共識、與整合之功能論的效準性產生懷疑。於是乎，不少年輕一代的美國社會學者另闢蹊徑，轉而向歐陸的思想尋找出路。於70年代開始，如德國之批判理論（critical theory）與法國之結構主義（structuralism）因此大爲流行。這可從兩件事情看出來。第一，於1970年開始，一些美國的小學院爲當時是少數的少壯激進社會學者所把持，他們在美國社會學會的通訊上廣招開授批判理論與馬克思社會學的教員。第二、在1976年美國社會學年會上，少壯激進派的社會學者與保守當權派開始起了正面衝突。結果，少壯派得勝，選了當時並非十分出名的激進社會學者 A. M. Lee 當會長。從 Lee（1976）的會長主題論文〈社會學爲誰？〉（"Sociology for whom?"）即可看出端倪。

觀」社會與文化條件來看功能論的消長，也撇開功能論確實觸犯的謬
誤缺陷，功能論的主張，眞如許多學者所以爲的，已經是蓋棺論定，
壽終正寢，實在已無啓發後學從事社會學思考的契機了嗎？

我們已在前面提及，從社會思想發展的歷史軌跡來看，功能之說
可以說是現代社會學者構思社會之本質的思想濫觴。它不但叱咤風雲
一時，也因是現代社會學思想的源頭，因此一直是討論社會本質之問
題在思考上的分離點。雖說其弊端百露，但欲釐清社會本質的問題，
此說卻是不容完全忽視的一環。正基於此一立論基礎，重新撿回功能
論的觀點，再加批判，實有助於吾人勾勒社會之本質，這正是本文之
主旨所在。

二. 功能論之基本預設及其問題

文獻指出，功能論者對於社會功能與結構的認識與主張，並非完
全一致。他們之間歧見甚多，乃至互相矛盾❾。但是，萬相不離其
宗，分殊之中自有一同之處。大體而言，有三個特性是絕大多數之功
能論者所共同接受的。此三特性分列是：

(1) 分化性（differentiation）: 任何體系的結構都會分化成爲數
     個部份的次體系。

(2) 互賴性（interdependency）: 這些部份次體系彼此之間是互

---

❾ 參看 Sztompka (1974)、Whitaker (1965)、Martindale (1965)、
   Abrahamson (1978)。學者之間對功能論者有不同的分類。綜合看來，
   Sztompka 的分類與解析較具啓發作用， 對理解功能論較有實際的助
   益。他採分層漸次方式來爲不同之功能主張分類。如此的分析有助吾人
   瞭解其中發展的脈絡， 和彼此之間的異同。 其解析相當精闢， 值得一
   讀。

相關聯，在「功能」上是互賴的。

(3) 整體性 (wholeness)：任何體系都具有獨立整體性，其部份
對體系整體之持續運作具有正面的「功能」貢獻❿。

事實上，撇開「功能」的說法不論，上述三個特性並非功能論者
所特有的主張，而是爲絕大部份社會學者所肯定的⓫。學者們都確認
人與人之間的互動的確是有規律，社會有一定的「秩序」⓬，必然要
具備某種程度和形式的體系性，而這體系性是表現在分化之部份成員
彼此之間有相互扣聯的關係之上。因此，不論何種理論，社會學的研
究被認爲即在於對這具整體性，卻又被分化成相扣相聯之部份的複雜
組合體之本質加以解析。學者們之間意見若有未能一致的，即在於其
對(1)部份成員之基本單元，(2)分化的基本性質，(3)部份之間互賴的特
性，與(4)由此分化，但又互賴之部份組成之「體系」的性質等上面有
不同的理解。所謂「功能論」者，簡單來說，即力主採取「功能」的
立場來詮釋、理解這些現象。

---

❿ 參考 Abrahamson (1978: 5-6), Piaget (1971), Moore (1978), Van-
den Berghe (1963), Sztompka (1974)，等人之論述。

⓫ 就拿被奉爲衝突論之祖師 Marx 來說，他即曾指出：「我們所欲達至
的結果不是生產、分配、交換、與消費都是一樣，但是他們是一個整體
(totality) 的元素，乃在一個單位之中具區分性……不同元素之間具有
互動。這是每個有機整體的通則。」(引自 Sztompka, 1974: 152)
Lenin (引自 Sztompka, 1974: 172)亦說：「社會並非這些或那些
制度的簡單、機械組合，也不是這些或那些現象的簡單、機械累積…
…而它是一種社會有機體，社會關係，社會組合的整體體系 (holistic
system)。」功能反對者 Dahrendorf (1958)亦不否認這個特性。 Van
den Berghe (1963) 也接受此一特性，以爲是「有用、且有條件的接
受」(p. 696)。 Marx 亦因此被視爲是功能論者 (Stinchcombe, 1968,
Cohen, 1978)。

⓬ Parsons (1937)早即指出，社會學理論的根本問題即是 Hobbes 所提出
的「秩序問題」。晚近，學者如 Eisenstadt(1976)、Alexander(1982)、
Seidman (1983) 亦都指出社會思想的根本問題即在於處理「秩序」的
不同見解之上。

　　顧名思義，功能論當然是以「功能」來觀照社會。但是，功能的考慮不是在眞空之中進行的，它必須是建立在一套特定的本體與認識論上，爲了釐淸其理路，我們選擇功能論的「體系性」來談起。這麼地選擇討論的分離點原本就帶有武斷的意思，並非有絕對必然的理由。然而，所以如此做，也絕非毫無依據。大體而言，有兩個考慮是關鍵之所在。第一、分化性和互賴性的內涵，乃與體系性之指涉息息相關，彼此之間互爲表裏。社會之體系本質爲何，毫無疑問地，將直接決定部份成員之基本單元的定位、更影響了分化與互賴所可能剔透的特性。第二、也是最最主要的是，在社會學史中，社會整體所具本質的假設一直是主宰社會學家理解社會之基本線索。從歷史的觀點來看，分化和互賴性質的歸依始終是扣緊此一社會整體觀的考慮而來⑬。基於這樣的歷史背景，選擇體系性做爲討論的起點，自是有一定的社會學意義。

　　在上文中，我們曾指出，在十九世紀社會學開始問世以來，學者Comte、Spencer、乃至隨後之 Durkheim 莫不把社會類比成有機體來看待。他們以爲社會乃有如生物有機體一般，是一具自我調整（self-regulatory）能力和機制的實存體。在此先不論如此看法是否足以採信⑭，無疑的，這樣的假定使得社會學者常把社會當成是一個半封閉的自足生機體系⑮。在體系內部份組成元素對整體的繼續生存和發展

---

⑬　在社會學史中，諸重要思想家中，或許除 Weber 以外，如 Comte、Spencer、Durkheim、Marx、與 Parsons 都有「整體論」（holism）的思想傾向。關於此一論斷難以簡單說明，讀者可參考 Martindale（1960）、Buckley（1967）、Bourricaud（1981）、Münch（1981, 1982）、Jay（1984）等人的論述。

⑭　有關此一問題，將在下文中討論到。

⑮　Parsons是現代功能論中採此看法的代表者，參看 Parsons & Shils（1951）、Parsons（1952）。

具有一定的意義，他們稱之爲「功能」。Spencer 即是一例。他以爲，對社會有機體而言，其輪廓形態的改變，事實上即代表功能的改變。他說：「如果缺乏功能上的改變，結構的變遷將不可能產生……如果一個組織整體的建立，是在於各部份間能繼續相互依賴地行動，則其每一部份依賴其餘部份的程度必定很高，以致於它們彼此如果分離，將導致致命的後果；並且反之亦然。這個事實在個別有機體和社會有機體中都可發現。」（引自 Turner，馬康莊譯，1985: 33）Parsons（1965: 44）亦認爲：「一個複雜社會體系乃包含了互相依賴與互相滲透的次體系的網路，若視以適當的指涉層面，每個次體系即是一個體系的本身，相對於其制度化的文化與情境，乃具功能急需(functional exigencies)，且具備所有必需之結構成份，以適當之分化與特化相度加以組織。」因此，功能被視爲是瞭解所有具生命之體系的核心概念。他以爲，不管吾人考慮的是社會抑或有機體，功能乃使吾人可以清晰地區分此一實體與環境中其他實體之關係和性質的「社會事實」；同時，它也有助吾人認識體系分化的過程 (Parsons, 1970)。

從上面，我們可以得到一個結論，那就是：一旦社會被視爲是一個類似生物有機體的自足生機「體系」，社會就有「範圍」(boundary)，也因此是一個完整的整體。在此假定之下，學者們雖然未必清楚地釐明組成此一整體的基本單元，但至少他們都同意，部份元素必得擺在「整體」的脈絡下來看；也就是說，分析的重點應當在於部份對整體的關係，描述此一關係的基本性質即是「功能」。於是，部份之間的互賴本質上也是「功能」性的。很明顯的，在如此理解架構下，「功能」成爲貫穿部份與整體，乃至部份與部份之間關係的核心概念。正因爲「功能」是整個功能論的靈魂概念，更因爲此概念之意涵指涉模糊晦隱，它受學者們責難、批判之處也最多。但是，如前一般，爲了

讓下文的解析脈絡更爲顯透，讓我們再次把「功能」的問題擺開一邊不談，先來看看⑴社會之有機類比的可行性，⑵在此有機類比下，功能論者如何刻劃「社會」這個令人困擾的巨靈，和⑶在這個巨靈塑形下，社會的基本單元是什麼，和⑷分化後之部份單元互賴的特質。

三. 社會之有機類比的思考陷阱

早期社會與人類學者把社會類比有機體來看待，無疑地是構思粗糙的思考進路。誠如上述，其所以如此思考，乃與十九世紀以來，因受生物學之發達刺激，而導使有機哲學觀成爲主流思想潮流有關。這個思想潮流何以形成，是重要的問題，但是，由於不是本文討論之焦點，也與下文的討論無直接、必要的關聯，在此也就按住不表。總之，這樣的比擬，乃至同等，到了二十世紀，雖仍爲許多學者所採用，但是卻已爲一些學者所存疑。就拿英國人類學者 Radcliffe-Brown 來說。他雖亦主社會的有機類比，但卻已明白看出兩者之間的不同，他卽指出兩者之間至少有兩處不同。第一、生物有機體的形態與其生理是獨立的，但人類的社會則不然。他以爲若社會是一整體 (as a whole)，我們只能從其功能上才可能察覺到。第二、生物有機體的結構造型不會改變。譬如河馬是河馬，再怎麼改變，也不可能變成豬。但是社會之結構造型則不然。它不但可變，而且並沒一相當固定的模式 (Radcliffe-Brown, 1952)⑯。

---

⑯ Radcliffe-Brown 所以明白看出社會與生物有機體有本質上的不同，但卻還把社會類比有機體，個人以爲其關鍵在於他力主「功能」說，而「功能」概念又含糊不清使然的。

十多年前波蘭學者 Sztompka (1974: 50-51) 更進一步指出兩者之間的不同。他舉出三點：(1)生物有機體之元素的特質與社會之元素的特質是不同。譬如細胞卽與民衆不同；呼吸與經濟生產也不一樣。(2)生物有機體的結構與社會結構基本上也不同，譬如，生物有機體結構中元素間的整合力極爲強靱，但社會卽使有整合，卻從未如此完美過。又，生物有機體之元素和過程的特化 (specialization) 比社會明顯得很多。再者，生物有機體有一明顯之共同的控制感覺中樞，而社會則無。(3)生物有機體的動態變遷形式不同於社會。生物有機體只具內在變遷，有明顯之成長、代謝、適應、與老化的週期現象，其起點與終點相對地是明顯的。社會則沒有這麼明顯的變化週期，我們充其量只能以發展、進步、或演化來稱呼之❶。

嚴格地來看，以上 Radcliffe-Brown 與 Sztompka 對社會之有機類比的責難並沒有直搗其間差異之特質。尤其是 Radcliffe-Brown，尚以爲社會與生物有機體之間是有共同之處，可以拿來在同一天平上比擬的。如此本體論上的晦暗不清是使以後許多功能論者，雖明知社會的有機類比並不是絕對地妥當，甚至無此必要，但卻無法完全擺脫這源自描繪生物有機體之概念的陰影❶。譬如，學者尚保留源自生物學的均衡 (equilibrium)、均勢 (homeostasis)、穩定 (stability)、整合 (integration)、調適 (adaptation)、維續 (maintenance) 等概念，

---

❶ 對發展、進步、或演化的概念，有些學者頗不以爲然，譏之爲「迷思」(myth)式的隱喻 (metaphor)。持此說者，如 Nisbet (1968)、Smith (1973)。

❶ 如Parsons (1952)，Merton (1968)其中又以 Merton 修正得最徹底，其功能之說與其前之傳統有相當大的距離，但還是未能完全擺脫來自生物有機類比的陰影。有關此一特徵之評論，參看 Turner (馬康莊譯，1985: 111-145)、Mulkay (1971)、Giddens (1976)。

做爲理解社會的核心根據⑲，Parsons（1951、1952、1966）即是一個最佳明例。即使連對傳統古典功能論（尤指 Malinowski）抨擊最力，修正最多，也最看清此一類比之不當的 Merton（1968: 73-138）亦難以倖免⑳。總地來說，正因爲以往學者對社會與生物有機體之差異的討論缺乏「本體」上的認識基礎，因此，其區辨並未能使學者們完全擺脫生物有機觀的思想迷咒。由於這個緣故，功能的概念才可能繼續被沿用而不疑，也才有後人指出的晦隱疑點。這是往後討論「功能」的歷史伏筆。

單從上述粗略的對比，我們已很明顯地看出，社會是不能等同於生物有機體的，其類比頂多只是指涉到兩者在最抽象層次上具有通則（generic properties）—如「部份之間是互賴的」。因此，類比充其量僅具啓發（heuristic）的作用（Sztompka, 1974: 50）。然而，如此在最抽象層次的通則上尋找類比，事實上，對瞭解社會並不具任何明顯的實質意義。類比要具有顯著的意義，必得要求類比的兩造在「本體」上具有相當程度的共同性。否則，類比的啓發將很容易引起更多、更晦澀、更糾結、更屬內蘊性的誤導。換句話說，由於社會與生物有機體原本就分屬兩個不同的實存範疇，其間縱有通則存在，但實無拿來做爲類比之基礎的必要，因爲單憑這些少數的抽象通則（如上述之整體性、分化性、與互賴性）並不是充分涵蓋一個實體的基本屬性。社會與生物有機體之間做比較時，其重要的不是這些相同的抽象通則，而是隱藏在這些通則底下那些不同的屬性。這些不同的屬性，經由經驗歸納和演繹，所編織成的下游特點，才是理解一個實體（如

---

⑲ 如 Dahrendorf（1958）即因功能論者做此主張，因而譏之爲烏托邦主義者。如 Turner（馬康莊譯，1985: 168）亦指出這些概念的使用，「實在是考慮欠周」。

⑳ 乃指 Merton 對「功能」的定義。關於這點，將於下文再詳細討論。

社會）的重點，也是人類求知之所在。

　　總之，一個社會學者把社會視成生物有機體來看，其謬誤是很容易被察覺出來的。因此，其所具之潛在危險性是，他們已發現兩者之間的差異，也承認等同類比的不當，但是，以爲從生物學借用概念來（如上述之均衡、整合等等），只要慎加使用，小心地不把這些概念一成不變地充分轉化，則是具有啓發的作用。這樣的主張原是可以接受的，遺憾的是：學者們常會不小心，在使用過程之中，又不自主地掉入「有機論」的陷阱。尤其在自以爲這些概念具有「價值中立」之客觀性的可能的情形下，其所內涵的思考陷阱更是不易察覺，也因此很容易把「啓發」誤植，當成託辭而不自知，終患了 Whitehead（1925）所謂的「誤植具體的誤謬」（fallacy of misplaced concreteness）。說來，這是功能論者最可能觸犯的思考陷阱，也是產生誤導的基本源頭。正因爲如此，就研究策略而言，我們實在懷疑這樣的概念移植對理解社會是否有必要。

　　在未進一步指明社會與生物有機體之「本體」差異前，讓我們簡略地分析一下有關明白社會之有機比擬是不當，但卻以爲尚具啓發作用之主張者可能誤陷的困境。簡單地說，以爲源於生物有機體之諸概念，對理解社會仍具有啓發意義的主張的可能陷阱在於，他們未進一步認清這些概念背後內涵於有機體之本質的種種扣聯意涵。一旦使用了，往往會使得他們不自知地又把生物有機之基本特徵又撿回來。這是因爲移植概念於不同實體，常會不自覺衍生的思考結果。

四. 「整合」與「均衡」有機類比的殘餘塑形

Parsons 一直卽以爲「整合」是社會體系的基本特質❷（參看 Parsons, 1951, 1952, 1966)。在此，姑且不論整合是不是有社會學上 的意義，是不是社會體系的基本特質,我們所企圖指出的是:「整合」 之所以被認爲是任何社會體系的基本性質，絕對不是孤立偶發的武斷 見解，而是一個完整思想模型中邏輯推演的結果。它所以被視爲是社 會的主要特質，乃建立在另外一些更具原基意義的假定上。

旣然任何社會有具「體系性」的獨立整體，而且它是必然被分 化，分化之部份間一定是互相扣聯，有一定的關係，自是理性之思考 邏輯的推衍結果。於是，整合是對此一旣分化又具整體性之社會體系 的必要特性。順著這樣的認知推演下來，假若整體性的存在和維繫乃 有賴部份之間具有一種內在互相「穩定」地支持、搭配運作，才可能 完成，整合之餘，尚需假定體系是處於「均衡」的狀態。整合不是靜 態，而是一種動態的均衡狀態，Parsons 的理論可以說是此一推演邏 輯最好的寫照。誠如 Turner (馬康莊譯，1985: 90) 所明確指出的:

……隨著《社會體系》一書的出版，Parsons 變得過於關心 社會體系的整合。順著與 Radcliffe-Brown 和 Durkheim 相 似的理路，在批評者的眼中，強調社會體系要求整合的「需 求」(need) 或「要件」(requisite) 乃導至過份地關心社會 體系中應對此一整合需求的過程。在《社會體系》一書中， 如此考量整合可從其爲了分析上的目的，假定體系乃處於 「均衡」之中的傾向獲得證據。由此起點開始，分析「必

---

❷ Moore (1978: 324, 328-329)卽指出，分化與整合的組合乃功能論者的 兩大基本假設，體系論的核心卽是整合的問題。Abrahamson (1978: 6) 亦有類似的指陳。
❷ 甚至，並不明顯使用功能概念之 Piaget (1971) 亦以爲這是任何「結 構」必備的特質。

得」因此著重於對具促進整合和均衡的概念加以釐清飾化。
例如，對描述促使結構建立之過程的制度化有著深入的討
論，而對衍示制度化模式之崩潰與變遷的諸概念則相對地甚
少提及。爲了調和這樣的省略，討論的重心乃擺在如何透過
社會化和社會控制的機制來維持制度化的模式之上了㉓。

Parsons 之「均衡」概念源自於生理學者 Cannon （Parsons,
1961）。Cannon （1939: 20-24）原用「均勢」來描述有機體內部器官
之狀態。他以爲「均衡」概念一般乃指一封閉體系內簡單生理化學狀
態的靜態平衡，並不足以反映有機體之複雜動態、但又穩定的狀態，
而改以「均勢」來取代之。 Parsons 承繼了 Cannon 的「均勢」概
念，但卻又回歸過來，使用「均衡」以代之。只是， Parsons （1961:
220)指出均衡可分「固定的」(static) 與 「活動的」兩種。「一個體
系爲穩定或相對地均衡乃指： 繼續於體系內， 體系彼此之間、 體系
與環境間之結構的關係和過程具有維持使結構相對未變之特質和關係
之原貌時的狀態。……如此之均衡最具典型的例子即在面對環境溫度
不斷變化，體內機制產生熱量（包含緩和熱量喪失）或減低生熱速率
或加速其消散時，哺乳類和鳥類能維持幾乎恆定的體溫。」(Parsons.
1961: 220)

㉓　與原譯文略有出入。再說 Parsons 的功能論強調的是 「機制—均衡」
　　的分析，及反映 Malinowski 主張「社會實體存在於不同的層次」的
　　觀點。此乃與 Durkheim, Radcliffe-Brown 著重「結構—功能」的探
　　究途徑，形成鮮明對比。但， 事實上在 Parsons 的作品中，他的「功
　　能 」 觀並非相當一致， 時有修正改變 （ 參閱 Turner, 馬康莊譯，
　　1985: 150-155; Bourricaud, 1981: 96-98）。因此，在此所論的不能當成
　　是 Parsons 理論的必然內容。這僅能說是代表 Parsons 某一個階段的
　　看法。我們所以引用，只是爲了說明諸概念，如整合、穩定、均衡、分
　　化等之間可能具有的一種特定演繹思考關係。

很明顯的，當假設(1)社會體系內之部份是互賴而成為一秩序，(2)
「這個秩序必須具有自我維續 (self-maintenance) 的傾向」，(3)更重
要的，「這是一種有秩序的變遷過程——一個相對於起點具一特定模
式而非隨機變化的過程」(Parsons & Shils, 1952: 107)，他們一旦使
用了有機體之「均衡」來類比，並藉以「啟發」吾人對社會體系的認識
時，則將很容易不自主地陷入了誤置概念的陷阱。這更可以從 Parsons
（1952: 36）❼對「整合」的界定看出來。Parsons 以為， 既然體系乃
具範圍維續 (boundary-maintaining) 之特性，「整合」的概念具有雙
重的指涉：(1)體系之間具包容性 (compatibility)， 以致在均衡達致
前變遷是不需要的，和(2)在面對環境下，在其範圍內，體系之特徵的
條件必須維續。於是，整合乃相對具活動之均衡而言。Parsons(1952:
204)於是以此具整合之均衡是「不成問題的」(not problematical)，
乃有如牛頓之第一運動定律——慣性定律。均衡因而被看成是反制體
制做某種變遷之趨勢，這種穩定或均衡的互動過程即社會過程的第一
律 (p. 204-205)。

在這樣的概念推衍下，均衡的概念被偷渡進來。顯而易見的，社會
體系的本質是有不同於生物有機體之處。生物有機體的內在均衡，指
的很明白地是其體內的器官或組織之間的關係特質，然而，社會之均衡
所指為何呢？ 又，生物有機體之均衡很清楚地是以有機體之生命能夠
繼續「健康」的生存下去，或促使器官一定之性質保持運作(他們稱之
「功能」)為標準；社會之均衡所指的卻又為何？ 這些在在都是問題。

Parsons 為此，以為制度化的 (institutionalized) 組合體即是社
會的元素，乃均衡所要求的對象❷。 他說：「社會體系本身之均衡乃

❷ 參看 Parsons & Shils (1952)、Parsons (1951)。學者如 Turner (馬
康莊譯，1985)、Lockwood (1964)、Mouzelis (1974)、Bourricaud
(1981: 98) 均強調「制度」乃 Parsons 理論中的基本分析單元。

由許多次均衡體 (subequilibriums) 自身或橫跨其間所組成的。……
這些不同的均衡體系，如親屬羣、社會階層、教會、教派 (sects)、
經濟企業、與政府機構等。」(Parsons & Shils, 1952: 226) 很明顯
的，均衡指的是一種部份對部份，與部份對整體間的特殊狀態。在生
物有機體中，這種部份容易確認，它是組織、器官、或系統。但是，
在社會中，這個「部份」基本單元爲何，就不是那麼容易確認下來
了。終究社會不如有機體有明確而具體的實體可以指認，社會原就有
所看不見，但卻感受到的巨靈。其整體已是如此飄渺虛幻，更何況組
成之部份（假若有這種部份的話）。Parsons 選擇「制度」或「制度
化」的組合體做爲社會體系的分析單元，說來是高明，具高度洞識觀
察力的[25]。但是，一旦強調制度化，必然使得理解的方向朝向「約
制」(constraint)、順從 (conformity)、「適應」來考慮。約制不但
要考慮對象，而且涉及條件；順從與適應更是必須考慮預期達成的目
標。因此，這樣的理解社會，終會不自覺地走上了「目的論」的路子
上去，而假定社會體系有（至少預設）一定之目標[26]。制度的安排卽
是爲了實踐這些目標，也正因爲如此，秩序的維持被看成是制度所以
存在的基本目的（功能論者稱之「功能」）。社會化 (socialization)
和社會控制 (social control) 遂成爲社會體系能夠長期維持一定秩序
形式和內容的必要機制[27]。

---

[25] 但是，Lockwood (1964: 246) 指出，在 Parsons 使用的概念中，「制
度」有如其他概念，如「整合」，是相當曖昧的。此一概念曖昧是事實，
但也正因爲如此，所以有更寬廣的意涵空間，讓 Parsons 及其追隨者
可以做最大的運用。這種概念意涵的問題一直是社會學者最感棘手，但
卻是最能發揮想像力的所在。個人以爲，Parsons 概念使用之最大癥結
並不在於此，而是概念背後所依據之假設，因此是「後設理論」(meta-
theory) 的問題。

[26] 例如 Turners （馬康莊譯，1985: 92-96）、Sztompka (1974)、Giddens
(1976)、Abrahamson (1978: 49)、Gouldner (1970) 等卽以此「目的
論」做爲批判的焦點。

[27] 此一概念幾乎見諸於 Parsons 所有的作品之中，乃 Parsons 強調的最
主要重點。

整體來說，在以制度爲分析之基本單元的前題下，均衡之說，在理論上，達成完整的顛峯狀態。姑且先不論其立論之邏輯與有效性，以制度來建構均衡，的確是有經驗事實的依據，而且也掌握了人類社會,尤其現代社會的最主要特徵。人的社會秩序並不是一直以最原始、非正式的方式存在，其最大的特色是具有相當精緻而正式的形式，這是制度化的一面。準此事實，Parsons 以制度來做爲解析社會的基本單元，是有實證上的意義。因此，倘若 Parsons 的制度化說有商榷之處，其關鍵不在「制度化」的認定，而是對制度化所採取「選擇親近」(elective affinity) 的內容上。簡單來說，其基本問題在於生物有機類比的啓發誤導，把均衡體系當成社會事實來看待❷。其結果是不自主地又陷入傳統有機類比之社會觀的認知陷阱，嚴重地染上了目的論者常有的迷思。

五. 分析社會的單元「制度化項目」的迷思

Parsons 用來分析社會均衡的制度化項目對象相當地抽象，也十分地模糊，這當然是與「社會」這個幽靈的顯像難以捉摸有關。在 1937 年，受了 Weber 影響，Parsons提出「主願性行動」(voluntaristic action) 做爲分析社會的單元。按 Parsons 的原意，人的行動是行動者之意願的實踐，行動者具有主動掌握的能力。但是，另一方面，Parsons 深受 Durkheim 之「社會先於個人」(society is prior

---

❷ Parsons 在其成名著《社會行動的結構》(*The Structure of Social Action*) (1937) 中自稱其所建構的理論架構是「分析實在論」(analytical realism)。這是一種經驗實證觀的表現形式，正是後來 Giddens (1979) 批評之所在。 其基本缺陷是把研究者主觀的分析概念當成社會事實本身，這是所謂「客觀主義的實證主義者」(objective positivism) 常有的認知方式。

to individual) 概念的啓示，以爲個人的行動難逃社會規範的約制。在如此主動意志與被動約制的夾縫中，Parsons 找到了邏輯上的平衡點。他以爲，現實上，社會的力量無所不在，任何人都必須活在社會形式之下。但是，這種外在形式的存在，對個體而言，並不一定讓人的心理一直有壓迫感，人也不會因此老是處於被動的地位。透過社會化和社會控制的機制，人會學習社會的價值、規範，把它們「內化」成爲個人主觀上的認知、動機、與態度內容。至此，人的主願性才完成。因此，在 Parsons 眼中，人的主願性並不是純粹私人的，而是社會的。它源於社會，形於社會，更是表諸於社會。只是，行動者對動機的引發，認知的詮釋，態度的表達，在一定範圍內，自己有運用意志主動掌握的能力。這正是 Parsons 稱行動是主願性之關鍵所在。

Parsons 之主願性行動的概念，說起來，相當吻合現象學的認知主調，與 Schutz(1973) 論行動的性質頗多異曲同工，乃有雷同之處❷。所不同，也是令人感到遺憾的是，Parsons 從主願性所衍生出來的討論重點並不擺在行動者之意志運作上，而是置於外在社會加在個人身上，也是行動主願性之社會來源和社會形式的集體層面──制度化的社會形式上。這在 1951 年所著之《社會體系》一書中尤其表露無遺。按理來說，制度化的社會形式的確是社會實在的核心部份，自有經驗事實上的意義，這也是我們在上文中何以稱讚 Parsons 具有洞識力之理由。假若此一概念有值得深思、批判之處，那是 Parsons 把

---

❷ 關於「社會行動」此一概念，Schutz 與 Parsons 曾有辯論過。參看 Grathoff (1978)。

❸ 「過度社會化」(oversocialization) 乃 Wrong (1961) 用來批判 Parsons 最醒目，也是最爲後人引述的概念。根據 Wrong 的意思，由於強調順從、規範、約制等社會形式，在 Parsons 眼中的「個體」是一個沒有「自我」而過度社會化的「實體」。晚近，法國學者 Bourricaud (1981:98-108) 爲文替 Parsons 緩頰辯護。

它推到「過度社會化」的極端點上的緣故❸ 。

　　誠如 Bourricaud（1981: 99）所指出的，Parsons（1937）在《社會行動的結構》中提及社會秩序的問題時，其實早已暗示「社會秩序」所具的「問題」特徵。換句話說，社會秩序在「自由」與「必然」（freedom vs. necessity）、「個人」與「集體」之間有兩難❸ ，這種兩難在崇尚個人自由，但卻科層網絡密佈、政治權力日益膨脹的現代社會，更加明顯，也更形嚴重。Parsons 並不是沒注意到這個兩難，事實上他把 Hobbes 搬出來，即為了解決這個問題，而他也自以為其「行動之主願說」已可化解這個問題。但是，Parsons 終又陷入這個老問題之陷阱，過度強調社會集體形式的重要性，而稱之「結構必然」（structural necessity）、「結構強制」（structural imperative）或「結構約制」（structural constraint）。其所以如此，關鍵在於把「制度」聯結「社會均衡」來理解所促成。也就是說，把社會當成是一個要求均衡的自足生機體系來看，是導使「制度」概念「過度社會化」而被扭曲的致命傷。

　　總地來看，儘管 Parsons 在 1937 年以後的論著中一再地提及主願論，也一直以行動當參考架構，但當 Parsons 由個體行動者的層面移至羣體和社會層面（即制度層面）時，則完全喪失了對社會生活之主願層面的關照。誠如 Mouzelis（1974: 404-405）所指出的：「在這個層面（指制度層面）❸ ，它只展示體系如何塑形行動者的活動，從未展示相反和相補的過程，即：行動者的活動（特別是集體性行動者）如何塑形社會體系。」如此概念轉移所帶來的斷層並非內在於此

<hr>

❸　學者咸以此為西方社會思想中的一大死結，一直困擾著社會學者。參看 Seidman（1983）、Alexander（1981）。

❸　括號內之文字乃筆者自加的。

二概念之意涵中，它的產生不具先驗邏輯性，而是由於其中一個假設
介入使然的。這個假設是「社會是一個要求均衡的自足生機體」。

在 1951 年之《社會體系》一書中，Parsons 虔誠地相信並且主
張社會是一個要求均衡的自足生機體。這個信念導使 Parsons 充分
地顯露出「互視整體論」(marco-holism) 的立場。他不但以整個社
會體系做爲考慮的對象，而且強調體系本身的完整與自足性。既然社
會體系是一個自足、完整的實體，體系內部份間的互賴與分化意義自
然是朝著體系整體的「自我調適」機能而考慮❸。易言之，部份（或
謂「次體系」）在 Parsons 「社會體系」 理論中的意義不在於其自身
衍生的過程，而是屈服在體系整體生機功能維續下所具的意義。這個
考慮是使主願性行動由行動者手中脫離，成爲役於體系之俘虜——制
度的最主要思想轉折。正因爲如此，就如上述 Mouzelis 所指出的，
Parsons 幾乎從未考慮行動者對體系塑形之影響及其過程❹。他強調
的是「制度化之社會形式」對整個體系的功能，這可以說是他著名之
AGIL 說立論之根本基礎。

或許正由於 Parsons 使用「制度化的社會形式」概念過於曖昧，

---

❸ Münch (1981, 1982) 認爲「互賴」未能充分反映 Parsons 體系論之思
想精髓， 其觀念之重點應當在於 「 互相滲透」(interpenetration)。
此一概念不同於互賴，後者強調體系內部彼此之間功能上的依賴，而前
者未做如此主張，只是主張部份彼此之間是相互影響作用而已。因此，
在互相滲透觀念下的部份具有相當的自主性。顯然的，這樣的主張讓部
份之「功能自主」(functional autonomy)可能存在。Münch 以爲這樣
的觀察比較吻合社會的實在。Bourricaud(1981: 98) 亦有類似之詮釋，
他以爲，互賴不是一種具階層與整體性的原則。它應爲以較狹義的方式
來解釋，乃指一種共存的狀態 (condition of coexistence)。

❹ Turner （馬康莊譯，1985: 74）指出， Parsons 多少認識到其早期行
動說與後來之體系均衡說間在思想上的裂罅。Parsons 對這個架構所作
之某些有趣的補充，卻是在他第一次明白揭示功能理論二十五年後才出
現。

也太受制於社會均衡的假設， Merton （1968）才力圖排除社會整體的均衡假設，而明確地為此一分析單元做了界定。他原則上同意制度化的形式是社會學的分析單元，但他改稱為「標準化（即具模型且重複的）項目」〔Standardized (i.e. patterned and repetitive) item〕。這包含如社會角色、制度化的模式、社會過程、文化模式、文化塑形的情緒、社會規範、社羣組織、社會控制設計等等 (p.104)。Merton 此一概念，看起來，其用意與意義和 Parsons 之「制度」概念是不完全一樣的 。 Parsons 的概念是源於社會體系之整體均衡的考慮，Merton 則為了配合「中度理論」 (middle-range theory) 的主張，企圖為社會學的解析提供一些「標準化」的單元概念。不過，儘管兩人所指出之概念的用意不同，指涉也有所差異，他們卻一致地肯定社會化，尤其是制度化的形式展現，乃社會學的分析單元。這些單元概念本質上是實存在社會之中的。套用 Merton 的字眼，它們是客觀可觀察的。這樣的客觀論是功能論者，不管力主體系整體均衡論與否，所共持的立場，也是窄化了「標準化」或「制度化」項目之社會學意義的關鍵。其認知上的偏失主要是由於忽視了社會互動中行動者之主體能力層面所導致的。Lockwood (1964) 提出應當區分「社會整合」(social integration) 與「體系整合」(system integration)，卽是一個用來討論此一問題極具價值的分離點。

六. 社會整合與體系整合的迷思和啓發

　　Lockwood （1964）引進「社會整合」和「體系整合」二概念來詮釋並批評 Parsons 之「規範功能論」 (normative functionalism)

㉟。根據 Lockwood 的原意,所謂「社會整合」的問題乃有關行動者 (actors) 間具秩序性或衝突性的關係; 所謂「體系整合」的問題則是涉及到社會體系中部份彼此之間具秩序性或衝突性的關係 (p. 245) ㊱。Giddens (1967: 360) 與 Mouzelis (1974: 395) 都指出 Lockwood 此二概念對社會理論的貢獻和重要性。Giddens (1976: 362) 衍用 Lockwood 的概念,指出社會整合所涉及的「部份」乃指具目的的行動者,而體系整合涉及的「部份」則是社會體系中的集合體或體系。他復進一步地說明道:「我們可以定義社會整合乃有關在面對面互動層面上的體系性 (systemness); 體系整合則是有關社會體系或集合體間之關係層面的體系性。」(Giddens, 1979: 76-77)㊲ 於是,社會整合乃處理行動者間自主或依賴的互惠關係; 體系整合則是處理社羣或集體間自主或依賴的互惠關係 (Giddens, 1979: 76-77)。

　　Habermas (1975: 4-5) 也採用此二概念。對他而言,社會整合乃指制度的體系,於其中言行之主體者 (speaking and acting subjects) 有社會性的關係。從此角度來看,社會體系乃是具象徵結構化的生活世界 (life-world)。相對於此,體系整合乃針對一個具有自我調整之體系的指導執行 (steering performance) 而言。於是,社會體系乃

㉟　此乃 Lockwood 封給 Parsons 的雅號,後來學者如 Mouzelis (1974)、Giddens (1979: 87) 沿用之,以形容 Durkheim 與 Parsons 的功能論。

㊱　Lockwood 使用這兩個概念分別來分析規範功能論和以 Dahrendorf (1959) 和 Rex (1961) 為首的衝突論。他指出,前者處理的只是有關體系整合的問題,忽略了以行動者為主體的社會整合問題。相反地,衝突論者強調社群間的衝突乃社會變遷的機制,著重的是社會整合的問題,而 Marx 則是兩者都關照到。Mouzelis (1974) 對 Lockwood 的解析不盡同意,提出相當具建設性的批評,讀者可參考。

㊲　Giddens (1979: 270, ㊲) 自謂,其對此二概念的瞭解是不同於 Lockwood 的。關於此一宣稱,可參考 Giddens (1979: 77),並參考本節下文的討論。

由其對多變、複雜之環境所具維續其範圍和持續存在的能力來考慮。根據 Habermas 的意思，此二典範——生活世界和體系都十分重要，問題是在於釐清它們之間的相互關係。他說：「從生活世界的觀點來看，我們是以社會的規範結構（價值和制度）爲主題。我們從它們在社會整合之功能上的依賴的角度來分析事件和狀態（使用 Parsons 的字彙，即整合和模式維續），而體系中非規範性的成份則當成是限制條件(limiting conditions)。從體系的觀點來看，則我們乃以社會之指導機制和可能附帶發生之隨制範疇所延展的程度（the extensionof the scope of contingency）爲主題❸。我們從它們在體系整合之功能上的依賴角度（使用 Parsons 的字彙，即適應和目的達致）來分析事件和狀態，於此，目標價值被當成是資料。假如我們把社會當成生活世界來理解，則其指導層面被剔除。假若我們把社會當成體系來看待，則社會實在所包含一些可辨認，但卻常常是反事實之效度宣稱（validity claims）的事實性（facticity）就不列入考慮了。」(Habermas, 1975: 4-5)

雖然 Lockwood、Giddens 與 Habermas 對社會整合和體系整合二概念的使用是有不同，其考慮的基礎也不一樣，但是，三者一致的是確定社會是具體系性，而這體系性是兩元的。一方面，體系表現在

❸ contingency 之德文原字是 Kontingenzpielraum。根據此書之譯者 Thomas McCarthy 之註解 (p. 148)，他引述 Habermas 與 Luckmann 的話，指出：具意義之經驗的社會附帶發生條件乃只不過泛指無限之世界複合體的一個面相，它必須經由體系的形成來化約。由體系理論的角度來看，世界之社會附帶發生條件必須透過複合體來重新定義。因此，複合體乃是世界中諸事件和狀態，或一個體系之諸狀態的量度。藉著其所具穩定範圍，體系形成，且維持較少數量之複合體，體系之秩序也因此較其環境更易掌握。易言之，所謂社會附帶發生條件乃是世界複合體中近乎無限之成份中，經由特定選擇方式所凝聚抽取出來有限的一部份。用 Weber 的用語，它具「選擇親近」（elective affinity）的意義。

日常生活中行動者帶意識、態度、價值、和信仰的互動形式之中。行動者在其互動之中，有其一定的規範約定，形成一個相當規模的「秩序」體。這種「秩序」的有效性往往侷限於其經驗與能力所及的互動範疇，同時也因此界定了其生活經驗的意義範疇。兩者交錯，其結果「往往」使得行動者的日常生活世界有其自衍的「體系性」。然而，從另一方面來看，許多具不同範疇之日常生活世界並未必是完全孤立，它們彼此之間是存在有一些潛在的線索。這些線索把這些看似分離獨立的不同生活世界串聯起來，形成一潛在的網路，這個網路往往是在行動者的經驗範疇之外，並不為行動者所清楚意識到；或者，他們意識到，但並不明顯、嚴肅地把它納入其生活世界的意義範疇內來當成一回事考慮。對行動者而言，這些是「存而不論」，乃至是「根本不存在的」。所謂「體系整合」指的即是屬於這一層面的「體系性」。

對社會學者而言，經驗的具體事件一向被認為是研究的基本「正當」(legitimate) 素材。準此，行動者在日常生活世界中的經驗範疇，應當是社會學者關照的主題。事實上，社會學者也一直以為如此❸。尤其，在經驗實證主義的籠罩下，社會學者以此為研究素材，更有科學信仰上的正當地位。但是，在分析上，從經驗素材中抽離概念，把「實在」與以抽象概念，一直被視為是學術研究的重點，社會學者自又難以只是對「經驗」的「客觀」忠實描述而滿足，更也往往並不以完全還原到行動者本身的態度、觀念、或價值為瞭解的基礎。

---

❸ 誠如 Mouzelis (1974: 395) 所指出的，社會與體系整合之區分含有微觀 (micro-) 與巨觀 (macro-) 之對照的意思。事實上，在社會學的傳統中，象徵互動論 (symbolic interactionism)—如 Mead (1934)、Goffman (1959)，俗民方法論 (ethnomethodology) —如 Garfinkel (1967)、現象學，如 Schutz (1973)、Berger & Luckmann (1967) 均已注意到「日常生活」(everyday life) 中行動者的世界的特殊性，其中尤以後二者特別明顯。

基於這雙重的理由，假定另一種「體系性」的存在，或試圖欲以另一層面的思維與理解架構來詮釋行動者的日常生活經驗範疇，就成為社會學研究的範疇。這是何以「體系整合」被視為「實存」，也是「體系」能夠超越行動者之日常生活經驗範疇而被認為「自存」的認識論基礎。這個問題論及到最後，牽涉到認識論、方法論，乃至有關社會本質的本體論，其中糾結甚為複雜，自非本文所能討論❹。

在社會學研究中，行動者之日常生活經驗範疇之外的所謂「體系」或「規律」，在社會學者心目中，甚多是把它當成是實際存在的「實體」，或至少對此一預設的「實體」或「實存」加以默認❹。Levi Strauss（1968）關心人經驗世界背後的象徵「深層結構」（deep structure）；Jung（1960）提出意涵集體潛意識（collective unconsciousness）之「原型」（archetypes）均是明例。

以 Parsons 而言，他受 Whitehead（1925）影響，明示其觀點為「分析實在論」（analytical realism）（Parsons, 1937）。他以為，只

❹ 這個問題可以還原到Kant的哲學。近代社會思想的發展莫不與 Kant 的「範疇」概念有密切的關聯。Simmel（1950）問「社會如何可能」，乃由 Kant 問「世界如何可能」之命題而來，其思想受 Kant 影響至為明白。其他如 Weber（參考 Barker, 1980）、Durkheim（參看 Parsons, 1978: 352-433）、Parsons（參看 Münch, 1981）的思想更是與 Kant 的批判哲學有密切關係，尤以 Parsons 最為明顯。

❹ Boudon（1983）即指出，社會學中有關社會變遷的理論之所以「失敗」乃在於把它當成是有如物理理論具有經驗預測性，而不是視為只是一種「理想化的模型」（idealized models）。事實上，Simmel（1977）早已指出，這種實在論（realism）的誤謬錯把心理建構（mental construct）當成是實存實在，是社會學中最嚴重的失誤。Mannheim（1982）亦指出，社會經驗世界中的認知本質上只是一種聯結經驗（conjunctive experience），它是受制於時空範疇的一種心理認知，而非絕對的存在。因此，假若它有實存的意義，那將是一種具有轉化成為行動者之生活經驗的詮釋可能能力。關於此一特性，將在下面之本文中再加詳論。

有假以特別對應某一學科訓練的理論架構，經驗現象才具有科學探討的意義[42]，此意卽任何學科訓練只可能考慮實在的一部份相面，不可能涵蓋其全部。「在此認識下的描述架構對所有科學都是基本的。但它絕不窮盡所有科學概念化。事實只有在此藍圖下才可能被描繪。」(Parsons, 1937: 30) 把這段話用於 Parsons 在其後所提出之 AGIL 體系論，我們很清楚地可以看出，其理論是用來套扣（map）他所認爲的行動「事實」或「現象」。Parsons 似乎明白此一理論架構並非自存實在本身，但卻是理解某一自存實在之性質不可或缺的一種形式，其「實在」意義在於分析上，亦卽：在分析上，它是具必然實在的形式[43]。因此，以 Parsons 的概念來推衍，社會的實在並不是在於行動者對生活世界的經驗架構，而是以此他稱之爲「主願性」行動架構所組成更抽象、更廣泛之「體系」實在。此一後者超越個體行動者之上、具「模式」（pattern）變化形式的集體實在，才是 Parsons 關心而欲加分析、概念化的「實體」。

依筆者個人的看法，Parsons 對此一超越個體行動者之集體「體系」的本體論立場十分晦暗不清，其眞正意涵爲何，並沒有明顯的指示出來。或許這是因爲他把 Kant 之先驗範疇(a priori categories)「存而不論」，毫無疑慮地把它由哲學思考預設轉換成爲實存於社會的規範秩序(normative order)，以之爲生活世界中行動者實踐的「無上命令」(categorical imperative)。於是，Parsons (1937) 以爲，個體行動者必然在一些互享之規範、價值與行爲模式組成之體系指導下，對彼此之間的行動有一理性的期望。此一期望透過社會化的內化

[42] 參看 Bershady（1973, 1977）、Parsons（1977）。

[43] 此卽 Kant 的「範疇」（category）概念的衍生，其受 Kant 之影響是相當明顯的。參看 Parsons（1937）的自述與 Münch（1981）精闢的解析。

和社會控制而成爲行動者人格中的一部份，行動者之主願性由此完成，社會秩序也因此建立。根據康德，無上命令的各種公式都可以經由反省自主性這一觀念推演出來，同時，這種反省足以推薦各種命令給任何理性存有（Scruton, 蔡英文譯, 1984: 90）。Parsons 是注意到在經驗世界中，此一規範秩序之無上命令的反省自主性並不是完美的。行動者的主願性並不意涵社會秩序必然卽是完全因果決定的事實秩序（factual order）（Münch, 1981: 722）。規範秩序要充分實現乃要求人們對某一特定規範具理性判斷，也假定它具普遍接受的價值。於是，當我們問：「到底把社會要求轉化成爲個人願望，是靠什麼機制」，Sztompka（1974: 147）卽指出：「最簡單的回答是假定某種的理性機制。論證最簡單的形式大致是如此：社會成員對社會目標（體系之全盤可欲狀態或社會要求）與完成此目標之最佳途徑有充分而適當的知識，且他們把此知識當成他們行動背後的基本動機，如此，結果是個人與社會目標，人們的自利驅力與一般公益有了完全的整合。」

顯然的，如上的假定是不實在的。人的行爲不是完全理性，也並不完全膺服超越個人的集體目標，否則的話，世界就如Homans(1962: 216) 所說的：「人類社會的歷史將比我們所觀察到的更爲快樂了。」由於人不是那麼理性，更由於社會化與社會控制並不完整，規範秩序與事實秩序之間一直有著差距，甚至往往互相尅抗的。依 Parsons 行動主願論之主張，行動被看成是，在旣有社會規範的限制範疇中，「目的─手段」之理性認知與其互爲推動滲透的結果，這個看法是值得進一步檢討的。下列三個問題隨之產生：

(1) 規範秩序與事實秩序的本質爲何？這牽涉到 Lockwood 以
    降對「體系整合」與「社會整合」之本質的看法，也牽涉到
    「結構」的意涵？

(2) 規範秩序之規範成份與條件成份是互爲滋長，抑或互爲尅抗？其作用之範疇何在？

(3) 「功能」的指涉爲何？ Merton 之明顯功能與潛在功能 (manifest and latent function) 的主張應當如何來重新評估？它是否還有社會學上的意義？

七. 結構與意義——「體系」化的考慮

爲了釐析上述三個問題，讓我們首先指出一個現象，那就是: 任何社會單元事實上乃是一種經過人們詮釋後之意義組合的結構形態。Sorokin (黃文山譯，1971) 卽認爲，社會文化乃是一個超有機的現象 (superorganic phenomena) 與有機或無機現象不同。無機現象只有理化的機械成份，有機現象具有物理與生命兩部份，但社會則具有象徵成份，乃在物理與生命成份之外。「意義－價值－規範的範域」乃是社會「存在」 (或「實在」) 的一種形式，與無機的和有機的「存在形式」不同。意義的成份，對於裁定某種現象是否屬於社會文化現象方面，具有決定的作用。沒有「意義」就無所謂社會文化現象;「意義」的表現，把無機和有機的現象的本質根本改變，因爲「意義」是安置在他們上面 (Sorokin, 1971: 14)。因此，社會學的解析基本上卽揭開此一象徵意義體系的紗幕，問題乃在「結構」與「意義」的關係及其衍生的問題之上。

Smucker 與 Zijderveld (1970) 比較結構功能論與衝突論時，卽指出: 者兩雖有立論上的不同 (譬如後者考慮歷史的層面)，但卻也有相同的地方。其相同處在於兩者均把分析限於「結構」上，而少處理「意義」的角色。這個批評相當具有啓發性，對於我們理解上節所

述及區分「生活世界」與「體系」與下文將討論的「功能」，都有清醒耳目的作用。

　　根據 Smucker 與 Zijderveld（1970: 377）的意思，結構乃泛指安排人們行動的架構，它的本質不是實質，而是形式。假若行動展現有一定的正式結構，我們稱之為有秩序。意義則指足以使人們瞭解並預測與其同行動者（co-actors）之行動的行為模式所具的屬性（quality）。雖然 Smucher 與 Zijderveld 對結構的定義有嫌過於著重靜態面，而忽視了結構內涵的動態雙元性❹，但是其區分結構和意義卻是牢牢地掌握了社會行動網路的基本特質。這樣的區分可以追溯到 Simmel（1950: 16-41）企圖以「形式」和「內容」的區分來說明社會學的研究領域。在此，結構指涉的是行動關係的形式，而意義則是行動關係中蘊含之「內容」的詮釋。只是 Smucher 與 Zijderveld 並未清楚地指明詮釋的主體為何，到底指涉的是參予其中的行動者抑成中立於其外的第三者（如社會學者）。

　　雖然結構與意義，就分析的觀點來看，可以有如形式與內容的區分，但兩者卻是有如一個銅板的兩面，乃屬同一個「實在體」，不可能分開考慮，而各有獨立的社會學上的意義。相反地，兩者必須擺在一齊，才可以理解，也才具有「意義」的。這樣的立論主要是基於任何社會行動關係網絡都是人的活動表現，因此一定而且也僅只能從其所展現的意義來理解。意義於是乃內存於任何社會運動和社會制度之中（p. 377）。就拿 Smucker 與 Zijderveld（1970: 377）所舉的例子來說明。他們指出：「假若我們知道警力（按：即警察此一制度）之行為模式的意義，則我們可以預測和瞭解，當我們揍了警察的鼻子後，此一警察的行動。」因此，制度同時包含結構和意義。「上述警

---

❹　參看 Giddens（1979, 1985）、葉啟政（1984: 1-56）。

察的行為有意義，乃因它是一個制度結構（警力）的一部份，它在我們文化內有一長久持續的傳統。也就是說，制度是載負意義的結構（meaning-structures）。」Smucker 與 Zijderveld 此一段說明，認眞地加以思考，是有曖昧含混之處。它似乎意味著結構並不是自明，也就是說，形式不可能脫離內容而自存❹。在澄清這個問題之前，讓我們再引述 Smucker 與 Zijderveld 另外的一段話。他們說：「這提示著，不從歷史的觀點（卽在此一具一定時空的特殊制度）來看制度。但是，本文的基本內容所欲指出的是，當我們從歷史角度來看制度，則對結構和意義從事分析上的區分乃是迫要的（mandatory）。在歷史的軌跡中，制度的結構總是維持一段長時間的恆定，但是其意義內容（因此其行動者的詮釋和動機）可能產生根本上的改變。」（Smucker & Zijderveld, 1970: 377）

毫無疑問的，在歷史軌跡中，我們常可以看到同形異義的個例。但是，這並不意味著，時間卽是決定同形結構產生異義的必要條件，因為變遷卽意涵時間，時間序列的發展實卽變遷（或歷史）的基本內涵。因此，縱然歷史是一個重要的必要考慮條件，我們也沒有理由把時間當成說明同形異義產生的促因，充其量，我們只能說它是充分條件而已。事實上，對結構與意義的瞭解不只要從歷史角度來看，更為重要的還是還原到「人」的主體上來考察，才更恰當。換句話說，對結構和意義的瞭解可以超越時間（歷史）來思考的。這個論點其實可以從我們的日常生活中許許多多例子來說明。我們不是常經驗到，人們對同一個人或同一種關係有著不同的看法嗎？在某甲眼中，張三是個可親的好人，但在某乙眼中，他卻可能被視為是個冷酷的壞人。又

---

❹ 這也是學者們批評 Simmel 之企圖區分形式和內容，對於理解社會行動所帶來的困難。參看 Aron（1964: 5-8）。

如，在某甲眼中，朋友可能只是一種基於利益互惠的關係，但在某乙眼中，它卻是反映人類同胞愛的最高表現形式。因此，同形異義的存在並不一定要是「歷史的」而是隨著詮釋主體的認知和價值有變動。

於此，我們可以得到一個結論：任何社會的形塑都有具意義的結構，而此意義的展現基本上是一種人為的詮釋。倘若情形是如此，我們就不免回過頭來問：體系是什麼？它真的如是的客存在人的世界裏嗎？首先，我們要指出，Lockwood、Giddens 與 Habermas 等人區分社會整合與體系整合，以及 Habermas 區分生活世界與體系，事實上即已認識到主體之意義詮釋對建構社會學知識的重要性。提出「生活世界」並關照到行動主體的認知即已超越了功能論者所持客觀化之體系觀，為社會學的知識往前邁了一步。但是把社會兩分為「生活世界」與「體系」，或把整合分成「社會」與「體系」，可以說是西方一貫持有之主客兩元世界觀的一種轉化觀點，基本上是有問題的。

把「體系」對立於「生活世界」來看待，無疑的是帶有濃厚客觀主義之實在論的立場。從社會學史的角度來看，這種論調乃是傳統社會有機論的一種衍伸。在他們的眼中，社會不但是以「體系」姿態出現，而且此一體系又是自存於個體的生活世界之外。唯有如此，體系才可能與生活世界產生對立的局面，而有所謂「殖民地化」（colonization）的情形發生（Habermas, 1987）。很明顯的，這樣的觀點是典型西方兩元對絕觀的表現，其情形有如「自由——限制」、「個體——羣體」、或「理性——非理性」之對立一般。

其實，人的「社會」只是一個「名」，它無法脫離個體，也無法脫離人與人之互動關係而具有自身之意義的。也就是說，把「社會」從人的生活世界中抽離出來，「社會」變成是空洞的概念，毫無意義可言。因此，「社會」這個「名」要能彰顯其意涵，就得擺回到人為

主體之生活世界來觀照，否則就無效。

客觀地看，人的生活世界是由環繞著行動者之物質世界與發生於行動者與其他人間複雜、多元之互動關係和活動來形構的。社會若有「體系」，此一「體系」必要是存在於人與人的私人與物質的互動關係之中，也就是存在於人的生活世界當中。因此，人的世界裏，並沒有自存而獨立於生活世界，尤其人際互動關係之外的「體系」。體系；說穿了，只是對某種人際互動關係或生活世界之樣態的描繪。準此觀點，人的「社會」並沒有「體系」自身這樣的狀態，有的只是「體系」化（systemic）的生活世界或人際互動關係的形式。在此，所謂「體系」化意指的不只是具備系統性，而是它以一相當恆定且往往是正當性的「體系」（尤其制度化）樣態呈現。若只是具備系統性，而未具有明顯制度化之正當性者，則只能稱之「體系化」（systematic），而不能稱之「體系」化。

聯是之故，把「體系」對立「生活世界」來看待，基本上是頗值商榷，也難以接受的。如 Lockwood、Habermas、Parsons 等人（Giddens 亦有此傾向），把「體系」當成社會「實在」來看待，甚至把「體系」等同「制度」來看，乃過度客觀化了「社會」這個「名」，抹煞了行動主體自身在形塑互動關係與行動所可能扮演的主導角色。

八．社會體系的雙面雙元性——Parsons 分析實在論的迷思

由上節的討論，我們明白，制度可以看成是被高度「體系」化的人際互動關係的組成表現形式。它必然要表現在生活世界裏，才具有實際的意義。假若制度，如 Parsons 所意涵的，乃意指具規範意涵的理想秩序，而生活世界中另有事實秩序的話，我們所需要考慮的問題

就在於此二秩序之間的關係及其個自的特質了。再者，倘若「體系」化的社會是一個實在，此一實在，不管指涉的是理想的抑或現實的，也不管是制度化抑或非制度化的，應當具有雙元的意涵。其一是還原到實際參予其中之行動者本身所詮釋的意義，這就是 Weber (1978)一向力主社會學乃對行動之動機（更恰確地說，是意義）從事擬情式（empathetic）之詮釋理解（verstehen）所強調的。其二是對既有之社會形塑，不論是理想抑或現實的，從事超越行動者之詮釋範疇的社會學詮釋。此一詮釋之作常由社會中居優位者(如社會學者)來執行。因此，社會學的解析至少應當可以有四方向：還原到行動者對 (1) 現實世界，和 (2) 理想世界的詮釋。超越行動者之詮釋，以另外的概念範疇對 (3) 現實世界，和 (4) 理想世界從事詮釋。情形可由下表來表示。

	現 實 世 界	理 想 世 界
還 原 到 行 動 者	①	②
超 越 行 動 者	③	④

　　在此，所謂「現實世界」指的是行動者日常生活中的世界。在這個世界裏，行動的指導原則基本上是行動者所認知體驗，受制於自身之利益與情緒考量的實行邏輯。這套邏輯本質上是來自日常生活中長期累積的傳統風俗、習慣與認知模式，其孕生是自然而然的，因此也是由內而發的。所謂「理想世界」指涉的就不同的，它指涉的是依附在制度化之理想規範邏輯所衍生的世界。相對於實行邏輯所主宰之實然性的現實世界，這個世界是具應然意味的。其應然性可以是規範

的，也可以是理論必然內涵性的。同時，雖然這兩個世界在概念上是獨立分開的，但是，在現實中，它們彼此之間必要有些交集，否則社會秩序無以可能形成。不過，它們彼此之間又必然要有一段距離，否則，理想世界，就無以稱之為理想，現實世界也無以稱之為現實。因此，此二世界之間實際上是有合，又有分，是相互搭配，但又相互有距離甚至是緊張對立的。這種兩難的可能關係，無疑的是形塑社會之複雜性的主要根源，也是功能之說在解析上常常忽略的特質。

大體上來看，功能論者所持的立場是屬於（4），而偶而兼顧到（3）與（2），對（1）可以說幾乎是被忽略掉❹。因此，對功能論者而言，把他們相信具實存意涵的「體系」限圍在（4），顯然的是客體化「體系」化的動態樣態（尤其是制度化的），而由「體系」所衍生的概念，諸如整合、均衡、與自我調整等等來化約。追本溯源，此一自限性的化約乃受生物有機類比觀所影響，這自是不待言語而自明的。Parsons 主張的分析實在論即建立在此一偏限於（4）之理想規範秩序的「實在」範疇而衍生的認知模式，是最值得批評的地方。

Kant 之先驗範疇與無上命令的概念是純屬哲學思維層面的概念建構。固然哲學的思考不可能，也不應當完全置經驗現實於不顧，但是哲學的思考有其內在（immanent）的自衍性，可以在一定預設下，從事邏輯演繹，而不必涉及經驗現實的可行性與效應性。然而，社會學的解析一直是以經驗世界為重點，它必要相當地尊重經驗實在的地位，因此以「經驗世界」做為理解的起點。正如 Mannheim（1982: 65）

---

❹ 參看葉啓政(1984: 1-56)，Rex(1961)即指出功能論者，尤其 Parsons，幾乎完全忽視行動者本身的意義詮釋與它在形塑社會過程中所占的地位。Atkinson（1971）亦採類似立場來批評功能論者。Merton之功能說除明顯指涉(4)外，事實上已隱涵(2)的考慮，關於此一說法，將在下文中詳述。

所指出的，把經驗世界當成素材來研究，社會學者考慮的不是「內在」，而是「非內在」（non-immanent）的因素，因此必然是受時空約制的實質經驗展現的形式。基於此，社會學的關照是歷史的、條件的，而不單純是哲學上的認識論。哲學的思考有一定的社會意義，但不是惟一，也不是最終的。做為一個社會學者，Parsons 有把 Kant 之概念誤置的嫌疑，更不用進一步指出他忽略如 Hegel 與 Heidegger 等人對 Kant 哲學的批判所可能給予社會學的啟示❹。

在上文中，我們提及，Parsons 把 Kant 之道德的無上命令性質，由哲學思維拉到社會實在來，從認識論的角度來看，是正當、可行的。事實上，任何有關社會的理論建構都不可能沒有哲學上的認識與本體基礎。Parsons 之企圖所以令人感到遺憾的是，他把哲學性的自衍預設過度地轉化成為社會實在的本身。其理想規範秩序的無上命令意義已不只是一種哲學上的思維預設，而是當成社會實在。這樣的轉化指涉，說來，在社會經驗世界裏，還是具有結構上的實質意義。換句話說，經驗告訴我們，任何社會互動中是具有「規範」的秩序結構。誠如 Parsons 所指出的，制度是此一「規範秩序」的具體客存結構，這是社會事實。但是，這種社會事實的肯定並不保證某種規範秩序的形式是必然存在、也必然有效或有意義的。因此這是一種思想上的越位，相當的危險。

從行動者的角度來看，在其日常生活世界裏，的確也有一部份的結構形式❹（因此，其所內涵的社會效果與意義）是超乎行動者的認

---

❹　在此，我們並無意宣稱 Kant 之哲學是有效的、正確的，而是把它當成一種哲學思維模式來看待。事實上，Kant 哲學，經過後來的 Hegel，尤其現象學 Heidegger、Husserl 等人哲學的發展，可資批判之處甚多。因此非本文主旨之所在，在此也就不細論了。

❹　有關「結構」概念的討論，參看葉啓政（1984: 1-56）。

知範疇之外，而不爲行動者（至少部份行動者）所體認到。這部份結構形式，對行動者來說，主觀上可能是「不存在」、或「晦暗未彰」、或「曖昧模糊」。但是，以爲可以完全不顧一般人的日常生活經驗世界，且以爲社會只是以某一「特定」形式存在的客觀「體系」，則是扭曲了行動者認知未足所具的社會「實在」意義。換句話說，行動者所編織之社會網絡，在「意義」上一直是具有開展和潛生的可能性。在一定時空下之行動者認知範疇中，社會網絡結構始終存在有許多幽暗的空間，這個空間可隨著行動者（往往是一部份行動者而已）之意識的開展而被披露。其所披露出而賦予的意義也只是反映對一定結構形式受制於特定時空條件下的詮釋形式，它僅具「現象」上的效度，基本上無任何「先驗」的眞確與不變性。隨著行動者的認知、價值、動機、權力與利益結構的改變，這種「現象」的詮釋內容與形式可能也隨著改變。

總地來說，結構與意義基本上應當是獨立的，其間的關係是隨制的，也是辯證的，而辯證的關鍵在於「行動者」的社會與心理特質，如何對一定的結構形式做反應。因此，以爲行動者生活世界之外有「體系」存在，基本上只是一種經驗認知的態度，因此，以爲可以超越行動者之意識範疇來認定社會乃是一個具有獨立客觀的形式與內容，則過度簡化其性質。任何如此對所謂「體系」所做哲學上的預設，只在理解及詮釋其意義上「可能」有效，但卻未必等於「社會存在」本身，也未必充分掌握了行動者表現在生活世界中的主觀「事實」意義。這是所以主張以「體系」化此一過程性概念取代「體系」此一實存結果性概念的理由。

基於這樣的考慮，Parsons 以其自界的規範制度化秩序，塡補行動者對自身存之社會網絡結構的認知「不足」，並且更進一步地把

此秩序當成客觀的社會「實在」，是難以完全被接受的觀點。準此，把體系整合看成是社會整合外的另一種實存現象，是把可能原具「暗箱」性質之混沌「實在」與建立在一些預設上且具特殊「觀點」之社會學思維建構混為一談。這樣地客觀化「體系」基本上乃把結構等同意義，是值得商榷的。因此，Habermas 把體系整合看成是一個獨立於行動者之外的「條件」，具指導及條件制約的作用（也就是 Parsons 所謂的適應與目的達致），基本上是一種客觀先驗主義的主張，是相當值得爭端的。倘若體系是存在，而且具有「作用」[49]的話，這個作用絕不是那麼單純「客觀」地完全獨立於行動者的。說得更簡白些，假若社會網絡中有「整合」的話，體系整合也絕不是獨立於社會整合可以理解的。它必須如本節中所示的雙面雙元考慮，才可能充分瞭解的。因此，我們以為，「社會」只是諸多生活世界薈通之複雜組合的一個「名」。社會只有「體系」化，而無可能立於生活世界之外的「體系「自身。

九．制度化生活世界之實在性的社會學意義

制度是一種表現在生活世界中具「體系」化的人為創造體。在一定時空下，對生活於其中的人們，是有一定的意義——至少正式的形式意義，否則就難以對人們產生制約的作用。因此，容或人們對制度會有不同的理解，制度本身並不只是人們腦海中的概念組合體，而是一個透過人際互動過程展現實際效力的權力運作形式。準此，制度是

---

[49] 在此，我們避免使用「整合」一概念，以免陷入目的論的思考窠臼。社會行動是有目的，但「目的」絕不能從把「體系」當成是一個獨立自足體的角度來看。它必須還原到行動者具某種突顯結構形式的資源運作角度來看。我們將於下面之本文中討論到。

一種有相當秩序，超越個體，而且對個體有制約作用的。它表現出集體的連接性經驗(conjunctive experience)⑩，乃是在一定文化傳統和社會條件下完成的集體表徵。因此，制度當成一個實存的事物來看，它的重要意義不在於先驗上的必然形式，而是由文化傳統所衍生之規範與例行表現在人際互動中的必然性上。這樣的必然是透過社會權威展現形式長期詮釋後的一種「正當」(legitimate) 表現形式。它之所以具有制約作用正因為這個性質使然。

顯而易見的，社會學者所以會把所謂「體系」化約成為「制度」，正因為他們認為「制度」可能成為一個超越個體，而又對個體有正當之制約作用的「客體」形式。它的社會作用往往是無所不在的。尤其在現代社會，人類服膺理性的立法程序，以之為建構社會秩序的主軸，制度對日常生活的約制力無形中增強了。因此，以生活世界的超越行動者主體之詮釋立場，來解析制度化世界，事實上即肯定此一制度化生活世界的主導性（以下簡稱「制度化世界」），也因而確立了其所可能具有的「客觀性」，這早在 Durkheim (1969) 主張「社會先於個人」的命題中已剔透出來。說得更精確些，Durkheim 心目中的社會實際上即以制度化的社會形式為考慮的主體。他一再強調道德(morality)、集體表徵 (collective representation)、集體意識、社會聯帶、與法律形式等，仔細加以研究，無一不是屬於制度化的面相。Parsons 之強調制度化世界，已在前文中提及，更是不待贅言了。此一超越行動者主體詮釋的立場來看制度化世界，除了肯定其主導性外，更進一步客觀化人的生活世界。換言之，制度化世界一向被視為是一個外存於個體，且對個體具強制約束力的「社會事實」(social

---

⑩ 此概念源於 Mannheim (1982)，他以此來重估 Durkheim 之集體意識的概念，頗值推崇。

fact)。此一命題是 Durkheim 著名的概念，早已成爲社會學中的常
識，不用再多加說明了。社會化和社會控制之存在，之所以有效，社
會秩序之因此能夠維續，的確在在證明制度化世界之客觀化與主導性
是可能的。

在前文中，我們提及，在功能論者眼中，社會是具體系性，而此
性質是自存的。體系被視爲是一個具自我調整的自足生機組成。雖然
此一觀點很明顯的是受生物有機觀影響而形成的，但是，在深知以有
機體來類比社會是不當的情形下，何以學者還做如此的主張呢？個人
以爲，視制度化世界爲客觀，具主導性之實體，可能是重要的決定因
素。誠如上文中所提到的，功能論者如 Parsons 與 Merton，莫不以制
度化的社會形式爲研究社會的重點。在他們的觀念裏，所謂「社會」
實際上卽等於制度化世界。旣然考慮的是制度化世界，而它又具客觀
主導性，自然它看起來似乎是獨立於個人意志而存在的集合體。然而，
倘若我們從社會過程的角度來看，制度旣然是經過長期緩慢衍生的人
爲設計，雖然我們很難明確地確定原設計者爲誰，但是任何制度一開
始卽預設了人的特殊意志與認知模式，其所以形成實卽透過權威展現
形式的運作，把此意志與認知模式貫徹❺，並予以例行化，終使成爲
一個超越個人意志，又能回過頭來左右個體，產生獨立作用的一種約
定俗成的集合形式。因此，制度化事實上卽是意志之例行化；它使意
志自主化，人們在制度化的互動關係安排下，意志自然萎縮，不起
明顯的作用，人往往只要照著制度化互動、安排的規則與規範做就行
了。在此情形下，倘若人還需要有意志，那只是如何貫徹所謂制度所
安排的內涵而已。一個人的個性，在制度化互動中的展現之羣性的籠

❺ 事實上，沒有任何制度化的形式能夠完全矜持其原始意志。制度一旦形
成，往往會產生自主化，也會因受干擾而使原有意志扭曲。

罩下，逐漸溶化，自我也逐漸被定型了。

顯然的，制度化所具的權威壓服力是存在的，而且由於它有一定的規範與價值傳統來形塑其預定之目的，因此制度化世界常呈一具自足能力的「體系」化性格而表現在人與人的互動之中。在此一體系化形式的實現過程當中，人們常以正當的權威方式為基礎來「合理化」地詮釋世界，因此制度化世界假定了理性（rationality）的存在❷。

在此，我們不擬再進一步地分析制度化世界之理性化的衍生過程，Weber（1978）對權威形成過程的分析早已提供最好的線索了。我們所要討論的是此一特質所可能衍生的意義，尤其是與功能論者所主張的一些概念之間的關係。制度化之最重要的社會特質是例行化，也就是傳統的形成。例行化（或傳統）的一個重要意義即是把一些行為、價值、認知、與規範予以定型而且神聖化。因此，例行化是權威運用必然具備的社會特質，一方面，它使一定的結構形式持續以穩定其內涵之意義，功能論者主張之結構強制性（structural imperative）或結構約制性（structural constraint）事實上所指即此。正因為制度化世界具有此一潛在特質，因此一定的結構形式可以持續地具有相對恆定的作用，所謂「功能自足」（functional autonomy）由是產生。Merton（1968: 78）之所以把功能界定為可觀察之客觀結果，（observable objective consequences）而不是主觀序列（subjective dispositions），如目標、動機、或目的（aims, motives, purposes），其道

❷ Sztompka（1974: 142）以為，在個體行為中被解釋為自我調適的假設事實上只不過是一種理性的假設（同時參看 Hempel, 1965: 463-473; Gibson, 1960: 156-178）其實，這種假設不只是適用於個體行為，更是適用於制度化的世界。因此，制度化世界之目的論基本上是有實存的意義。Putnam（1975）。亦指出，所謂功能的考慮事實上亦即把問題化約成為理性的思想方式。Nozick（1981: 341）也做如此主張。準此，功能的概念是制度化世界客觀化後之目的論所衍生的一種「意義」的詮釋形式。

理也正在於此。

　　制度化世界的客觀主導性無疑的是功能論者之「體系」目的論所以成立的關鍵。由於制度化世界一直是有一內涵的運作主宰者（卽權威），而此乃學者如 Durkheim, Parsons, Merton 等人所以以「社會需求」（social needs）來做爲進一步說明之源由。Durkheim（1969: 49）卽指出，功能乃表現：「存在於這些（指與生機有關的）⑤ 動作與有機體相關之需求間的關係。」因此，「探尋分工之功能，卽尋找其所供給之需求。」在假定社會有集體性的需求下，制度化世界的內涵目的自然就可能是存在，其體系性也才可能完成。Merton 以爲功能必須是指向一個體系的調應或調整（adaptation or adjustment）之說，也才可以成立（Merton, 1968: 105）。Parsons 與 Merton 等人的「整合與均衡」的主張也因此成爲此一體系自足論自然的邏輯演繹結果了。此一邏輯正是 Nagel（1956）與 Tudor（1982）主張功能之說只適用於具自我調適之體系的立論基礎⑭。

　　行文至此，我們很清楚地得到一個結論，那就是：在現實生活裏，制度化世界的確有其客觀主導性，在人們的日常生活世界中扮演著相當重要的角色。由於制度化世界內涵權威體，且它施以無形之主導力來貫徹其所接受且已例行化的規範與目的，因此，它具有相對自足的體系性，而且也產生主導行動之形式的能力。在此情形下，傳統

---

⑤　括號內之字句乃筆者自加，用以說明 Durkheim 所指的動作的意涵。
⑭　於本文中，我們不擬從各個角度充分地來檢討「功能」的概念。一向社會學界以「功能」與「因果」之關係爲檢討的重點，並非本文關心的重點，所以不擬討論。讀者若有興趣，可參閱 Stinchcombe（1968: 80-101）、Dore（1961）、Abrahamson（1978）、Turner（馬康莊譯：1985）。有關哲學層面的討論，參看 Hempel（1965）、Cohen（1978: 249-277）。本文所著重的是從生活世界之兩元角度來分析，所以是一種純社會學式的現象解析。

功能論者所提出的一些概念（如整合、均衡、功能、結構強制、功能自主等）是有客存實在的指涉，並不若以往評論者如 Turner（馬康莊譯，1985）、Homans（1964a, 1964b）等人所以為的，純然是一種套套邏輯，一無是處。但是，倘若社會不只偏限制度化世界，「體系」化也不專指制度化世界，尚有更寬廣的涵蓋，那麼，功能論的主張就有待進一步商榷的必要，而功能的概念也就應當重新評估了。這正是第八節中所列之表格所希望指出的。

十. 生活世界之理想與現實面相的交疊和分離

在上節中的討論，很容易使讀者產生印象，以為筆者有意替功能論辯護，為它尋找新的立論基礎。辯護不是筆者原有的意思，但為功能論的立場定位，卻的確是為文的本意。雖然，從客觀化之制度化世界的角度來看，功能論的許多立論是可以理解並同情的，但是，其糾結的問題卻是更多更複雜。誠如 Tudor（1982: 172）所指出的，功能之說（尤指 Merton），首先必須確指體系需求之所在，才可能有意義。但是，問題卻常常發生在於社會學者找出一個頗成問題的項目，發明一個需求以來對應它的功能，這樣自創自應正是一向批評功能論是種套套邏輯，自編稻草人，然後自己來攻擊的理由（Turner，馬康莊譯, 1985: 170-172）。倘若這批評是事實，其因又出自何處？分析起來，整個關鍵可以說在於：功能論者一向偏執客觀主義之實證論立場，忽略了行動者本身的詮釋與其所展現之生活世界的多面性所具有的社會學意涵⑤，以為制度化世界即是社會，而以為對此世界的功能

---

⑤ 類似的批評，參看 Rex（1961）、Atkinson（1971）、Giddens（1976）、Mouzelis（1974）。

詮釋卽直接反映現象實在本身。

在前文中，我們已提及，輕易把分析上的實在當成卽現象實在本身是 Parsons 理論的弱點。事實上，此一弱點也見諸於其他功能論者身上。卽使如 Merton （1968: 113）早已注意到行動者本身和動機考慮的重要性❺❻，但是仍然不免把焦點集中在制度化世界之客觀主導性上。正因爲他們把「體系」化的社會化約成制度化世界，並窄化它爲只是一個客觀的實體，同時，他們也忽略了行動者主觀詮釋之生活世界所具多面、多變的社會學意涵，以致於他們所建構的社會實則常常僅是反映他們（研究者）自身的特殊觀點和見解而已。「功能」的概念因而窄化，也顯得混淆曖昧，很容易帶染上意識型態，但自己卻又不自知，也不肯承認（如 Davis, 1959; Merton, 1968: 96-99）。其實，早在1944年Myrdal（p. 1056）卽指出：「如果 一件事物有『功能』，它是好的或至少是根本的。『功能』一辭只有在一假定目的下才有意義❺❼。假若此一目的未能定義清楚，或意涵未能進一步定義的『社會利益』，則在其實際涵意中必允許有一相當程度的游刃空隙，但其主要方向卻是已定的，卽： 以功能來描述社會制度必然導至保守的目的論。」❺❽

---

❺❻ 關於 Merton 此一關照，將在下文中論述。

❺❼ Merton（1968: 391）謔 Myrdal 此一看法是旣不必要， 且是誤謬的。 顯然的， 若從上面的解析來衍生， Merton 此一批評是錯誤的，不值得接受的。

❺❽ 持類似批評的有 Gouldner （1970）、 Dahrendorf （1958） 與 Wrong （1960） 等人。Turner （馬康莊譯， 1985: 175-176）則以爲， 評謔功能論者帶有保守主義的性格是不正確的，事實上他們並未注意到功能論者早已有「理解失序、反叛、與衝突現象的能力」（p. 176）。 Merton （1968: 96-99） 也以爲， 功能分析並不必然導致對某一意識型態認同， 雖然這並不意味功能分析之中不會染帶這樣的色彩。 但「 這似乎是外衍， 而不是內涵在功能論之中⋯⋯若加以批判地修正， 功能分析是可以中立於主要的意識型態體系的。」（p. 96）「例如， 當功能論者指涉『整合』時，他們可能只是指涉『制度的整合』而未進一步探討分歧的

在此，我們不擬繼續爭論功能論是否必然走上保守主義的路子。這樣的爭論只是本文討論之主旨的邊緣問題，與我們所予釐清的核心問題尚有一段距離。底下，我們接著要問的問題是：此一由社會學者（尤其特指功能論者）所詮釋的客化制度世界是否尚具有「現象實在」上的效度？若不是，那麼，顯而易見的，功能論者之「功能」說就無足以取。若是，則功能之說就尚有探擷之價值。但是，如何探擷，自然成爲應當進一步討論的重點了。

在日常生活中，人們爲了在人際互動之間有一定的秩序以合理分配與運用社會資源，常會自設一些規範與價值來約束行爲。此一價值和規範一旦具形，行之一久，就成爲制度。從這個角度來看，制度化世界不能獨立生活世界而自存的，它的形塑建構源於生活世界，最後也必得施用於生活世界，否則，它不可能存在，也不會有意義。因此，制度化世界事實上可以看成是人們對於生活世界的一種人爲細心設計

利益歸依，他們限制自己於純形式化的解釋，因整合只是一個單純的形式概念。」(p. 98) Merton 進一步說：「例如，是『演化』(evolution)的概念，才允許把意識型態的內容傾倒進功能論的瓶子中。……瓶子本身對其內容是中立的，可以用來盛裝意識型態的毒藥，也同樣地可以用來盛裝意識型態的甘露。」(p. 99) 筆者以爲，Turner 之反駁與 Merton 之企圖以內容與形式來區分是誤置了問題的層面。功能是一種形式概念，可以包容不同指涉的內容，這是事實。而且，功能論者的確也是把失序、反叛，與衝突現象納入理論架構之中來考慮。但是，問題在於他們對社會的基本預設與認識論的基礎何。這是我們關心的重點，也正以爲它具保守傾向之關鍵所在。前文中已一再提及，從認識論立場來看，他們客觀化「體系」化的社會形式，並以制度化世界來化約，採取體系自足，乃至均衡說，則早已預設一「安於現狀」的目的論了。這是其所以被認爲是保守之所在，而不是有無考慮到失序、衝突、或反叛的現象的問題了。若說功能論不是保守，甚至相反地是激進，那只是相對基督宗教之社會絕對論與道德論的歷史觀而已 (LaPiere, 1938: 55-56)。因此，從社會思想史的角度來看，功能論之主張相對傳統之思想可能是激進，而不是保守。但是，這不能用來否定其存有預設及認論上保守傾向的意涵。這原是分屬不同層面的考慮。

建構的世界，它無時無刻不是存在生活世界之中，也無處不滲透進去的。理論上，制度化世界是因生活世界而存在、而設立的。但是，它一旦成立後，尤其經由權威表現形式的正當化，或蔚為傳統，此一世界卽產生自主化，而終成為具意義之生活世界內之諸行動形式和內涵的主要來源。因此，制度化世界的意義首在其對生活世界具「規範」的正當性，本質是人為的理性安排，其特質是展生的，也是理想與預定的。透過社會化與社會控制，制度化世界中所設計的規範與價值被嵌印進生活世界之中，兩者之間有重疊互扣之處。

話雖是如此地說，生活世界未必卽等於制度化世界。理論上來說，生活在一特定時段之特定社會中的人們，無時無刻莫不承受制度化之集體表徵的制約。但是，人們卻未必充分地意識到此一制約的存在。再者，卽使人們意識到，也未必對此一外在制約有著完整而一致的認識。其所以如此，其基本原因在於：制度化本身的意義不是先驗而是後設的經驗表現。它始終因人的認知經驗、利益立場、權力大小、動機基礎、價值和信仰體系，乃至個人特質等等之不同而有差異，也因社會的變遷而不時地改變。雖說制度化的形式在一定時空範疇中常具穩定性，但它一直有孕生新意義之可能空間。

總之，制度的確可以是客存於人與人之互動關係之中。但是，倘若我們以其可能展現在日常生活世界中的實際作用，或人們的意識程度之角度來看，制度卻是一個旣明又隱、旣有又無的「東西」。制度的存有與否，不應只從先驗，也不能只從特定的社會學觀點來認定，它必須進一步地關照到行動者主觀的詮釋意義。換句話說，制度在社會學上的有效性是後設的，必得還原到日常生活中的詮釋體系，才可能彰顯其意義的。在社會學者的心目中，它是具體系性的，有一定之結構形塑意義，而且，透過社會化與社會控制，在生活世界裏，它

的確也可能表現出實質、但可能是潛在的制約作用。然而，一旦它在行動者的心目中未能充分凝聚出實際而明確的意義，也未能產生「體系」化的體認，制度的體系客存意義就有待進一步釐析了❺。此時，制度「體系」性已不是現象充分明展的實在，而可能只是隱晦的現象實在，只在分析上具有實在的意義而已。上文中已提到，Parsons 的分析實在論卽建立在此一基礎上，因此，如此分析上的實在往往就成爲社會學者持有的信仰，社會學的概念與理論遂由此衍生出來。說來，在意義形塑多元、多變、曖昧，而且社會本體只能透過意識反射才可能彰顯的情形下，分析實在變成社會學認識論上無可否認的認識單元。準此，Parsons 之分析實在論是有道理的。但我們必須弄清分析實在的指涉不應只偏限在制度化的理想世界，而是衍伸到生活世界中另外的面相，可以是超越行動者之詮釋，也可以是還原到行動者身上來看。如此來看 Parsons 偏限在制度化世界，且超越行動者之詮釋的分析實在論，實在就有失之偏窄之憾了。

　　制度化的形式約限了生活世界的運作，這是生活在同一時空下的人們會共享價值、態度、與生活方式，而文化傳統所以產生的基礎。制度化形式可能籠罩在生活世界之上，但卻不是完全的等同，生活世界也並不完全屈服在制度化的形式之下。在日常生活之中，由於長期來的社會化，人們習慣地生活在制度化世界之下，但往往並不意識到制度加在自身上的壓力，乃至也感覺不到制度的存在，更遑論深刻地明白制度化世界所具的涵意了。因此，制度化世界在一個人的日常生活中，其性質就如空氣對人一樣，它是必需，但卻不必然爲人所意

---

❺　此處的論證事實上卽涵蘊結構雙元性的意思，有關此一討論，因在筆者之另外論文中已詳加討論，於此就不再說明了。讀者可參看葉啓政（1984: 1-57）。

識到。制度世界是存在，但在某些人們的主觀概念中卻不只是曖昧而已，更可能是根本不具任何主觀認知上的意義⑥。在此情形下，人們若對制度化世界有認識，充其量，只是相當片斷、殘缺、矛盾，乃至是分歧的見解，而且往往因人而異。誠如 Berger, Berger 與 Kellner (1973: 92) 所言，個體所面對的制度往往是流動，不可依靠的，推至極端， 可能是不實在。 在此， 我們不擬進一步去解析何以制度化形式不可能完全嵌刻進生活世界，和人們何以不可能充分認識制度化世界，但有一個事實是可以肯定的，那就是: 制度化世界雖是源於、也必施於生活世界，但生活世界卻一直保有其游離獨立的一面。正因為如此，生活世界中的人們對其周遭尚保有一份自主的詮釋機會，其詮釋的內容則常隨着行動者的人格特質、認知經驗、利益動機、權力基礎、價值體認等等的不同而有差異。因此之故， 倘若社會是一個詮釋的展現體，其可能被展現的意義形式是多元的。誠如 Atkinson (1971: 286) 所指出的，社會有如萬花筒 (kaleidoscope)， 輕輕一轉， 又會變成另一個樣子，其樣子為何， 但看行動者主觀上是怎麼地看。

職是之故， 倘若行動者的主觀詮釋是瞭解社會必要的一環，而且行動者的認知有其一定的邏輯，那麼，社會的「體系」性就不應只是侷限在社會學者所建構的自衍詮釋邏輯之中。儘管社會學者所採取的角度可能有「科學」上的實證客觀性， 也自認是一種「理性」的認識，在知識上有一定的效度和價值，但是， 實際參予其中之行動者如何來認識、詮釋社會，縱然是多麼「不理性」、不合乎「邏輯」、幼稚、淺薄， 卻因他們的詮釋具有「現象實在」上的意義，是不容加以

---

⑥ Gehlen (1969) 卽以為，在現代社會中，制度控制的力量是滲透入個體生活世界中的各個角落，但卻少得到人們的尊敬，也少有影響。他逕稱之為「抑制度化」(deintitutionalization)與「主體化」(subjectivization)。引申之討論，參看 Berger, Berger & Kellner (1973: 92)。

忽視的。他們眼中的社會仍舊是有一定的「體系」性，值得社會學者
認眞、嚴肅地加以二度地詮釋。如此雙元的「體系」性是任何社會現
象都具備的。

十一. 對 Merton「功能」說之評估

為了釐清「功能」的概念，並且把它定位為是一種可觀察的客觀
現象， Merton （1968: 73-138） 提出了顯性與隱性功能之區分的說
法。根據 Merton 的定義，顯性功能乃指：「在體系中參予者意圖
(intended) 且體認到 (recognized) 之客觀可觀察的結果，它對體系
之調整或適應 (adjustment or adaptation) 有所助益者。」，而隱性
功能則指：「在體系中之參予者未曾意圖， 且未體認到， 但對體系之
調整和適應有所助益的客觀可觀察的結果。」(p.105) Merton 此一
區分一時廣為學者們所接納，蔚成功能結構論之至上名言，為此論往
前推進一步[61]。

從上述顯性與隱性的功能區分， Merton 似乎有意把參予者的地
位彰顯出來。似乎，他已注意到「行動者」在理解、詮釋社會活動的
重要地位， 同時， 也明白表示出「功能」的多元性。事實上， 早在
1937年， Merton 在一篇論文中即指出，任何社會行動常會有未可預
期的結果(unanticipated consequences)發生，而此結果對某一對象之
可能作用不外有三： (1)它可以是具正面的功能， (2)具負面的功能，
或 (3)與功能無涉。因此， 功能必然是相對某一羣體，或從某個角度

---

[61] 從社會學史觀點來看， Merton 此說乃對 Malinowski 之功能必存說
(functional indispensability) 與 Parsons 之體系整體論的批判而來。
讀者有興趣可參看 Merton (1968) 之原文， 另外， 參考 Turner (馬
康莊譯， 1985)、Gouldner (1959)。

來看的，不必然要是如 Malinowski 所以爲的，是針對整個社會的。

再者，從其定義來看，Merton 似乎把「功能」限界在指涉「客觀可觀察的結果」，是一種強調結果的回溯解釋 (Stinchcombe, 1968)，乃由「結果」來界定其對「體系之維續」所具之意義。乍看之下，他彷彿企圖抹煞行動者的心理因素，但是，事實上，Merton 並不完全扼殺行動者的動機，而把它排除於社會學的領域之外。他說：

> ……不可避免地，在細究下行諸實踐的參予者爲了順從，或爲了偏離，有著某種動機的序列。描繪處理時，因此應當儘可能包含這些動機的考慮，但是，誠如我們已看到的，這些動機不應與 (a) 行爲的客觀模式、或 (b) 此模式的社會功能相混淆，把動機容納於描繪處理是有助於解釋模式推助下的心理功能，也常證實對社會功能有所啟示。(Merton, 1968: 113)

在 1957 年的論文中，在定義「功能」時，Merton 更特別把「意圖」的地位標示出來，而未提到「認知」的面相。他說：「顯性功能乃指客觀的結果……它對其（人、社羣等等）調整或適應有貢獻，且此乃所意圖的。」(Merton, 1957: 63，亦見其 1968 年版本)

準此進一步來分析 Merton 對功能的定義，表面上看來，他是考慮到參予行動者的意圖（和認知），但是，我們不難發現，動機（意圖）在其定義之中的地位相當模稜不清。嚴格來說，行動者的意圖（和認知）只能當成是一種具「前提」意味的假定，在釐析「功能」的認知過程中，並不具明顯的啓示作用。誠如 Campbell (1982: 32-33) 所指出的：「雖然 Merton 界定顯性和隱性功能的不同乃如目的

(purpose) 與結果之區分，但是，在其隨後之討論，他採用了二分法來指涉常識性知識 (common-sense knowledge) 與社會學理解 (sociological understanding) 的對比。……此一區分說穿了只是觀察者所採取之概念清單的產物，與行動者和其意圖完全無關。……顯性和隱性其實只是從客觀者的角度，而非行動者的角度，來區分已體認和未體認的。」換句話說，儘管表面上看來，Merton 在顯性功能的定義裏，似乎已關照到行動者的主觀意圖和認知，但卻不是站在行動者本身的認知來確認現象，而始終是站在觀察者（通常是社會學者）的立場來界定功能。顯性功能若與隱性功能有所不同，那只是在於觀察者所關照之層面不同而已。前者是指涉已考慮包含行動者之意圖和認知在內之行動體系之調適結果的二度詮釋；後者則指涉超越行動者之意圖和認知範疇之行動結果，認為反應在體系調適上有作用的社會學詮釋。兩者所不同的關鍵，很明顯的，不在於參予行動者是否認知和意圖，和其真正認知、意圖為何，而是觀察者是否已「假定」行動者已同時認知和意圖而已。這樣的區分基本上純然是有關觀察者的認定問題，而參予行動者的主觀認知和意圖的真正內容和指涉為何，卻因此滑溜掉。

職是之故，Merton 的「功能」概念，不管是顯性抑或隱性，也不管是否已把行動者的意圖和認知納入考慮，本質上還是一個「客觀」結果式的思考。這或許乃深受「社會學主義」和實證主義方法論之影響所致的緣故吧！在 Merton 的眼中，社會功能指涉的對象雖是源於人的意識與動機，有一定的心理基礎，但卻是超越個體心理狀態的外顯集體社會事件，這是 Durkheim 式之思考模式的另一種現代翻版。然而，無論如何，沒有能還原到參予行動者之意圖和認知層面來考慮，尤其忽視行動者意圖和認知之多元性的存在，毋寧是其功能論

最大的缺憾與不足之處。

　　Merton 的另一疑難處在於，其所強調之「體系的調整和適應」在概念指涉上是模糊不清。首先，從其有關顯性功能的定義來看，縱然 Merton 有意確認行動者之主觀意圖和認知的「功能」意義（當然，他並無此認識的），我們實在很難確定，其所欲指涉的到底是體系的調適、或客觀可觀察的結果，抑或二者均包含❽。也就是說，一個功能稱得上是顯性的話，到底是假定參予者認明了「體系」性的存在，而有意圖以行動來使之調適，或只是努力企圖去認清行動之結果的意義，或二者均兼顧。這顯然地在 Merton 的討論中是曖昧不清的。分析起來，Merton 所以沒有注意到這個問題，乃因他並不從參予行動者本身的詮釋角度來看，而只著手觀察者之二度「客觀」、「假定」地模擬詮釋立場有關。既然強調的是觀察者的詮釋，參予者之意圖和認知真正指向為何，自然也就不是那麼地重要了。

　　更值得注意的是，事實上，「體系」的功能假定可以說是，因排除了參予行動者之主體意圖和認知考慮所衍生的思考邏輯結果。既然「功能」被視為用來描述有關外顯集體表徵的性質，此集體表徵自應有異於，且超乎其成員之目的（意圖）的「目標」，「體系」的假設因此成為是一種社會實在的肯定。在客觀論的迷思下，這是不用再證明而自明的「實在」，並不只是預設而已。尤其，Merton (1968: 98) 一再主張，社會學的分析主體是制度化的標準化項目，對他而言，這些項目是不可化約之自明、而自存的「實在」單元。在這樣的認識論下，Merton 無形中把行動者之生活世界化約、濃縮、甚至等同於制度化世界，而且有「客觀化」成為一個自足、自衍之「體系」的可

---

❽　參考 Rex (1961: 74)，他亦對 Merton 如何從行動之動機和目的來串聯「結果」與「調適」提出質疑。

能。

很明顯的，誠如上述，儘管 Merton 看穿了 Malinowski 之功能必存論和 Parsons 之體系整體論的缺點，而指出功能乃相對一個社羣，且有立足點之不同的可能，但是，他客觀化社會行動和採「觀察者」的詮釋立場，無疑地又把原已有突破傳統功能觀之窄圍格局的可能機會完全丟失，再度陷入功能論常見的體系目的論的泥淖中。雖然他一再指出功能說沒有目的論的預設，也因此不必然有保守的意識形態，但是，一旦採取觀察者的立場來假定「體系」性的存在，無疑地，體系調適的指向自難以沒有「目的論」的假設，更難以不因觀察者所持的特定預設而糾纏上意識形態。尤其，體系調適一向指向「穩定」，其保守的意涵更是難以倖免。如此忽視了參予行動者和觀察者之雙元詮釋的可能性、觀察者在詮釋過程中所具之「正當」權力、和意識的多元性，正是 Giddens (1979、1979) 力主以「結構化」(structuration) 替代「功能」，和強調結構雙元性的關鍵所在。

再者，雖然 Merton 把參予行動者之意圖和認知搬了出來，使得他的「顯性—隱性」功能的區分看來似乎如 Campbell (1982: 41) 所說的，是「一組更具行動論，而非功能論架構意味的構思。其命運因此並不與通謂之功能論者有密切地關連」，然而，由於他力主觀察者之「客觀」詮釋的社會學意義，卻使得行動者之主觀詮釋滑溜掉。因此，充其量，Merton 只是企圖在行動論與功能論之間尋找一個妥協點，其命運如 Parsons (1937)之行動主願論一般，是註定失敗的。基於這個緣故，我們以為，Merton 不夠資格被稱為是個行動論者，而仍然是個客觀主義之功能論的主張者。同時，他把「意圖」與「認知」之有無當成是同時並存的現象，也是錯誤的。他忽略了「有意圖，但未認知」與「無意圖，但卻認知到」的兩種可能。他以為有意圖，必

有認知，乃混淆了意圖與認知⑥。而且，他提及「意圖」時，其實是與「預期」(anticipation) 混淆來看⑥，這更是糾結出不少的問題。更嚴重的是， Merton 把參予行動者的認知和意圖當成是一同質現象來看待時，他忘了參予行動者的認知和意圖可能因其所處社會條件、人格特質、利益基礎等等的不同而有差異。如此同質化參予行動者的認知和意圖，無疑的，是不切實際，根本忽視了行動者之生活世界的多元性。凡此種種的混淆和忽略是 Merton 處理行動者時的最大缺失。所幸，由於他的著眼在於觀察者的「客觀」詮釋上，這些進一步的混淆與忽略也就不足以構成我們進一步撻伐的焦點了。換句話說，Merton 之功能說的問題基本上還是在於過度客觀化的迷思之上，根本尚未進一步地涉及到這些有關行動者身上的問題⑥。

總的來看， Merton 區分顯性和隱性功能時，概念混淆、曖昧不清之處很多，其矜持客觀論的立場更是相當明顯，其中可爭論與批評的地方甚多。但是，大體而言，他此一區分至少有四個意涵，值得參考的 (Campbell, 1982: 38)。第一、它區分常識性知識和社會學理解至少啟示我們，行動者的認知和意圖是考慮功能時應當關照的一面。第二、它可指涉組織之正式和形式目標，也可指涉非正式和非合法的目標。這說明功能的多元多變性，也說明了功能本質上是一種指涉的考慮。第三、它對照了意識企圖和實際結果。雖然 Merton 強調後者的社會學意義，但是此一對照啟示我們，主觀認知和動機對描繪社會現

---

⑥ 關於此一討論，參看葉啓政 (1984: 1-53)、 Helm (1971: 52)。

⑥ 有關此一混淆的批評， 參看 Helm (1971)、 Giddens (1976)、與 Campbell (1982: 40)。

⑥ 這些有關行動者之意圖和認知與否和顯性一隱性功能區分之關係的討論牽涉甚多，雖相當值得進一步追究，但終因篇幅有限，在此，略而不論 Helm (1971)、Giddens (1976)、Campbell (1982)、葉啓政(1984: 1-56) 已有討論，讀者可自行參閱。

象的重要性。第四、它蘊涵表面意義和現象深層或潛沈實在的區分，也是何以 Merton 認為潛在功能對社會學知識之累積有貢獻之所在。他以為，對現象深層或潛沈實在的剖析，可以幫助我們理解許多看似不理性的社會行為，增加我們對社會的認識。這些意涵雖然並沒有清楚地把「功能」的可能指涉加以釐清和分類，但概念上卻是可以做為我們理解社會現象的分離點，也是重新詮釋「功能」概念的依據。

十二. 「功能」概念衍生的新意涵

任何社會現象都可以說是人們的行動所組成的，它是反映人際互動的一種形式，也表顯人們的意識、動機、態度、價值、和信仰等等。Kaplan (1967) 即因此以為，行為科學當使用目的解釋（purposive explanation）來進行，研究時，應當強調行動的「意義」。Giddens (1985) 也指出，社會學的研究應當指向具目的性的行動。於是，從 Weber (1978) 以降，探討行動之意向的意義一直就被社會學者奉為研究的主要課題。事實上，回顧功能論對「功能」的主張，我們發現，基本的問題關鍵所在並不在於，他們不承認參予行動者的意圖和認知的存在和其在社會互動中的意義，而是他們處理此一現象時的認知基礎和態度。

從上文和有關文獻的討論，我們可以確定的是，不管他們所持的理由為何，功能論者（包含 Merton 在內）都肯定社會是超越個體的自衍體系，它是外於，且先於個人而自存的。這樣的命題，審之現實，是有表象的實在性，看似可以成立的。但是，倘若仔細地解析，此一表象的實在卻並不能遽然就視為是理所當然，當成是分析上的惟一實在。說來，這正是上文舉出現實與理想世界或制度化與否之分，

強調行動者之主體意圖和認知的獨特有效意義之關鍵所在。然而，這樣的預設，尤其在實證主義之客觀化認識論支持下，自然地就讓學者們以爲社會有獨立於個體之目的 的「功能」，而此一功能不能用行動者之動機、意向、或目的來化約的。如 Kaplan（1967）卽因此主張，當目的是預先就以某種方式而設想到時，應採動機解釋，但當目的不是預先設知時，則應採功能解釋。Emmet（1958）亦有類似的看法，他以爲，功能乃指涉體系模式之均衡的維續。當人們循著在體系中自己所處位置之角色來行動時，則功能之說可以確立。但是，在制度化之角色外，人們尚有空間讓自己的意志運作，則此時他們有目的，就不能化約成爲功能來進行討論了。

循著以上社會學界的區分方式，「功能」成爲是專指超越個體意志與目的的制度化現象，本質上是用來描述與個人目的相對立之客觀現象的概念，它的有效範疇於是僅止於客觀化的集體表徵。我們在此要指出而且嚴加批判的，正在於如此地客觀界定「功能」的失當和因此失當在分析上可能帶來的自我限制。

在上文的討論中，我們也一再指出，制度化形式在生活世界之中是具客觀主導的可能性，制度化的確在個體意向和目的之外有一些具主導性的規範約束作用。這種經過長期孕育，在人羣之中獲有正當權威性之約制形式，早已超越個人意志，以例行化的形體獨立地展現在人際互動之前。但是，我們卻不能忽視另外一面的可能性。誠如我們一再提及的，制度化的形式是無時無刻地籠罩在個體之生活世界中，但是此一源於生活世界中人之意志的凝聚集體表徵形式，縱然不必然完全改變其形構，但卻可能隨著人們意志運作焦點的轉變與再凝聚，有修飾有內在意涵之可能。因此，任何制度化的集體表徵形式，長期下來，都不會一成不變，相反地，時有被否定的可能。在一定條件的

配合下，個體的意志適當的凝聚，有使制度修改的機會。制度與意志之間是既互融，但又可能互尅互制的。只是，如何互融與互尅，端看個人意志所形塑的現實世界與制度化之理想世界之間存著怎樣的辯證關係而定。

　　在生活世界裏，人有需求，因此任何意識行動都涵蘊有目的，這是大家接受的事實。但是，當我們說制度化世界也有需求，則許多人會懷疑，頗不以爲然。縱然爲了避免產生過度生物化的意涵，不說制度化世界有需求，而改稱它有目的，許多人也會不同意，以爲「目的」的使用只適用於個體，羣體難以有「目的」之產生的可能。這樣的看法是有問題，值得檢討的。

　　假若我們認眞檢視制度化的社會過程，我們不難發現，它的產生，追本溯源，是源於滿足人們（往往先是一小部份人）的需求。制度化是對需求之滿足的一種認知設計。人們透過「嘗試─錯誤」的法則，於經驗累積之中，逐漸使行爲與社會關係定型化，制度由是產生。只是，制度化的貫徹施行一向是基於例行化，年代一久，尤其經過幾代下來，生活其中的人們常會因慣性而認爲理所當然，或不自知。這樣習慣性的接納和行爲是使制度化世界之「需求」和「目的」隱藏不明的因素。人們接納了，順從（conformity）成爲是其行爲的「目的」，其原先之意義或需求動機反而退隱不爲人們所知。因此，理論上來看，制度化世界畢竟還是人可主宰之生活世界的一個面相，只要有人們的意識與行動的介入，需求的存在也就相對可以確定。只是，在此情境當中，一需求往往是隱晦、多元、曖昧不淸，常因成員認知、利益、權力掌握程度、價值……等等的不同而有分殊、乃至糾結的情形。正因爲如此，再加上制度化必然內涵的例行公式化，使得這些內隱之分歧、糾結的需求不爲社會學者所注意，轉而強調其例行

化所內涵的邏輯結果特性，這是何以制度化世界之客觀主導性具有重要社會意義，而且使功能論者特別強調從「體系之調適」來檢視制度化世界（對他們而言，此一世界即是社會或社會生活本身）的緣故。如此地客觀化社會生活遂成為社會學學術傳統所建立之知識體系的主體。Mills (1959) 評 Parsons 之功能說乃是抽象經驗論(abstracted empiricism)，這應該是其中之關鍵。

從行動主體立場來看，即使社會學的抽象理解是有一定的意義，對社會的認識也有一定的貢獻，我們卻不能因此否認制度化世界亦受需求所制約這一個事實。從這個立場來看，不管功能指涉的是現實生活世界的體系性抑或理想之制度化世界的體系性，它都內涵體系性是具某種需求的預設 (Giddens, 1985: 296)。事實上，Merton(1967: 87) 指出同一制度化項目可能具不同多功能、Gouldner (1959) 指出「分化功能性」(differential functionality)、Stinchcombe (1968) 引介 Heider 之同等結果性 (equifinality)，都是此一認識下衍生的說法。而 Cohen (1968: 35-37) 會指責學者把因果陳述和功能陳述混淆在一齊，有一部份的理由也正在於此一需求的曖昧隱晦的緣故。

職是之故，我們提出「需求」這個心理概念來，用意不在於企圖把社會現象化約成心理現象來解釋，而是指出：任何有關社會現象的研究，都應當還原到人的行動主體來看 (Atkinson, 1971: 213-214; Rex, 1961: 78-95)。一旦還原到人的行動主體來，需求、動機、目的，或意圖就不能不被納入考慮了。準此，倘若「功能」的概念尚有可取之處，我們就不能只單從客觀化的結果來推斷功能的指向，更不能假定一虛幻的「體系調適」來圍限功能的意涵。社會是有「體系」性，但是，體系性不能只是社會學者概念建構中的實存在的客觀形構，而必須是還原到實際世界來理解，才具有意義的。同樣的，結果可以是

客觀化，但也必須還原到行動者的認知主體來認識和檢證，才有意義的。所以，「功能」的本質是一種有特殊指涉的多元定義和意義詮釋，也因此是一種「理性化」(rationalization) 的過程。它的意涵不是如 Merton 所以為的，只從社會學者此一觀察者的立場來確定，而是諸多不同行動者同時表現在生活世界，尤其制度化者的多種意圖所展示的意義詮釋認定。於是，「功能」必須從行動者之階層分化的角度來看，才可能充分掌握其內涵與指涉，也才會有更完整的社會意義⑯。

從行動者的角度來看，社會是由許多具不同意識，和掌握不同社會資源的行動者所組成。由於行動者的種種社會與心理條件不同，他們的認知與意識也不一樣。尤其，行動者可能分處於社會中不同的階層，他們掌握不同的社會資源，也因此在詮釋社會的過程中，人們也有著不一樣的詮釋能力。有的人的詮釋比另外人的詮釋更具說服力，也有更多被正當性的機會。通常，愈有能力掌握社會化和社會控制之管道者，也就是社會資源愈多者，其所提供之詮釋意義在社會中就愈有被採用而具正當化的可能。因此，從某個角度來看，社會互動其實只是不同行動者之詮釋意義被正當化的競爭過程，也是爭取意圖和認知正當化之優先權的鬥爭。任何客觀化詮釋意義而終冠以「功能」一辭，事實上可以看成只是爭取到了詮釋的統制權 (the opportunity of domination) 而已。功能論一向所認定之「功能」，無論是顯性或隱性，說穿了，只是一種具優勢的詮釋統制的表現形式。基於這個理

---

⑯ 葉啓政 (1984: 1-56) 對此一「功能」行動論已有所討論。在此不再重述。於是文中，作者乃從行動者和觀察者兩方面是否認識到「意義」，分成四個類屬來檢視「功能」。該文的缺點在於未曾考慮到(1)意圖，和(2)現實世界與理想化世界的劃分此二層面。因此，其解析是片面，而未夠周詳。由於把此二層面再納入考慮，其可能類別多至16種，分別加以討論，甚為繁瑣，實非本文篇幅所能包納，因此，未能在本文中詳加討論。本文重點因此擺在對功能說之重要論點和預設的釐清，且僅只指出其迷思之所在而已。這是作者懇求讀者原諒的地方。

由，一個被既定下來的「功能」解說（如婚姻的功能是穩定或約束人的性愛關係），可能只是因其具有優先主導性，透過權威之正當化而成爲社會中流行的「客觀」規範和價值。此一客觀制度化的意義，經由社會化和社會控制，反射到人們的生活世界來，成爲一股客存的力量，迫使人們接受，而成爲理所當然的認知與意圖內容。因此，功能一旦客化，它可能成爲左右個體認知與行爲的「原因」(cause)。Dore（1961）卽指出這個功能的詮釋反饋特徵。他說：「現今，由於社會學者忙於從社會的各個隱僻角落和罅縫搜出潛在功能，也忙於把他們的作品化成普遍的潮流，潛在功能不再可能久處潛沉之暗角，它已成爲一種自我實現的預言，也是一種自我否定的論斷。當社會學者爭論說，在其社會中，X 有如此的隱性功能，他事實上已使此一功能顯性化了。其結果是，人們有意志力維護制度，以使他們可以繼續實現一度是潛性功能的意圖，將是更有機會發生了。」(Dore, 1961: 845)

十三. 後　語

　　總地來說，以往學者企圖把「功能」的概念侷限於客觀化結果的描述，是扭曲了現象實在的本質，因此帶來永無休止的爭論。其實，「功能」的意涵是隨著時空與行動者指涉的轉移而可能有所改變的。Merton 企圖以顯性和隱性功能來掌握此一變化的潛在特性，確實已可爲過去諸多紛爭化解一些盲點，具有去瘤之作用。但是，遺憾的是：他過份簡化了整個錯綜複雜的格局，尤其，他未能擺脫功能論者一貫持有之客觀主義，也未能完全跳出功能論一向超越行動者主體之唯「體系」預設的迷思，終使他的區分無法發揮其意圖的作用，反而帶來更多的混淆。

體系性是存在，但絕不只是社會學者分析架構中的抽象概念，而必須有其活生生的實在依附，它乃存在於各個行動者的認知之中，是一種現象的實在。情形是如此的話，體系性及其意義（或勉強稱之「功能」）實在，必須關照到生活世界中分屬不同階層、羣屬、具不同認知、動機、利益結構之行動者羣的詮釋意義，才可能認識清楚的。再說，雖然人的社會是被制度化，制度化的形式對所有行動者確實是具有主導的優先作用，但是，人日常生活的眞正主體世界還是其有限經驗認知範疇中的生活世界。制度對芸芸眾生而言，往往只是存而不論，或有效而未被認識到的。其例行化是把一些共同的詮釋意義於無形中形塑在個體行動者的日常行爲上，並賦予人們共同的瞭解作用。然而，制度化終究是始終未能周延，它總留下了相當的空間，使人們有產生獨特認知和詮釋的機會。因此，社會一直是徘徊、游走在共有的制度化世界與私屬的非制度化世界之間。

基於以上的理由，「功能」的指涉的不應只侷限於觀察者的認知詮釋，而更應兼顧分屬不同類屬之行動者羣的認知詮釋，尤其更應進一步解析諸多詮釋意義結構之間的競爭關係，和其正當化過程的性質。當然，這樣對「功能」概念的瞭解是對其意涵做了最大的擴延。倘若一個概念之所以有效乃在於有一定俗成約定的界範，如此最大的擴延其意涵是否會使「功能」概念的有效性喪失、扭曲、乃至有濫用之虞，自然是可爭論的問題。然而，這已超乎本文討論的主旨，在此不擬討論。保守地來看，或許，我們應當以另外的概念組來代替「功能」，這恐怕是社會學者往後可以努力的工作方向了。

（原文刊於《中國社會學刊》第十期，頁17-60,1986年）

參 考 文 獻

葉啓政

　1984　＜結構、意識與權力──對『社會結構』概念的檢討＞。見氏著《社
　　　　會、文化和知識份子》。臺北: 東大，頁 1-56 。

Abrahamson, M.

　1978　*Functionalism*. Englewood Cliffs. New Jersey: Prentice-Hall.

Alexander, J.

　1982　*Theoretical Logic in Sociology. Volume One*: *Positivism,
　　　　Presupposition and Current Controversies*. London: Routledge
　　　　& Kegan Paul.

　1984　*Theoretical Logic in Sociology. Volume Four*: *The Modern
　　　　Reconstruction of Classical Thought - Talcott Parsons*. London:
　　　　Routledge and Kegan Paul.

Archer, M. S.

　1982　"Morphogenesis versus structuration: on combining structure
　　　　and action," *British Journal of Sociology* 33: 455-483.

Aron, R.

　1964　*German Sociology*. The Free Press of Glencoe.

Atkinson, D.

　1971　*Orthodox Consensus and Radical Alternatives*. London: Heine-
　　　　mann Educational Books.

Barker, M.

　1980　"Kant as a problem for Weber," *British Journal of Sociology*
　　　　31: 224-245.

Becker, H. & A. Boskoff

1957 *Modern Sociological Theory in Continuity and Change.* New York: Holt, Rinehart & Winston.

Berger P., B. Berger & H. Kellner

1973 *The Homeless Mind: Modernization and Consciousness.* New York: Random House.

Berger, P. & T. Luckmann

1967 *The Social Construction of Reality.* Penguin Book.

Berghe, Van den. P.

1963 "Dialectic and functionalism: foward a theoretical synthesis," *American Sociological Review* 28:695-705.

Bershady, H. J.

1973 *Ideology and Social Knowledge.* Oxford, England: Blackwell.

1977 "Commentary on Talcott Parsons' Review of H. J. Bershady's *Ideology and Social Knowledge*," pp. 134-41 in *Social Systems and the Evolution of Action Theory.* by T. Parsons. New York: Free Press.

Boundon, R.

1983 "Why theories of social change fail: some methodological thoughts," *Pubilic Opinion Quarterly.* 47: 143-163.

Bourricaud, F.

1981 *The Sociology of Talcott Parsons.* (trans. by A. Goldhammer) The University of Chicago Press.

Buckley, W.

1967 *Sociology and Modern Systems Theory.* Englewood Cliffs, New Jersey: Prentice-Hall.

Campbell, C.

1982 "A dubious distinction?: an inquiry into the value and use of

Merton's concepts of manifest and latent function," *American Sociological Review* 47: 29-44.

Cannon, W. B.

1939 *The Wisdom of the Body*. (rev. ed.) New York: W. W. Norton & Co.

Cohen, G. A.

1978 *Karl Marx's Theory of History: A Defence*. Princeton University Press.

Cohen, P. S.

1968 *Modern Social Theory*. London: Routledge & Kegan Paul.

Coser, L. A.

1956 *The Functions of Social Conflict*. New York: Free Press.

Dahrendorf, R.

1958 "Out of utopia: forward a reorientation of sociological analysis," *American Journal of Sociology* 64: 115-127.

1959 *Class and Class Conflict in Industrial Society*. Palo Alto, California: Stanford University Press.

1967 *Essays in the Theory of Society*, Palo Alto, California: Stanford University Press.

Davis, K.

1959 "The myth of functional analysis as a social method of sociology and anthropology," *American Sociological Review* 24: 757-773.

Demerath, N. J. & R. A. Peterson (ed.)

1967 *System, Change, and Conflict*. New York: Macmillan.

Dore, R. P.

1961 "Function and cause," *American Sociological Review* 26: 843-853.

Durkheim, E.

  1969 *The Division of Labor in Society*, New York: Macmillan.

Eisenstadt, N.S. & M. Curelaru

  1976 *The Forms of Sociology: Paradigms and Crises.* New York: John Wiley.

Emmet, D.

  1958 *Function, Purpose and Powers.* London: Routledge and Kegan Paul.

Garfinkel, H.

  1967 *Studies in Ethnomethodology.* Englewood Cliffs, New Jersey: Prentice-Hall.

Gehlen, A.

  1969 *Moral and Hypermoral*, Frankfort: Athendum.

Gibson, Q.

  1960 *The Logic of Social Equiry*, London: Routledge & Kegan Paul.

Giddens, A.

  1976 "Functionalism: apres la lutte," *Social Research* 43: 325-366.

  1979 *Central Problems in Social Theory.* Berkeley, California: University of California Press.

  1985 *The Constitution of Society.* Cambridge, England: Polity Press.

Goffman, I.

  1959 *The Presentation of Self in Everyday Life.* Garden City, New York: Doubleday & Co.

Gouldner

  1959 "Reciprocity and autonomy in functional theory," in L. Gross (ed.) *Symposium on Sociological Theory*. New York: Harper & Row, 241-270.

1960 "The norm of reciprocity: a preliminary statement," *American Sociological Review* 25: 161-178.

1970 *The Coming Crisis of Western Sociology*. New York: Basic Books.

Grathoff, R. (ed.)

1988 *The Theory of Social Action: The Correspondence of Alfred Schutz and Talcott Parsons*. Bloomington, Indiana: Indiana University Press.

Habermas, J.

1975 *Legitimation Crisis*. Boston: Beacon Press.

1987 *The Theory of Communicative Action*. (Volume Two) Boston: Beacon Press.

Helm, P.

1971 "Manifest and latent functions," *Philosophical Quarterly*. 21: 51-60.

Hempel, C. G.

1959 "The logic of functional analysis," in L. Gross (ed.), *Symposium on Sociological Theory*. New York: Harper & Row, 270-310.

1965 *Aspects of Scientific Explanation*, New York: Free Press.

Homans, G. C.

1962 *Sentiments and Activities.: Essays in Sciences*, New York: Free Press.

1964a "Bringing men back in," *American Sociological Review*. 29: 809-818.

1964b "Contemporary theory in sociology," in R. E. L. Faris (ed.) *Handbook of Modern Sociology*. Chicago: Aldine.

1982 "The present state of sociological theory," *Sociological Quarterly*. 23: 285-299.

Horowitz, I. L.

1962 "Consensus, conflict and cooperation: a sociological inventory," *Social Forces*. 41: 177-188.

Isajiw, W. W.

1968 *Causation and Functionalism in Sociology*, New York: Shocken.

Jay, M.

1984 *Marxism and Totality*. Cambridge, England: Polity Press.

Jung, L. J.

1960 *The Collected Works of C. J. Jung. Vol. 9, The Archetypes and the Collective Unconscious*. Princeton University Press.

Kaplan, A.

1967 "Purpose, function, and motivation," in N. J. Demerath & A. Peterson (ed.) *System, Change and Conflict*. New York: McGraw-Hill, 425-429.

Lapiere, R.

1938 *Collective Behavior*. New York: McGraw-Hill.

Lee, A. M.

1976 "Sociology for Whom?" *American Sociological Review*. 41: 925-936.

Levi-Strauss, C.

1968 *Stuctural Anthropology*. London: Allen Lane.

Lockwood, D.

1964 "Social integration and system intergration," in G. K. Zollschan

& W. Hirsch(eds.) *Explorations in Social Change*. New York: Hongton Mifflin, 244-257.

Mannheim, K.

1982 *The Structure of Thinking*. London: Routledge & Kegan Paul.

Martindale, D.

1960 *The Nature and Types of Sociological Theory*. Boston: Houghton Mifflin.

1965 "Limits of and alternatives to functionalism in sociology," in D. Martindale (ed.) *Functionalism in the Social Sciences*. Philadelphia: American Academy of Political and Social Sciences, 144-162.

Mead, G.H.

1934 *Mind, Self and Society*. The University of Chicago Press.

Merton, R.K.

1936 "Unanticipated consequences of purposive social action," *American Sociological Review* 1: 894-904.

1957 *Social Theory and Social Structure*, New York: Free Press.

1968 *Social Theory and Social Structure*. Glenoce, Illinois: Free Press.

Mill, C.W.

1959 *Sociological Imagination*. New York: Oxford University Press.

Moore, W.

1978 "Functionalism," in T. Bottomore & R. Nisbet (eds.) *A History of Sociological Analysis*, New York: Basic Books, 321-361.

Mouzelis, N.

1974 "Social and system integration: some reflections on a fundamental distinction," *British Journal of Sociology*. 25: 395-409.

Mukray, M. J.

1971 *Functionalism, Exchange and Theoretical Strategy*. London: Rontledge & Kegan Paul.

Münch, R.

1981 "Talcott Parsons and the Theory of Action I," *American Journal of Sociology*. 86: 709-739.

1982 "Talcott Parsons and the Theory of Action II," *American Journal of Sociology*. 87: 771-826.

Myrdal, G.

1944 *An American Dilemma*. New York: Harper & Brothers.

Nagel, E.

1956 "The formalization of functionalism," in E. Nagel, *Logic without Metaphysics*. Gllnoce, Illinois: Fress, 247-283. or in N. J. Demerath & R. A. Peterson (eds.) *System, Change and Conflict*. New York: Macmillan, 79-94.

Nisbet, R.

1968 *Social Change and History*. New York: Oxford University Press.

Nozick, R.

1981 *Philosophical Explanations*. Oxford, England: Clarendon Press.

Parsons. T.

1937 *The Structure of Social Action*, New York: Free Press.

1951 *The Social System*. New York: Free Press.

1961 "Some considerations on the theory of social change," *Rural*

Sociology. 26: 219-239.

1965 "An outline of the social system," in T. Parsons & Others (ed.) *Theories of Society*. New York: Free Press, 30-79.

1966 *Societies: Evolutionary and Comparative Perspectives*. Englewood Cliffs, New Jersey: Prentice-Hall.

1970 "Some problems of general theory in sociology," in R. Mckinney & E. Tiryakian (ed.) *Theoretical Sociology*. Englewood Cliffs, New Jersey: Prentice-Hall.

1977 *Social Systems and the Evolution of Action Theory*. New York: Free Press.

1978 "A paradigm of the human condition," in T. Parsons, *Action Theory and the Human Condition*. New York: Free Press, 352-433.

Parsons, T. & E. A. Shils (eds.)

1951 *Toward a General Theory of Action*. New York: Harper & Row.

Putnam, H.

1975 *Mind, Language and Reality, Philosophical Papers*, Volume 2. Cambridge University Press.

Piaget, J.

1971 *Structuralism*. London: Routledge & Kegan Paul.

Radcliffe-Brown, A. R.

1952 *Structure and Function in Primitive Society*. New York: Free Press.

Rex, J.

1961 *Key Problems of Sociological Theory*. London: Routledge and Kegan Paul.

Schutz, A.

　　1973　*Collected Paper I*. The Hague: Martinus Nijhuff.

Scruton, R.

　　1984　《康德》。(蔡英文譯) 臺北: 聯經。

Seidman, S.

　　1983　*Liberalism and the Origin of European Social Theory*. Berkeley, California: The University of Colifornia Press.

Simmel, G.

　　1950　*The Sociology of Geory Simmel*. (trans. by K.H. Wolff) New York: Free Press.

　　1977　*The Problems of Philosophy of History*. New York: Free Press.

Smith, A.

　　1973　*The Concept of Social Change*. London: Routledge & Kegan Paul.

Smucker, M.J. & A.C. Zijerdveld

　　1970　"Structure and meaning: implication for the analysis of social change," *British Journal of Sociology*. 21: 375-384.

Sorokin, P.

　　1971　《今日社會學學說》(上)。(黃文山譯) 臺北: 商務。

Stinchcombe A.L.

　　1968　*Constructing Social Theories*, New York: Harcourt.

Sztompka, P.

　　1974　*System and Function*: *toward a Theory of Society*. New York: Academic Press.

Tudor, A.

　　1982　*Beyond Empiricism*: *Philosophy of Science in Sociology*.

London: Rounledge and Kegan Paul.

Turner, R.

1985 《社會學理論的結構》。(馬康莊譯) 臺北: 桂冠。

Weber, M.

1978 *Economy and Society*. University of California Press.

Whitaker, I.

1965 "The nature and value of functionalism in sociology," in D. Martindale (ed.) *Functionalism in the Social Science*, Philadelphia: American Academy of the Political and Social Science, 127-143.

Whitehead, A. N.

1925 *Science and the Modern World*, New York: Macmillan.

Wrong, D.

1961 "The oversocialized conception of man in modern sociology," *American Sociological Review*. 26: 183-193.

Zietlin, I.

1968 *Ideology and the Development of Sociological Theory*. New York: Prentice-Hall.

「制度化」的社會邏輯

美國社會學者 Peter Berger 於其著《神聖的覆蓋》(*The Sacred Canopy*) 一書中曾有一段話是這麼說的:

社會最重要的功能是秩序化(normization)❶。此一命題的人
類學預設是人類對意義的追求似乎具有本能性的力量。人天
生就有對實在強賦予具意義之秩序的驅力。此一秩序預設了
組合世界建構的社會工程。與社會分離會使個體面臨一連串
令他難以抗拒的危險,推及極端,會有永遠毀滅的險機。與
社會分離更會導使個體產生難以忍受的心理緊張,此一緊張
乃源於社交性 (sociality) 的人類學。事實上,此分離最為
危險的是意義的喪失。這個危險是無以倫比的惡夢,個體
會因此沉淪於失序、失感、和瘋狂的世界之中。實在與認同
(identity) 會惡毒地被轉化成無意義的恐怖形象。生存於社
會之中即是神智健全,如此可以免於因此脫序恐怖而終會來
臨的瘋狂失智。脫序 (anomic) 會嚴重到使人寧死而不願繼
續忍受的地步。 相反地, 假若人們相信犧牲具有合序的意
義,他會不惜代價地犧牲和忍受,甚至付出生命以尋求在一

---

❶ Berger 使用此一概念乃由 Durkheim 之「脫序」(anomic) 一辭衍生而
來。參看 Berger & Luckmann (1967: 202, 註❼)。

個秩序化的世界中生存。(Berger 1967: 22ff)

另外，英國小說家 Orwell 在其著《一九八四》一書中有一段刻劃極權社會的話。他寫道：

> 黨要你不相信你自己的眼睛和耳朵。這是他們最後的也是最重要的命令。他想到了那股強大的力量列陣對著他，想到了黨內知識份子很易在辯論中推翻他，想到他將不能瞭解的辯論——當他想到這些問題時，他的心感覺沉重起來。……
> (歐威爾 *1979:54*)

這是兩個不同的描述。 Berger 描繪的是一個真實客存，而且意具普遍性的人的現象； Orwell 刻劃的則是一個虛構的極權世界。兩者之間是不一樣。但是，不管是實在的或虛構的，他們卻有著一個共同的認識，那就是如 Durkheim (1969) 一向強調的「社會先於個人且駕凌個人」此一事實所形塑出的無形宰制力量。這股宰制力以不同的形式，也用著不同強度和幅度的力量加壓在個人身上，形成一條無形的鎖鍊。於是，我們就不免要問：這條鎖鍊到底是什麼？在那兒？盧梭說過：「知道束縛個人的鎖鍊是何物，總比在那鎖鍊上飾以花朵，要好得多了。」(引自 Berlin 1986: 40) 我們問的正是這個意思。

社會的「鎖鍊」在那兒？這並不是容易回答，也不是可能有完全一致意見的問題。推其原因，不單單是因為「社會」這個東西十分籠統、含糊、曖昧，難以明確地認明❷。更重要的是因為學者們對「社

---

❷ 自從西方有「社會學」以來，「社會」(society) 一辭所企圖蘊涵與指涉的就十分地含混不清。學者頗多把它當成是一個不待說明而自明的存在實體。然而，一旦說明，則意見不同，有了不同的指涉。參看 Giddens (1984: xxvi-xxvii,163-168)、Giddens (1985)、Sjoberg & Vaughan (1971)更指出，在社會學傳統中，社會學家研究「社會」時，事實上指涉的常常只是民族國家 (nation state)。另外參看 Bauman (1973: 80)。

會」存有不同的預設，也因此形塑了不同的認識。不過，儘管學者們意見多麼地分歧，有一個現象卻是大家共認，而且被視爲是重要的社會特質，這現象卽「制度化」 (institutionalization)。 事實上，上面引述 Berger 與 Orwell 的話，他們所指的「社會」現象都直接或間接地指涉「制度化」的世界。本文的主旨卽冀圖對「制度化」此一現象加以釐析，進而，由其所具有之特性演繹出一些問題來。當然，我們希望、也應當對這些問題詳加討論。 但是， 做爲一篇討論「制度化」的引子文章，篇幅上的限制自難允許我們這麼的做。因此，在這篇文章中，我們側重的是把問題引伸出來，至於這些問題的討論，也就只好存而不論，留待以後再處理了。

一. 「制度化」概念與西方社會學理論

按照時下學術界的規矩，當討論一個課題時， 似乎應當先對此一課題給予明確的定義。但是，基於以下的理由，我們在此不擬先對「制度化」下定義，而採取單刀直入的方式來剖析「制度化」❸。事實上，

---

❸ 國內學者深受美式實證主義的影響，產生一種定型的看法，以爲爲文論述首先一定要先破題，而破題則看重爲討論的核心概念先下個「明確」、「客觀」、最好是能夠「操作化」(operationalized) 的定義。個人以爲破題是必要，但一定非先下明確、客觀的定義，則事屬偏見，實不一定可取。社會學的探討絕不可能完全「中立」，一定會有一些預設，也會有一定立場來做爲立論之基礎。沒有立場與預設的社會學知識是不可能。縱然有可能， 則必然是「空洞」， 毫無意義的。 相信社會學概念是價值中立的，那是一種對「客觀主義」的誤導迷信， 也是對科學的一種迷思 (myth)。基於此，「制度化」一辭的定義一向就帶有「立場」色彩；不同的立場， 就有不同的定義。 在沒有逐步釐析預設與立場前， 就下定義，個人以爲是相當唐突，反而可能對讀者產生誤導。筆者寧願順著理路的舖陳，在爲文當中逐步爲此一概念開展出其內涵來，而讓讀者在閱讀中慢慢凝聚出此一概念所可能具有的意涵。這是一種方法論上的滴定 (piecemeal) 策略，在此特別向讀者說明。

這麼做也等於就是對它下定義，只是沒有事先用一個短句子來描繪而已。因此，所不同的，也只不過是進行的策略上有差異而已。我們的理由是：（1）篇幅有限，不允許列舉不同的正式的定義逐一討論。（2）這不是一份社會思想史的研究。（3）在西方社會學文獻中，有關思想沿革脈絡，學者們所做的已夠多了，說它汗牛充棟也不為過，實無庸在此多加贅筆（如 Parsons 1937; Alexander 1982; Seidman 1983; Hawthorn 1976; Rex 1981; Hearn 1985; Eisenstadt 1976; Zieltin 1968）。（4）這篇文章是筆者一系列研究（葉啓政1985, 1986）中的一部份。許多的論點前已論及，在此，我們只是從事延續引伸的討論，因此無庸重述。

在古典西方社會學理論中（如 Marx, Weber, Durkheim, Pareto 等人），儘管「制度化」一辭並未為學者們明顯而具體地提出來做為主題來討論，但是，「制度化」世界一直是他們討論的重心。說得誇張些，當談到「社會」時，學者們所意指的往往即是制度化世界；當提到「制度化」世界時，則絕大多數是包容整個「社會」。社會於是幾乎被化約到制度化世界上來，研究與討論往往都是以此為基線來進行。只是，學者們自己未必十分清楚地認清這樣的立場，也沒意識到這樣的思考基礎的存在而已。

這樣的論斷並無意於宣判社會學者是獨斷，指責他們忽略了非制度化的生活層面。我們所企圖指出的只是：「制度化」與「制度化」世界一直是西方社會與政治思想關心的核心主題。理論的建構，對社會的形塑和勾勒在在都是環繞着這個世界而進行。就拿 Marx 來做例子吧。Marx 與 Engels（1942）在《費爾巴哈論綱》中第六則即提到：「人的本質並不是單個人所固有的抽象物，它是一切社會關係的總和。……而本質只能被理解為類，理解為一種內在的、無聲的，

把許多人自然地聯集起來的共同性。」在 Marx 與 Engels 眼中，這樣的「類」的分析起點即是展現在生產過程中人與人之間具體且制度化的生產關係。更進一步地，當 Marx 由生產模式推衍出來論及「社會狀態」（state of society）時，他討論的不是抽象的狀態，而是呈現在資本主義之歷史形式中被制度化的諸面相，如政治、法律、家庭、及宗教等制度。當他由此再往前推至「意識」（consciousness）時，他所指的更不是個人私有的意識，而是人當成一種「類」屬時表現在特定生產關係中被制度化後的集體意識，如階級意識。因此，基本上，Marx 理論中所處理的是一個有關「制度化」後之社會產物的歷史形式。

至於 Weber，除了專論方法論的著作不談，其論理性化、權威的類型、科層制、宗教倫理，與資本主義社會的歷史發展，莫不隱涵「制度化」世界是關心的主題。這表現在《經濟與社會》兩卷著作中是尤其明顯的（Weber 1978）。當然，倘若我們單從 Weber 對社會學所下的定義與強調社會行動的類型和其對社會學研究的地位來看（Weber 1978: part I），表面上是看不出 Weber 乃以「制度化」世界為關懷的核心。我們所可能看出的倒是他是個多元關懷的學者。但是，倘若我們認識到 Weber 所以強調社會行動是社會學研究的基本單元，原是為了彰顯「意義」（或動機）之瞭悟在方法論上的重要意義，並以此進一步來襯托「理性」在現代社會中的意涵，那麼，我們或許就可以同意說，其有關權威、宰制、科層、與資本和封建社會的探討才是他關心的重點。這些現象基本上都是制度化的建制形態，其中具理性特質的只不過是制度化型模中的一種特殊歷史形式，最能反映現代社會的特色。基於這樣的理由，雖然 Weber 並沒有明白地指出制度化與制度化世界在其理論中的特殊意涵，但是，若說其所關心、

而且以爲是現代社會之核心成份的是制度化世界，應當是不爲過的。

　　Durkheim 以制度化世界爲其理論的中心是相當明顯的。他曾明白地表示，社會學是「有關制度和其起源作用的科學。」（引自 Poggi 1971) Poggi (1971) 即指出， Durkheim 所討論的中心概念並不是制度本身，而是形構制度的基本元素——規範。在此，我們要強調的，不是 Durkheim 明顯地以「制度」做爲研究的主題，而是他明顯地或隱涵地以制度化的面相做爲考察的重點，並且以爲它是形塑社會的基本特質。當他論社會聯帶、整合、 集體意識、 集體表徵、 規範，尤其是法律時， 此一意涵是十分明顯的。對 Durkheim 而言， 制度化的世界乃是社會之所以可能，也是社會所以能夠遠在個人之上的基本要件。這個意思其實很清楚地意涵在他有名之命題「社會先於個人」之中。

　　到了二十世紀五〇年代， Parsons (1751a) 在其著《社會體系》中，正式地把「制度化」世界提出來，當成建構社會理論的核心概念❹。他在另外的著作中把這個意思也表示出來。他曾說道：「社會體系本身之均衡乃由許多次均衡體自身或橫跨其間所組成的。……這些不同的均衡體系，如親屬羣、社會階層、 教會、 教派 (sects)、 經濟企業、與政府機構等。」(Parsons & Shils 1951b: 226) 在此， Parsons 所意指的均衡體系，說穿了，無一不是屬於「制度化」的範疇。儘管 Lockwood (1964: 246) 曾批評 Parsons 之「制度」概念，有如他的其他概念一如整合(integration) 一般，是曖昧不清的，但「制度化」世界成爲社會學者探討的核心，至 Parsons 可以說是表露無遺，而且

---

❹　這麼的說並不等於論定此一概念首先爲 Parsons 所用。「制度化」一辭何時首現於社會學文獻有待考證。對這個問題，筆者毫無興趣。

相當地被具體化了。這情形轉至 Merton 時，就更為明顯了。

　　Merton　更進一步肯定地認為社會學分析的單元即是制度化的諸種形式，他稱之為「標準化」（卽具模式且可重複）的項目（standardized, i. e. patterned and repetitive items）。(Merton 1968a,：104)❺ 這包含諸如角色、制度化模式、社會過程、文化模式、文化形塑的情緒、社會規範、社會組織、社會控制設計等等。社會學者以制度化項目做為研究對象，並且把「社會」偷渡成為「制度化」世界，至 Merton 可以說達至顛峯。Blau 有一段話可以說是最佳的寫照，他說：「制度反映社會生活的歷史相度，乃過去對現在的衝擊。制度與社會結構的關係多少有如社會結構與人類行動的關係。制度乃社會結構中持續一段長時間的面相，而社會結構包含了一個集合羣體中居優勢的行動模式。……簡言之，制度對社會結構加以歷史性的限制，它轉而於個人行動中加上了結構性的強制作用。」（Blau 1964: 277）

　　至於社會結構此一概念，自從有了社會學以來，一直就被社會學者奉為理解社會的基線❻。　Blau（1975: 2）就曾強調說：「社會生活中的任何事物均可從社會結構或社會心理的觀點來看。……因此，我們終極的目標乃是借用些社會學的解釋來增進對社會、社會變遷如何變化，和它何以會發生等問題的知識。」假若我們把 Blau 先後十一年所說的話串聯起來，無疑的，既然社會結構是社會學研究的主要對象，而制度又是對社會結構的一種歷史限制與表現形式，「制度化」世界成為社會學者眼中之「社會」的核心，乃至被看成是「社會」本

----

❺　Merton 提出此一論點就年代而言，是早於 Blau。Merton 此文成於 1949 。本文所引的是其最近的版本。
❻　同時參看葉啓政（1986）。

身這樣的論點就可以理解了❼。當然，這樣的等同看待在概念上是有偷渡的嫌疑，但是，以制度化世界做爲討論社會、理解社會的重點，的確是有經驗上的依據，是可以接受的。關於這一點，我們留待在下文中再加說明。

二. 理解「制度化」的基線考慮

對「制度化」的討論，一向學者所採取的角度並非十分一致，如今要來剖析它的性質，實在不是一件容易的事。從那兒開始來談都難以周延，也都無法令人完全滿意。但是，我們總得於其中尋找出一條理解的線索。在這兒，我們以爲從「制度化」概念的歷史沿革來開展討論是有其方便的。倘若這樣的考慮是有意義的話，那麼，無疑的，從「結構功能」論的立場開始是必然的選擇。我們的理由有二：(1) 誠如上文所指出的，結構功能論集其大成的人物 Parsons，可以說是第一位把「制度化」當成主題來標示的學者。而且，其後的延續者也都以此爲社會的化身來看待。(2) Parsons 以後的學者，不論是屬結構功能論系統的或不屬於此的，如 Eisenstadt (1964, 1965)、Merton (1968a, b)、Berger & Luckmann (1967)、Blau (1964)、Myer & Rowan (1977)、Zucker (1977) 等等，對「制度化」均持有共同的看法，而這些看法都可以說是與 Parsons 的論點共融通的。

---

❼　其實，連向以個體爲主之所謂「微觀社會學」(microsociology) 亦以「制度化」項目爲勾勒社會之重點。如 Mead (1934) 之討論「本我與客我」(I & Me)、角色、與意義他人 (significant other)、Homans (1961) 之「分配正義性」(distributive justice)、Goffman (1959, 1961) 之「全部制度」(total institutions)、Coleman (1966) 之「競賽之建構規則」(constitutional rule of the game) 等，無一不是意涵「制度化」的成份在內。

　　基於以上理由，我們就從 Parsons (1951a) 談起。根據 Parsons 的意思，制度乃指「一些制度化之角色整合體(institutionalized role integrates) 的叢集，對討論社會體系具有策略上的結構性意義。制度應當被視為是比角色更為高層的社會結構單元，而且是由一些互賴之角色模式或其成份所組成的複合體。……一個制度是角色期望中之模式元素的叢集，它可施用於無限數量的集合體；反之，一個集合體可以是整個系列之制度的焦點。」(p.39)

　　熟悉 Parsons 之思想理路的讀者不難看出，Parsons 此一對「制度」的定義是依附在其社會體系之整體觀下的衍生物。對 Parsons 而言，人的社會意義在於「角色」，人的「整體」性，也就是「人格」，乃由角色期望與角色組的關係來建構的(Parsons 1951b)。根據Linton (1936) 的原意，角色乃指一個人在人羣組合中所實際做出的行為。這些行為不是當事人隨意而發，而是必要符合外在規範和期望的總合體。因此，角色是「社會」對其成員之行為的界定，也是對其人本身之意涵的一種定義、詮釋和瞭解形式。換句話說，在「社會」中，一個人之所以是「如此」，必須是由其「角色」和其對此一角色定義的行為表現來界定❸。制度化的定義內容即是界定一個人（也即是其角色）最重要，也是最為根本的成份。用 Parsons 的概念來說，制度化即是角色期望中具模式特徵的最高結構形式。它的最重要特點即是有一定結構樣態的模式，此一模式外存於個人成員，而且對個人具有強制約束力。

　　事實上，強調「制度」之外在性和制約必然性並非是 Parsons 一人的主張，許多社會學者均採如此的看法。譬如，以色列社會學者

---

❸　Wrong (1961) 因此稱之「過度社會化」之人的概念 (over-socialized concept of man)。

Eisenstadt（1965: 32）即以為制度化過程乃是：「一種調整交換過程之各種規範和架構類型持續結晶化（crystallization）的過程。」Berger 與 Luckmann（1967）亦以為制度化是一個客存實在，它是一種物化（reification）的形式，具有外在制約個人行為的必然性。Zucker（1977）更以為，既然制度化是一個客存實在，它有自主的制約力，個人內化（internalized）了其所內涵的成份與否事實上並不重要。Meyer 與 Rowan（1977: 341）則謂：「制度無可避免地是涉及規範性的職責（normative obligation），但它所以常滲進社會生活主要乃因它是行動者必須考慮的『事實』 ❾ 的緣故。制度化於是乎是一個涉及社會過程、職責、或實際展現（actualities），以規則地位出現於社會思想和行動的過程當中。」

制度和制度化對個人具有外在制約力是一件不爭的社會事實。同時，也誠如 Parsons 之定義所意涵的，制度化可以說是把一個「整體」人格化約，濃縮成為「角色」的最主要社會機制動力。靠著制度化的力量，個人的動機可以被社會規範與價值體系所吸納、界範；個人人格也因此而被形塑。從這樣的角度來看，Parsons（1937）以為人行動之主願性（voluntarism）並不是意指完全與社會（更具體而言，即「制度」）的創造物相互獨立，且不受他們約束。相反地，它是人們經由社會化的作用，在社會制度所界範之有限社會資源、規範、與價值內容中，可以從事相對自主的組合選取。由於制度所界範的有限性是一種可能隨時空條件轉移而不時替換再生的設定範疇，一個人所可能孕生、組合以供選取的可能說是幾近無限。這樣的設定無限性可以說即是行動主願性所以能夠確立的經驗事實基礎。因此，行動主願

---

❾　括號乃筆者自加的，為的是讓讀者特別加以注意。

性不是「超」社會，而是仍然屬於社會制約的範疇內。它是被安放在
「制度」下的一種展現「自由」的形式。這種自主與自由基本上是有
限的，必須擺在「社會先於個人」的前提下來理解的。無疑的，這是
西方「自由」概念之社會學式的前提。

在此，我們確立「制度」所具的外在與制約性。它是維持、保證
秩序所以可能的社會機制，其存在是必然，其作用也是必然可以肯定
的。但是，它的存在與作用的「實然」性並不即意涵它具有「應然」
性。做為一個責在分析、理解社會的學者，我們實在沒有理由一定要
對此一「實然」的事實完全屈服，把它膨脹成為一個具全稱必然意義
的「應然」體來處理。當然，在社會中，實然和應然之間是有一定
的關聯，誠如 Parsons 之實在分析論所主張的，實在秩序 (actual
order) 是道德秩序 (moral order) 的實踐表現⑩。但是，以絕對全
稱替代相對分稱，以「實然」等同「應然」是一種認知上的偷渡行
為，是難以接受的。以 Parsons 為例來說，他從「角色」與「體系」
出發來看「制度」，即有了這樣的偷渡嫌疑，他所帶來的問題，基本上
在於他並不從行動者本身的主動面來開展，而是從行動者如何接受外
在之「社會」或「制度」巨靈⑪之制約的面相來勾勒問題。Monzelis
(1974: 404-405) 即指出：「在這個層面（乃指制度層面）⑫，它只展示
體系如何形塑行動者的活動，它從未展示相反和相輔的過程，即：行
動者的活動（特別是集體性行動者）如何形塑社會體系。」準此，這是
一個關照現象和問題時選擇思考角度或面相的問題，本質上並不涉及

---

⑩　Parsons(1937) 自稱此一認識論為「分析實在論」(analylical realism)。
　　有關此一認識論的批評，參看　葉啟政 (1986)。

⑪　顯然的，Parsons 於此深受 Hobbes 之巨靈說 (Leviathan) 的影響。
　　有關於此，參看 Parsons (1937)。

⑫　為了幫助讀者理解，括號內之文字乃筆者自加的。

單純的「對」或「錯」的問題。有的話，那是關於所展現之角度或面相的相對重要性或與實在的貼切度，因此是有關能否更豐富地開展社會現象的認知或實踐意義的問題，乃涉及分析之立足點的問題❸。

　　總的來說，如 Parsons，從角色期望和社會體系的角度來勾勒「制度化」的特質，並進而做為理解、建構社會之形象的立場，在認識論上，自有其正當性，也的確捕捉到「制度化」所具有的一些特徵。但是，毫無疑問的，從制度的外在制約性來關照「制度化」的現象，在假定社會是一個自足之均衡體系的情形下，很容易過度肯定「制度化」的地位，把「制度」當成是一個無所不在，無孔不入，無往不利的巨靈，人永遠是屈服在它的威力陰影之下。制度化的滲透力是很大，它的確有企圖浸蝕整個日常生活之各面相的潛勢，但是人日常生活的實際樣態，事實上卻未必完全順應制度化的這種潛勢發展。不管制度化的威力多麼強大，企圖滲透之努力多麼用心，無論就行動的孕生、詮釋、或實行的角度來看，個人都一直保留有相當的自由空間。這個空間的存在是值得我們注意，而且把它當成解析「制度化」的重點。這樣的考量乃企圖形塑一種方法論上的態度。基本上乃把「制度化」轉移一下座標來分析。因此，我們在此所將進行的，並不單純地指涉到經驗上的對與錯，而是企圖尋找另一個分析的座標，以俾開展「制度化」所可能具有更為豐富、更具挑戰性的意義。此時，我們所關心的已不只是如 Schutz (1973) 論科學性時所謂的邏輯一致性(logical consistency)、與適宜性 (adequacy)，而是所提供之分析座標具有之衍生意義的能力的問題了。這是社會現象常具之二律背反 (antinomy) 的特徵提供給我們的啟示。其情形正如一個銅板具有兩面，我們既然可以從正面來看，自然也就可以從反面來看。基於此，

---

❸　此乃Weber (1949) 之「理想類型」(ideal type) 方法論的基本立場。

我們以爲一個可能的進路是從「人的特質」這個基本問題來探索。因爲這樣的角度來看，可以彰顯人的個體性在認識「社會」上的主導意義，它有助於我們看清「個體」──「社會」之間辯證關係的另一面。這也是一向社會學者過份側重集體性之「社會」或「制度」所不足之地方。Durkheim（1960）所提出之人性兩元性（dualism of human nature）正可以做爲我們重建分析座標的分離點。

三. 由 Durkheim 之人性兩元統一論看「制度化的兩元性」

以爲世界具有兩元性可以說是西方哲學的基本預設，主客如何由對立而臻統一互攝，一直就是哲學家致力於瞭解的主題。Kant、Hegel Husserl、以至 Marx 莫不以此爲探討的重點。在此，筆者無能力從哲學的角度來探討這個問題。事實上，做爲一種社會學式的解析，我們並也不一定必要把線索拉得那麼地遠，以爲必須從哲學立場開始，才能夠來談問題。當然，我們選擇 Durkheim 之人性兩元論做爲分析的分離點，多少也是武斷權宜之舉。但是，這樣子的選擇也絕非毫無理由的，起碼有兩個理由是值得點明出來的。其一是 Durkheim 的人性兩元論可以說是 Kant 哲學的延續。他企圖把哲學上的主客兩元問題移位到經驗世界上來關照。在經驗世界裏，這是相當重要的一個問題。其二是：我們提及過，社會秩序的問題一直是西方社會學史中的核心問題，不同的理論其實即是對此一問題提供不同的詮釋而已❹。從此立場來看，Durkheim 試圖於人性的兩元對立矛盾性中尋找

---

❹ 關於此一問題，最早可見於 Parsons（1937）。晚近的討論可參看 Eisenstadt（1976）、Giddens（1976）、Alexander（1982）、Seidman（1983）、與 Hearn（1985）。

統一互攝的條件，基本上卽是在理論上探究社會秩序之所以可能、而且必然要是可能的努力而已。 尤其值得注意的是， Durkheim 之人性兩元統一互攝論可以說是提供近代西方社會學主流——結構功能論的社會學知識論基礎， 更是進一步地爲「制度化」現象舖陳理論的基石。 因此， 選擇 Durkheim 之人性兩元論來討論就未必全然只是武斷權宜的舉動，而是有著社會學理論發展史一脈相承的考慮在內了⑮。

根據 Durkheim (1960) 的意思， 人是一種同時兼具感覺 (sensations) 與概念思想和道德活動 (conceptual thought and moral activity) 的動物 (p. 327)。 人做爲具感覺能力的存在體， 這是個體性 (individuality) 的表現；人做爲具概念思想和道德活動的存在體，則是集體性 (collectivity) 的縮影或化身。因此，「可以確定的是： 我們是雙元的，我們是一種二律背反的實現。」(p. 330) 這種雙元的二律背反卽是人性的實在特徵。於是， Durkheim (1960: 332) 進一步地指出：「人是雙重地讓兩個世界在他身上交薈： 一方面是非智性和非道德性的， 另一方面則是觀念、精神、與美好的。因爲這兩個世界天生就是對立， 它們於是乎在我們身上掙扎： 因爲我們是此二者的一部份， 我們必然與自己產生衝突。」他又說：「我們同時擁有思量爲個體的官能， 也擁有思量爲普遍、非人格化之項目的官能。前者稱之爲感性，而後者爲理性。」(Durkheim 1960: 333)

很明顯的， 誠如 Tiryakian (1962: 48) 所指出的， 從思想淵源的角度來看， Durkheim 的問題事實上只是西方自古希臘以來有關靈肉兩分之人生觀的一種特殊衍生物。這種始於個人之靈肉兩分的範疇，

---

⑮　關於 Durkheim 之兩元論的分析，可參看蘇峰山（1986）、 Tiryakian (1962)。其與 Kant 的關係，則可參閱 Giddens(1978)、Lukes(1972)。

在 Durkheim 的手中，被推衍出去，而涵蓋了整個人的生活世界。Durkheim 有關諸如感性——理性、世俗——神聖、主體——客體、機械聯帶——有機聯帶、自由——必然、或鎮壓式法律——恢復式法律等等的兩分範疇，皆是由人性兩元性衍生出來描繪社會實在現象的概念範疇。於是，在 Durkheim 眼中，表現在人世界中的一種最終具體形式即是「個體」相對「集體」的弔詭關係，社會學所處理的秩序問題其實就是「個體」和「集體」兩元實體所展現之兩元關係——對立和統一的糾結問題了。

對人類而言，「秩序」乃內涵著和諧、有序的規則關係，而不是隨意、雜亂無章的安排。既然社會是規則有序，對其組成之成員要求趨向「統一」，遂成爲是在同一社會空間中之人們所習慣的認知模式，也是其努力以致的共求目標。對 Durkheim 而言，這樣的社會「秩序」內涵，無疑的是與人性所衍生之兩元範疇的對立性相背悖的。於是，如何確定統一的必然性、如何於矛盾對立之中尋找統一互攝的條件，自然就成爲值得關心的重點了。

基本上，統一的必然性是一種立基於認知上的心理需求，其本質是心理的，而不是社會的。但是，統一的形式則是社會的，而不單純是心理的。對 Durkheim，他關心的不是統一是否必然，因爲這是他肯定，也認爲無庸置疑的。他問的是：在矛盾對立的本質中，統一互攝如何可能？對於這個問題的解決，Durkheim 所採取的不是辯證的哲學立場，而是一種位階演化式的觀點。在他的眼中，展現在人世界中的諸法相有不同的主導地位，有的居優勢，有的居劣勢。因此，範疇之間雖有對立、矛盾的潛勢，但卻因彼此之間的主導地位不同，而可能締造一具「秩序」的統一實體。這樣的概念可以從他論靈肉關係的文字中看出。他說：「……靈魂到那兒都被視爲是具神聖意味的

東西；……因此靈魂乃相對肉體，而後者被視為是世俗的；任何在我們心靈生活中與肉體有關的事物——感覺與感官慾求——均具此同一性質。正基於這個理由，我們以為感覺乃吾人活動的低層形式，而我們賦予理性與道德活動較高的尊嚴。我們被告知說，這些乃吾人與上帝溝通的官能。甚至是一個宣稱沒有信仰的人也做如此的區分，對我們所具不同之心理功能給予不等的價值；而且依其相對價值，分別給予不同的位階。於此與肉體愈是相關的，則在最底層。」(Durkheim 1960: 334-335)

在人的世界裏，與個體相對應來看，集體是一具主導位階的存在實體。這個實體因此被 Durkheim 視為是統一互攝具對立矛盾潛勢之諸成員的基礎。他指出：「不管它是什麼，一個集體所飾衍的觀念和情操乃是一具主權與權威之來源的理性作用結果。它會導使一些特定個體思考，並且相信是代表他們，而且是以道德力量的形式來支配、支持他們。」(Durkheim 1960: 335) 換句話說，相對應於個人感性，集體觀念和情操（亦即 Durkheim 所言之「集體意識」）是理性的。這種集體理性具有權威，而且也以道德力量的形式來展現其所具之優勢主導位階 (Durkheim 1960: 337)。在「集體」性之社會的永恒客體化的主導下，這樣具位階差序的格局把「個人與集體」、「主觀與客觀」、「慾望與條件」、「世俗與神聖」、「感性與理性」等等兩元對立矛盾潛勢，可以輕易地化解掉。社會秩序因此不是個人彼此之間的契約同意結果，而是非契約性客體化之共同規範和意識體系所促成的⑯。

---

⑯　這是 Durkheim 在「社會分工論」中 (1969)的基本論點，也是他批評 Rousseau 等契約論者倒果為因之誤謬的立論基礎。由此，Durkheim 肯定集體意識對社會秩序之建立的意義，也是「社會先於個人」之命題所以被認為成立的依據。

　　立基於此，在 Durkheim 的觀念裏，化解個人與社會兩元性之對立矛盾潛勢的基本形式是客體化。客體化包含兩個前已述及的成份，一是外在化 (externalization)，另一則是制約化 (constraint)。這卽是 Durkheim 之社會事實的基本內涵。就人類社會生活的歷史發展過程而言，這種具應然約制位階的先驗實然形式，推至極致，就是「制度化」的形式。因此，從歷史的角度來看，制度化具有優勢主導地位，它是統一互攝社會成員，化解對立矛盾，以保證社會秩序所以可能的實際形式。在日常生活世界裏，它是永恒、先驗的客存實體。它是「凌駕我們，它迫使我們凌駕我們自己，同時也凌駕自身。」(Durkheim 1960: 338)

　　顯而易見的，把「制度化」的位階提升至永恒的優勢地位是 Durkheim 解決「社會秩序」與「人性兩元對立矛盾性」之間之矛盾本質的立足點，也是其社會邏輯推演的起點。但是，Durkheim 卻也沒有完全忽略人性兩元中屬於感性、肉體（或謂「野獸」）之一面所可能帶來的反彈力。這個反彈力對社會秩序所帶來的壓力一直是不可輕易忽視的。他說：「我們永遠無法完全地與自己和諧一致，因爲我們無法在兩種本性中只擇其一，而不會因爲另一本性引發痛苦。我們的快樂永遠難以純粹，總是有痛苦夾雜其中，因爲我們無法同時滿足自身內的兩種事物。就是這種不一致在我們身內永遠有分割，同時產生我們的高貴和痛苦。」(Durkheim 1960: 329)

　　我們引用了太多 Durkheim 的概念。倘若再引用下去，這篇文章就變成討論 Durkheim 思想的專文了。這不是作者的本意。但是，爲了釐清整個問題之關鍵所在，在此我們不能不再引述 Durkheim 論自殺時所提的看法，因爲在這兒的討論最能彰顯其人性兩元論對理解「制度化」的啓示，Durkheim 在《自殺論》中曾提到：「……只

要我們與羣體有了聯帶，並且分享其生命，我們就暴露在其影響之中；但是，只要我們具有自己的獨特人格，我們卽會反叛，並且嘗試逃避它。由於每個人都兼具如此的雙重存在，我們每個人都有雙重的衝動。……兩種敵對力量互相抗衡，一邊是集體力量，它企圖對個人施以壓力；一邊則是個人力量，企圖驅逐它。可確定的是，前者遠比後者強得多，因爲它是所有個人力量的組合；但它也如同個別的人一般，互成爲抗拮的阻力。」（1951: 319）就在多重力量的敵對作用下，衝突一旦達到極點，會導使人走上自我毀滅的道路——自殺上去。

於此 Durkheim 說明了一個論點，那就是：脫序、異常分工、乃至自殺之所以產生並非如 Merton (1968b) 所謂之「手段——目的」不一致的結構因素，而是源於上述人性與社會兩元矛盾對立的潛在性格，反映在行爲和人際關係上的緊張和衝突。因此，Durkheim 之兩元論隱涵著，「反制度化」的潛勢是內涵在社會之中。

行文至此，我們可以總結來說，Durkheim 的人性兩元論不但明確地提示我們，「任何社會都必然或多或少內涵有衝突和脫序偏差的因子」，而且也暗示我們，當社會學者在思考「社會秩序」時，認知上必然存在有矛盾與兩難。當我們不能不接受「社會秩序」是一種實然的社會事實時，我們則必得肯定社會中存在有統一互攝的實際機制，這是「制度化」所企圖指向的。但是，當我們親身體驗脫序、偏差、與自殺等現象時，卻又不能不懷疑「制度化」之外在制約力的有效性。

無疑的，從 Durkheim 之人性的兩元性，我們看出「自由」與「必然」之間關係的多面相。自由與必然的對立與矛盾不只可能看成是人性兩元性對立矛盾的社會面體現，而且也是「制度化」之客體外在化的衍生現象。換句話說，「制度化」本身就具有兩元性，這基本

上是源於人性的， 但是， 卻不是對人性做赤裸裸地反應， 而是把人性反映在社會中被繁複化的歷史體現。關於這一點可以從 Durkheim 指出現代社會之「個人崇拜」（the cult of individual）的集體意識中找出端倪來。 質言之，「 制度化」對社會秩序的建構是其統一互攝的作用，但在此統一互攝的歷史形式中，卻又衍生出分化對立的特質來。這是「制度化」之兩元性的根本特徵所在⑰。在下文裏，我們將從此一兩元性來解析「制度化」的意涵，其用意也只不過是有如上述的，把銅板翻個面，利用二律背反式的方法論來關照同一個議題。

四. 制度化的統一互攝面——外化制約性⑱

制度化是一個複雜的社會過程。 不管它的意圖指向為何， 基本上，制度化是一種人為設計的社會性安排。它乃人們創造出來的種種有關行為之規則形式，用來規範、制約， 和定義人際關係和在種種關

---

⑰　筆者以為 Durkheim 並沒有很清楚地把此「制度化」的雙重性指出來。推其原因極可能是因為 Durkheim 的時代背景導致他過份強調制度化之統一互攝性使然。由於 Durkheim 思想秉承法國浪漫保守主義（尤指 Saint Simon 與 Comte），他過份關心工業革命與法國大革命雙重衝擊下西歐社會秩序重建的問題。知識份子的使命驅使 Durkheim急於尋找新秩序的倫理基礎和提供有關社會秩序實然理論，於是乎，他重視道德重建的問題，不免因此特別強調制度化之外在制約面來關照整個問題。在此動機支使下，Durkheim 雖然看出脫序與偏差現象是有人性上的基礎，但卻未能從其矛盾對立的角度進一步解析，反而從統一互攝的層面來處理。這樣的分析進路因 Parsons 等人承續下去，致使「制度化」的「頁面」一直未能充分地被注意到，這正是本文關心的重點。

⑱　筆者曾從制度化的角度來討論「功能」的問題。雖然， 無論就旨趣或題裁的角度來看，本文都不是該文的延續，而有獨立的考慮面相，但是，由於兩者都涉及「制度化」的問題，因此，下文中許多的論點都採自該文，而且也將討論到該文中所提出的一些問題，這是必須事先向讀者說明的。當然， 由於兩文之旨趣殊異，在本文中，筆者將盡可能避免重述前文中所提的論點。

係中人的行為。其實，人與人之間的互動一旦行之一段時間，大多會
很自然地發展出一些行為的定則來。只是，這些規則不一定會繼續被
持用下去，施用的對象或方式也可能常有改變。所謂「制度化」，其
實就是對其所衍生的行為規則的一種特定傾向。大體而言，它乃指，
不論就其持續使用的時間、幅度、強度、施用對象、運作方式、乃至
施用場所，均呈相當穩定且可預期、甚至可量化之狀態的一種社會過
程。因此，縱然人們對「制度化」的內容可能有不同的理解，制度化
的結果展現（卽包融在「制度」一概念之內的種種表現）並非只是人
們腦海中的概念組合體，而是具有實際效力，且獨立於個體之外而自
存的實體。它乃是在一定文化傳統和社會條件中孕育出來具集體性意
涵的聯接經驗（conjunctive experience）⑲，是一種集體表徵的凝聚
過程。因此，制度化最基本的指向是對人們的主觀意義加以詮釋與界
定，而對實際之人際互動中的個體行為加以適當的規範。這樣的過
程，最最具特色的是「外化」（externalization）的現象（Berger and
Luckmann, 1967: 50-51; Zucker 1977）。

　　嚴格來說，對握有制度化主控權的人們，他們往往是意圖使制度
化的威力滲透到個體成員的心靈深處，同時也遍及日常生活的各個層
面，這是制度化對形塑個體之動機所產生的潛在威力。但是，制度化
既是一種人為設計，其施用的第一現場是人與人的互動情境，其效度
因而必得依靠外顯性的具體行為表徵，才得以檢證。因此，行為對規
範、規則的順從與否也就成為制度化關心的焦點。當然，社會心理學
的知識告訴我們，人類的行為都有特定的價值、認知、理念做後盾，
它們之間是有一定的關聯。這個事實我們難以否認。同時，我們也深

⑲　此一概念引自 Mannheim (1982)。他使用這個概念來重估 Durkheim
　　的「集體意識」概念，頗能引人深思。

深明白制度化的威力並不侷限於行為的順從，而且可以導使價值產生內化。事實上，這也正是制度化常被視為是社會秩序得以保證之重要機制的道理所在 (Parsons 1951a)。但是，在此，我們要強調、也是必須認清的是：任何的經驗存在體，包含人為設計者在內，都有一定的性質，也因此有一定結構形式，此一定型結構與性質限制了該存在形式施放的範疇。譬如，任何玻璃杯都有一定的容量，不可能容納超出這容量的東西。同時，它也不可能承受超過一定熱度的東西，否則就會破裂。制度化也是一樣的。從其結構性質來看，它是一羣人企圖加諸於另外一羣人身上的一種安排。縱然其最終目標是深入人們的心靈，但是，屬於人際間的安排，尤其，它不是一個個體對另外一個個體，而是羣對羣的安排，其效度必得是相當程度的原則化。Schutz (1973) 與 Berger 和 Luckmann (1967)即稱之為「類型化」(typification)。更重要的是，這樣子的類型化必得以具體可見的方式來表現，外顯行為自然成為確認其存在與否的客化形式了。因此，制度化的效度基本上乃靠行為的順從與否來保證，至於其內心是否真的膺服，那是另外的問題，並無法由制度化的形式得到充分的保證。這是何以我們以為「外化」乃制度化之第一屬性的立論基礎。

Berger 與 Luckmann (1967: 60) 指出：「既然制度乃以外在實體而存在，個人不可能靠內省來瞭解它。他必須『走出去』(go out)和學習它們，正如同他必須去學習自然一般。雖然社會世界是人造的實在，它可能被瞭解的方式並不一定施用於自然世界，但此一比擬還是正確的。」那麼，我們如何「走出去」呢？他們又說：「這是很重要，必須牢記在心的。不論對個體來說，它是多麼龐大，制度世界的客體性 (objectivity) 是人為製造、建構的客體性。在此，人類活動之外在成果獲致客體性格的過程即對象化 (objectivation) [20]。制度

世界乃對象化的人類活動，任何單一制度亦然。」

　　從外化至對象化是理解制度化之內涵在概念上必要的轉析。談論這個問題，還必須回到制度化的主體對象——人際關係來看。粗略來看，制度化的對象指涉有兩個層面。其一是把「人」當成對象。制度化指向的「人」對象基本上不是一個活生生的「整體」人，而是被類屬化的「角色」（如父親、老師、囚犯、女人）(Berger & Luckmann 1967: 74)。在制度化的催動下，一個原本具有無限潛在定義和詮釋可能性的「全人」，在時空與關係的限制約束下，被濃縮結晶成爲有限的類屬範疇。人的「對象性」就靠這樣的角色被確立下來。

　　制度化的對象指涉尚有另一層的意涵。說它指向「角色」，那是全貌性的鳥瞰，並不足以充分有效地勾勒它的神貌。制度化具體的對象指涉是行爲內容，它要求行爲依「角色」的概念範疇有一定的表現形式。譬如，對中國人來說，父子之間的角色關係應當是「父慈子孝」，制度化不但要求把某兩個人的關係以父子的角色來展現，而且還進一步要求其行爲內容一個具備「慈」而另一個具備「孝」的內涵。對於「慈」與「孝」都有一定的行爲指涉。

　　職是之故，把制度化當成是一個經驗世界中的實質過程看待，它所彰顯的意義，重要的並不應止於其所具之社會先驗性的必然形式，而是它在人羣中所可能衍生的規範例行化的「對象」指涉形式。換句話說，制度化的實質社會學意義不在於：「在經驗世界裏，它是先於個體而存在」這一個社會性先驗的事實，而是存於它所具體表現在一個特定社會中的實際文化形式。因此，就社會學的意涵來說，重要的

---

　　⑳　此字彙乃衍於 Hegel-Marx 傳統所用之德文 Versachlichung。參看 Berger & Luckmann (1967: 187，註㉓)。

是: 制度化以怎樣的規範形式具體地表現在集體的對象身上。然而，這個指涉形式的基礎爲何呢? 簡言之，它卽是 Weber (1978) 所謂的「正當化」(legitimatization)。倘若我們說外化和對象化是制度化的特質，實際上只是意涵著制度化是一種特殊的外化和對象化的人爲安排過程。然而，更重要的是，我們指涉的不是源於訴諸劇烈暴力之武斷、立卽、而且恣意式的強制力量的形成，而是來自溫和、緩慢漸進、習慣化之權力運作的「正當化」過程㉑。因此，正當化乃是意義的二

㉑ Berger 與 Luckmann (1967: 101) 因此以爲制度化的基本意義卽在於「反恐怖」(against terror)。乍看之下，這樣的觀念似乎與事實不完全吻合，因爲在人的社會裏我們也看到武力的施用被制度化的情形，譬如軍隊、警察、與其他情治單位的制度化形式卽是一例。事實告訴我們，武力的施用是人類爭取生存常用的手段，也是社會中不同群體抗爭社會資源的形式，這自然有人性與社會本質條件上的依據。但是，不管如何，其制度化的形式仍然具備正當化的性質，也具有溫和、漸進、習慣化的特徵。譬如，警察與情治制度乃要求在一定法定規定形式下來施用武力，不能恣意使用，否則稱之濫用。當然其規定的範疇與效度端視其他條件而定。但是，這些條件所決定的是制度化的外衍特殊表現，而不是內涵的邏輯性。武力施用的正當化基本上只是表現人性多元面相的一種較具人道的解決方式，這可以說是接受人性醜惡一面的無奈妥協，帶有濃厚的悲劇意味，其本意還是在於「反恐怖」、「反暴力」的。當然，由於制度化未能完全，也往往不可能充分發揮其制約力，武力施用是常被誤用、濫用，而有違背其正當化之原先立意。這種情形只能說是制度化的功能極限所導致，但不能因此完全推翻「反恐怖」、「反暴力」的正當化本質。至於軍事制度，其本質是與警察及其他情治制度不完全相同。大體而言，前者是針對群與群之間的，而後者是針對群內之成員的。因此，一旦動用武力發動戰爭本質上是具有「反制度化」(尤其反正當化)的意思。但是，我們仍然不能忽視軍事制度對自群的意義。換句話說，軍事「制度化」的正當性是表現在對自群(也就是「群內」)的立場上。它是企圖在群內成員間建立一種本質上是「反恐怖」、「反暴力」意涵的武力使用形式，只是對外而言，是具與此一本質完全相反意義而已。這種弔詭必須從人性與群間社會關係之本質來看才能充分瞭解。在此我們不能細論。再者，從歷史軌跡來看，卽使軍事制度表現在群間(更恰確說，往往指的是國與國之間)是反制度化，但是，基於人道，人類也一直努力於使用武力時，給予一定的規範來釐定使用的方式，如日內瓦公約規定戰俘處理方式卽一例。當然，其成效如何確實是一個值得探索的問題。總之，本文此處所提正當化之性質是內涵的，它並不因其他外衍條件使之頓挫、掩蓋而喪失意義，這是我們在此特別要強調的。

度對象化（"second order" objectivation）（Berger and Luckmann 1967: 93）。本質上，它足以用來統整原已分屬殊異之制度過程的意義,使之產生新的意義。其重要的社會「功能」是「整合」（integration）,它整合同時代的人，也整合先後不同時代的人。這可以說是制度化產生統一互攝作用的契機所在。

在此，我們不懷疑正當化是制度化的重要性質，也肯定正當化的經驗實在性和其所具的統一互攝功能。我們要指出、也是特別要強調的是「正當性」另外具有的性質。根據 Berger & Luckmann（1967: 64）的意見，制度的邏輯「不是落實在制度和其外在功能性本身，而是在於反省（reflection）中它們如何被處理的方式上。易言之，反省意識乃附加於制度秩序之邏輯上面。對對象化之社會世界，語言提供邏輯上的基本附加作用。正當化的形構乃建立在語言上，且使用語言為其主要工具。因此制度秩序具有的『邏輯』乃社會既有知識儲庫的一部份，且把它視為理所當然。因為一個社會化良好的個體『知道』他的社會世界是一個一致的整體，他將以其具有之『知識』被限制地來解釋它的功能與不良功能。其結果可以使得任何的社會觀察者，很容易地假定它的制度是產生功能，而且如他們所『以為』地整合起來。」因此，制度的正當化基本上是一種內化（internalized）的社會化過程（Berger 與 Luckmann 1967: 129-183）。

經驗告訴我們，語言是人類互動所以可能的基本媒體。人類必須共享一些經驗、思想、價值和認知內容，溝通才可能進行。這些都是不爭的事實。準此，內化的確對社會秩序之維續是有助長、催化的作用。但是，倘若我們於是乎把制度模式的正當化等同是一種內化的過程，那麼就患了以偏概全的誤謬。其理由是：固然經驗告訴我們內化作用是有導使制度化進行順利的契機，但其作用也只是止乎於具有

「助長」或「催化」的作用。換句話說，從上述之外化、對象化，乃至正當化的基本屬性，我們實在無法演繹出內化是制度化必然的內在邏輯結果。在此，Berger 和 Luckmann 把內化當成是制度化具有的內在特質，是混淆內在演繹特性和外衍的經驗條件。這是值得我們特別加以注意的。

把制度化看成是一種經驗世界中的實際社會過程，它之意義所以重要的，當然不應止於根據其所具有之先驗邏輯推演出的內在必然形式，而是在現實社會中根據經驗法則所可能歸納出來的規範例行化的形式。但是，我們還是得分清楚所談的到底是屬於演繹的內衍屬性，抑或是經驗的外衍條件。內化是正當化所以可能且順利進行的一種形式，但它只是「制度化」的外衍條件。由外化、對象化，而至正當化所可能衍生出來的「制度化」內涵特徵應當是上述 Durkheim 所謂的「強制」的特質。它可以是具內化的，也可以是帶強迫意味的順從要求（compliance）❷❸。無怪乎，Zucker（1977: 726）一再強調，制度化所具不可分割的屬性是「外化」與「制約」性。單就這兩個屬性就足以勾勒「制度化」的基本形貌，至於內化、自我報酬（self-reward）、或其他中介過程的引薦，並不足以幫助我們認識制度化的本質。說得更具體些，單單「制約性」就可以用來衍生、勾勒「正當性」的內涵，並不必要再特別強調「內化」。一旦把「內化」視為「制度化」運作的必然過程，則是畫蛇添足，徒然容易把我們誤引入一向學者批評對結構之討論時所指出的「保守」傾向。如是，「制度化」的有限性與其「陰暗」的一面就剔透不出來。「內化」的概念容

---

❷ 此一見解其實也是絕大多數社會學者對制度化此一性質的共同看法。Parsons（1951a）、 Eisenstadt（1964, 1965）、 Merton（1968a）乃至 Durkheim（1969）等人莫不做此主張。

❸ 這是 Kelman（1958）研究「態度變遷」時所提出的說法。

易引導我們對「制度化」之「正當化」給予過度的正面道德評價，也容易引導我們支持自足均衡之有機體系統的社會觀。這些都會使我們不自主地產生 Gouldner (1970) 所謂的「安於現狀」(status quo)的立場。如此一來，我們就難以看出「制度化」所具之二律背反性了。

五. 制度化的物化現象——外制正當性的邏輯結果 ——現代制度內在矛盾的轉折點

制度化的「正當化」過程是一種化無限為有限，且對這些有限給予明確意義定位，使之能再生與重現的過程。人對無限有憧憬，但也深懷恐懼。尤其是人與人之間的互動倘若是以無限的形式來進行，這對人類來說，會產生心理上的焦慮與恐懼。人類需要預期，一種可掌握的預期。制度化可以說是滿足人類這種預期的人為設計。它把理論上是無限的可能性縮成為有限的範疇，讓人們的行為約定在這範疇內運作。正當化即是對這種有限範疇加以選擇、釐定，並且例行定位化的過程。經過這樣的過程，人類行為變得可預期，乃至可計算，社會秩序於是得以有著相當程度的保證與規則化。

正當化不是隨機而來的，它運用於人羣中，自然也產生於人羣之中。基本上，它是一種宰制(domination)的表現形式，乃是一羣人企圖把一套東西（包含價值、觀念、規範、與行為模式等）加在另一羣人身上，而讓雙方能「不以行動表示異議」的狀況下接受。因此，衍生出去，制度化的結果並不表示社會本身是個有機體，有自己的生命與意志的主體。更恰確的說法應當是：制度化只是表現內存在人羣中具不同宰制權力之羣體間的一種不平等且具主從的結構化力量。在這兒，我們無法去細論宰制者的主導權力來自何處。這個問題 Weber

（1978）早已有所說明，而且也普爲社會學者所熟悉，實無庸在此多加贅言。我們接著要問的是：從這樣具宰制特質的正當化，我們可以衍生出什麼另外的特質呢？

在上一段有關「正當化」之定義的文字中，我們特別強調「不以行動表示異議」是有理由的，在此必須加以說明。我們所以如此地說，只有一個用意，那就是：正當化的結果是使得社羣的成員在行爲上接受一定形式的約束。如此行爲的範疇化和定型化可以是內化的，也可以不是。正當化的社會意涵因此不是「心理的」、「原因動機的」（because-motive）、或「內在的」，而是「社會的」、「結果動機的」（inorder-to-motive）、「行爲的」、和「外顯的」，而且更重要的，它常常是「物化的」（reified）㉔。

根據 Marx（1956）的原意，物化是一種特殊的對象化過程，它乃意指人們把其他人與任何對象當成無生命價值的客體事物來看待㉕。他以爲，在商品拜物主義（commodity fetishism）的引導下，資本社會即具這種特質。在以牟利爲主的市場經濟體系下，人只是一種生產工具，它不是以有生命的精神主體展現自我，而是以商品的姿態呈現。因此，人只有「價格」，而不是有「價值」，在此，我們無意把物化的產生完全歸咎於資本社會的市場經濟。事實上，市場經濟只是促使物化現象加劇的一種特殊歷史動力，物化所以產生有更爲根本，更爲悠遠的社會根源。這個根源就是我們在這兒所討論的把「制度化」當成是「權力」（power）來運作的結果。

制度化的結果會導致物化，可以說是根源於前已提及的特性──

㉔ 此二動機之說法借自 Schutz（1973）。

㉕ Berger 與 Luckmann（1967: 89）顯然受 Marx 的影響。他們指出，物化乃是一種意識的樣相（modality）；或更精確的說，它是對人世界之對象化的一種特殊樣相。

具外在制約性的對象正當化。在此我們不妨姑且稱這個特性叫做「外制正當化」。此一特性可以用來綜結上述有關「制度化」之統一互攝面的基本特徵。這個特徵可以從代表「制度化」的現代理想類型——法律看出來㉖。

　　在此，需要特別提醒的是，法律不是制度化規範的惟一形式，雖然屆至目前為止，它可能是最具規模之制度化歷史形式。易言之，在人類的制度化形式中，法制只是發展過程中的一種特殊歷史形式。在某些地區或某個時代內，制度化的典型形式可以是建立在其他的基礎上，如 Weber (1978) 所謂的「神才」(charismatic) 權威或傳統權威上。又如，毛澤東在世時，其個人意志就一直在制度化過程中扮演至為重要的角色。這在極權國家裏是極為常見的。不過，以現代社會而言，不管政權是多麼的極權，似乎都必須披著「法制」的外衣，至少表面上必須如此的做，這無疑的是民主法治思想所靡及的歷史潮流。因此，我們拿法律當成理想類型來處理，純然是基於如此之歷史意義的考慮。當然，這樣的思考不免是帶有西式的色彩，以西方社會之發展模式為人類歷史發展的必然軌跡。但是，不管我們是愛之抑或惡之，以法制的形式來開展制度化的運作已是極為普遍的歷史潮流。單憑這一點，就值得我們把它當成核心問題來處理了。

　　做為一種規範的運作方式，法律強調的是外顯行為的制約。不論是屬命令規定抑或禁止規定，法律的基本特徵即是羅列被允許（或被定義）或被禁抑的行為，進而說明並加以規範其範疇。基本上，雖然在量刑時，法律並不完全排除「動機」的考慮，但是，無疑的，外顯行為對其他人（或謂「社會」整體）之權益或身心安危的「侵犯」是

㉖　此處之理想類型 (ideal type) 乃指 Weber (1949) 所意指的一種極端化的歷史類型。

判定刑責的必要條件。更重要的是，法律常常以一種客觀指標式的形式來表現，並且加以量化，例如，科以一定的罰金、以某種方式（如拘留、勞役、監禁）來限制個人的身體自由或處決個人生命（如死刑）、或以一定的補償方式（如支付贍養費、賠償、或撫養義務）來彌補另一方的損失。凡此種種在在指明，法律指向的目標是人的外顯行為的順從，其補救或懲罰也是以行為或所有權為考慮的具體目標。因此，行為或法人的財產所有物乃建立規範之成效的主要、乃至是惟一的指標。這可以說是「制度化」最具現代意義的形式。這樣的外制正當化的形式，Lukács（1971: 108）即指出，是「物化」最具體的表現形式。

　　行文至此，讀者不免會指責，我們於此所強調的法律制度化只是一種特殊的歷史形式，它代表的只是建立在以個人權利義務為本之政治倫理與人文精神上的法制觀。這是從西方理性衍生的觀念。這樣的指責是正確，無可否認的。現代的法律觀念事實上是西方理性主義的一種特殊表現形式，並不能代表整個法律制度化的歷史形式，至少法律制度化尚可能訴諸個人或少數權威主控者的武斷意志，於審法時，以個人或少數人之主觀好惡來做為判定的標準。這在傳統中國或現代極權國家都看得到，我們並不完全忽視這個歷史事實。當然，執法時，所謂執法者「理性」（乃指西方以個人為本之人本政治倫理、重法理與法規者）態度會有程度上的差別，而此差別達到一個臨界點時，會轉變成為性質的不同。但是，我們要強調的是：不管法律在形成或執行當中個人意志扮演怎樣的角色，其制度化一直就有重視外顯行為，並且給予客觀標準化的趨勢。在此前題下，毫無疑問的，法制化做為規範要件乃更充分彰顯外制正當化是導使「物化」產生的根源。

　　準此，就如 Berger 與 Luckmann（1967: 90）這麼說過的：「制度

化的基本密訣是給予制度以獨立於人類活動和原義的本體地位。在此
一般題主下，物化有著不同類別。」這個獨立於個人主體意志與意願
的本體地位的最小單元即是「角色」與環繞角色而衍生的概念。如身
份、地位、職位、責任、角色、義務……等等。假若我們仔細地分析
法律上所謂的法人人格時，其所主張的完整、獨立人格指涉的，事實
上也正是由「角色」所編織成的部份，而不是超越「角色」的另外人
格「本體」。於是乎，一旦制度化使人脫離原始的自然狀態，而且愈
來愈是遠離，「外制」的色彩也會因此愈來愈是明顯。這是制度理性
化內涵的必然發展趨勢，就此而言，其所差別的不是質上的迥異，而
是數量或程度上的不同。

在這樣的外制正當化的文化模式形塑下，人必然要求以一種外在
形式來「保護」，也來「表現」自己。自我意識也以在律令規範範疇
內有效地掌握程度來決定，它指向的是對社會資源（尤指金錢、權
力、地位與物質）的「合法」有效掌握程度。我們特別標示「合法」
是個關鍵概念，值得在此特別再加說明的。在此，「合法」性用來指
涉在一定法律形式下的正當地位，乃為優勢羣體所矜持確定，立以為
規範標準的。它是物化的必要社會成份，也因此使人被迫去順從，或
透過內化方式來定義、接納其內容。

六. 制度化的分化對立面—自由意志的開展

從馬克思主義者之傳統的立場來看，物化是一個肯定「外控乃存
在之必然條件形式」而衍生的概念。他們首先假定：凡人都應當有能
力（或權利）充份地控制他所創造出來的東西（包含世界）。一旦一
個人喪失了掌握、控制他的創造的能力和機會，物化現象即產生。這

樣的觀點基本上是肯定俗世現實世界中種種社會資源的神聖意義。說得更具體些，根據這樣的立場來看人，乃意涵人的存在價值必須是落實在俗世中外控社會資源的成就能力上。嚴格地說，這樣的觀點並不是馬克思主義者所專有，它可以說是西方社會思想的基本預設㉗，也因此成為結合社會秩序和自然秩序的基本銜接點。在這樣的預設指導下，制度化就不只是一種實然的展現現象，更是被視為化解人類衝突、處理資源分配、建立社會秩序的「應然」手段，而且甚至是最為有效的「理性」創造形式。然而，弔詭的是，誠如上述的，制度化是一種具宰制性的人為設計。它不但對象化，更會因其所具之外制正當性，逐漸脫離其原創者之主宰而成為具「物化」意涵的獨立自主體。其結果是反動過來主宰了人的命運（Gehlen 1980: 98）。一向結構功能論者，如 Parsons，以為社會結構本身具有「結構強制性」(structural imperative)，其所意指的說穿了主要的即是此一制度化的結構力量。這也是 Durkheim (1969) 所謂「社會事實」指涉的重點。它不是自然區位條件，也不是人的內在心理建構，更非個人意志力，而是外存於個體，且對個體有強制作用的集體性實體。

如此強調制度化的社會形式，基本上是肯定世俗現實世界是人存在意義的最終歸依，也是定位的指涉架構。它決定人的價值，也確定了人的社會內涵。這樣的看法無疑的導使社會學者毫無批判地採取了世俗中芸芸眾生的自然態度做為評判的標準。他們以一個人所可能掌握之社會資源的種類、數量、與品質來定義其「人格」和「成就」。

㉗　雖然 Parsons 等人並沒有從「外控」性來關照制度化，但是，學者如 Parsons (1951a: 39)，Berger & Luckmann (1967)、Eisenstadt (1964) 與 O'Dea (1963) 早已指出制度化有程度的問題，其一個極端是完全順從，另一個極端即偏差或脫序 (anomie)。同時參看　葉啟政 (1987)。

他們更肯定俗世中社會資源之分配狀況是界定社會正義不可化約且是最終的關照對象。一切有關人的存在價值就建立在這上面，也只有從這個範圍內來尋找，才具有實質的意義。

基本上，這樣的社會觀是相當尊重經驗感官的，也因此被認為是「客觀」，可以是價值中立的。但是，這樣的哲學人生，當可能帶來一個認知陷阱，會導使社會學者不自主地接受此一「現狀」當成真實，把現在的實然外衍，以為是未來的應然，乃至是必然。這樣的認知模型未必不具批判能力，但是，很顯然的，其批判並不指向上述之基本預設命題，而是指向在接受此一命題下所衍生出來的次命題或結論。總地來說，西方社會學理論，舉凡馬克思主義、批判理論、結構功能論，乃至依賴理論等等都共有此一預設。他們明顯地或隱涵地都肯定「制度化」形式的實然意義，也保證它所具有的應然和必然的地位。所不同的是對此一「制度化」的詮釋和引伸出來的命題而已。

從以上的討論，我們可以很清楚地看出，制度化的過程是有如編織籃子。當我們把籃子編成，我們當它是世界的全部，制度化就如同限制我們只能從這籃子內選擇東西一般。這樣的有限範疇化界定了我們的生命，也因此濃縮了原本具無限可能之存在意義，使之成為具有限選擇性的世界，這是制度化之物化作用的核心所在。在物化的形式下，制度化所內涵的是「外制」，而不是具「自制」的自我控制形式，其結果使得代表外控方式的典範——法律在歷史過程中脫穎而出，大有削減民俗 (folkways) 與民德 (mores) 的功用，而成為社會規範的惟一（至少最主要的）內容。讓我們順著歷史脈絡的發展，選擇代表占優勢地位之西方近代理性的形式——法律來做為討論的經緯。這樣子做只有一個理由，那是因為這種法律形式是世界各國普遍認同的主流規範制度化形式。

　　誠如 Weber（1978）所指出的，西方近代法律（以下通稱法律）的基本理念是基於以個人權利與義務爲經，以契約同意爲緯所編織成的一種制度化規範形式，這是其理性發展的根本依據。在現代社會，這個基本理念已成爲不可否認的應然（也往往是必然）預設，不容再加置疑的。於是，人們往往不再去探究其所內涵的倫理學基礎；這使得主觀意味濃厚之倫理哲學的本體和認識論的問題，在人的意識中萎縮，取而代之的是，客觀成份居多的技術性問題擡頭。說得更平白些，法制化發揮至極致時，人們注重的是法律條文的細緻性，強調的是種種具客觀意涵的行爲「規定」和處置的客觀標準細則（尤其是條文形式）。於是人們講求的是「規定」之技術性的細部層面，再也不是針對基本倫理內涵與精神從事思辯工作。就行動者本身而言，當法律被安置下來，且愈來愈具體、愈細緻化後，人們關心的只是如何守法，而不至於違法，其守法的動機往往不是源於對法律背後之倫理的內化性膺服，而是惟恐違法所可能帶來個人利益損失與身心安危的威脅。這是制度化推至極致後物化之外制正當性所帶來的心理狀態，它們之間有著一定的邏輯在。其結果使得社會規範的工具性更形發揮，對 Parsons（1966）所謂的對終極價值（ultimate value）不具產生實質認同的必要。這是何以稱之爲「物化」的道理所在。

　　在這兒，我們必須再提醒一件事。當我們宣稱物化是法制化的一種結果，我們並無意論斷「制度化」下的規範是完全忽略人的內在動機，也完全蔑視其內涵的倫理意識。其實，情形正好是相反的。任何的規範都不可能不有道德倫理爲基礎，也不可能完全抹滅個人內在動機的重要。我們在此所企圖指出的只是，「制度化」的內在邏輯具有促使規範之發展形式走向強調外顯行爲之順從，而使內在動機與倫理意識隱而不彰的趨勢。這樣的外制化（尤其正當化後），不但導使人

的意志集中於講求手段和過程的充分掌握，而把終極倫理的問題置之不顧。卽使認眞思考終極倫理基礎時，也往往走向外化的路子上去。這個情形表現在西方人論現代法制之倫理基礎——「自由」時，就極爲清楚了。

在西方，「自由」此一概念一直就具有濃厚的「外化」的意思。Berlin (1986) 論「自由」的見解就是一個最好的例子 ❷。這是底下要討論的重點。由此，我們更要指出，外在自由的肯定與開發更使「反制度化」(deinstitutionalization) 的現象被制度化，轉而成爲制度化內涵的特質。此一特質使制度化的分化對立性被確立。此一分化對立性是豐富、活潑了文明的內容，但也爲人類帶來難以化解的內在矛盾困境。

我們在上文中曾指出，一向結構功能論者以爲，社會結構本身具有產生獨立自主的「結構強制性」；其所指謂的最主要地卽是制度化之外制正當性衍生的結構性質，亦卽，制度化的外制性要求以一定的外顯形式來表現其內在意圖。這樣的外顯形式基本上必須在時間上具有延續性，在空間上則具有普及性；換句話說，制度化本身具有侵略性格，它要求其所釐訂的規則形式(當然也包涵精神內涵)的效果在所指涉的時空中盡可能無限延伸，且具普遍的效準意義。在此原則支配下，本由人（往往是一些少數居優勢地位的人）所創制的制度形式因此可以獨立於人的控制，成爲一種外存自主的制約力量。在此，當我們說獨立於人的控制的意思，並不是人完全地由制度的舞臺上退出，而由一個看不見的「制度」巨靈來扮演。事實上，制度再怎樣地外制

---

❷　參看 Riley (1982)《論西方政治思想》，卽可看出此一假定是西方政治思想中之「自由」概念的基礎，也是民主政治得以立基之所在。Berlin (1986) 之論自由也隱涵此一假定。

化,其運作的主體還是「人」。所謂「獨立於人的控制」意思是，制度
的精神內涵、規範形式、與行為指標一旦被確立且正當化，它有自主
化的傾向。此時，它已不是一個個單獨之人的意志可以任意左右了。
要改變的話，往往必要經過相當繁複、曠時廢日的、或訴諸相當激烈
暴力的集體行為過程，才可能達致的。要不，除非制度是由獨夫式的
專制者所制定，他可以憑個己之好惡與意志來改變，否則的話，改變
制度就非個己一時一刻所能立即決定的。

　　制度化有其傳統基礎，自身也建立傳統。這一切都是人為的。因
此，對一個社羣而言，制度化必然展現權力位階，在人羣中產生優劣
勢的區分。其理由至明，因為，既然制度化是一種外制化，其指向基
本上是社會資源的分配問題，亦即有關資源如何在人羣中建立起可被
接受的例行化之分配法則，很顯然的，任何制度化的形式都可能蘊涵
著一套特定的分配理論以來呼應既得權益者的需要。這些是占優勢者
所以占優勢的根據，他們也因此順從這些理論與規定形式以確保其優
勢，同時更因為已居優勢，為了自利，也為了意識形態而捍衛這些形
式。這樣潛在的人為心理因素與權力利益的社會基礎，使得優勢者有
挾制正當性，推動制度化朝向形式或自主化的趨勢。正當化的過程使
得制度形成，使之具有獨立於個人的自主化地位。在制度化的體制內
約束下，支配優勢者自然不鼓勵，甚至壓抑其他人（甚至包含他們自
己）對體制從事革命性的變動。這些人成為制度的化身，他們的意志
主宰制度，也為制度所吸納；他們的存在意義靠制度化的內容來彰
顯，利益更是仰賴制度來保障、確立、和維繫。他們要求自己，更要
求別人（尤其是居支配劣勢者）把意志表現於貫徹體制內所界定之文
化內容，並且遵循其界定之規範形式來行事。透過如此雙重的意志運
作，制度的權威地位得以保證，並且產生效力，人的社會位階關係也

因此得以確立，所謂「結構強制性」由是產生。

　　於是乎，　制度化並沒有完全扼殺個人的意志，　而是以外制方式規範了個人意志，　並且以外化形式例行化了個人意志，　使人成為如 Gehlen（1980）所說的「機能者」（functionary）。他的意志運作被侷限在體制內之角色所規範的行為表現上，其自由也如此被外化地界定在這個範疇之中。如 Tönnies（1940）所說的，這種意志是集體的，可以是自然衍生的，也可以是透過理性建構的。因此，在制度的形塑下，　集體的意志是有被理性化的趨勢，　但也可能會對象化，　乃至物化。這意思是說，個人意志必然以社會所允許的一定形式來表現，它所展示的不是純粹個人的，而是具有集體意義的行為指向。只是在社會允許的範圍內，個人尚留有機會做不同的組合和選取而已。

　　Berlin（1986: 38）指出：「自由就是能夠不受阻礙地遂行個人的願望。這是『自由』一詞普通的意涵，或許是其最普通的意涵，但卻不能代表我的立場。」以 Berlin 的意思，如果自由只是不讓別人阻止當事人遂行意願的話，那麼，「滅絕欲望也將可以算是達成這種自由的一個途徑。」（p. 39）但是 Berlin 接着說：「我所說的自由，不僅意謂『免於挫折』（absence of frustration）的意思，因為滅絕欲望即可以做到這一點，　而且還會有『可能的選擇與活動，　不被阻礙』的意涵，亦即個人在他所選擇行走的路途上，不被阻礙。……我的社會自由和政治自由的程度，不僅取決於我的實際選擇不受阻礙的程度，而且也取決於我的『可能選擇』，取決於如果我選擇如此做的話，我在從事這一行為時，不受阻礙的程度。」（p. 40-41）

　　從上述 Berlin 對自由之涵意的刻繪，雖然我們還未必能夠具體地掌握其可能具有的整體意義（如 Berlin 所謂的「積極」與「消極」自由之分），但是至少有一個意思是明顯，那就是：「自由」指

涉的是一個人的「行動的機會」，亦即一個人可能充分掌握的外控機
會。無怪乎，Berlin (1986: 39) 不以為靠抑慾克己而獲得的精神自由
是他所欲界定的自由。很明顯的，以外控行動機會之有無來界定自由
乃意味著，無限地突破藩籬和解放束縛是人的一種特性，也是權利，
更是應當努力的美德。這種驅力構不構成為一個社會的文化因素是個
歷史問題，但是卻是有著人性上的結構基礎。此一基礎雖未必顯彰，
但卻至少是潛存的。O'Dea (1963) 與 Eisenstadt (1964, 1965) 因此
即以為，任何制度內含有反制度的成份，這是社會變遷的動力。這種
意涵追求解放之自由的反制度成份，不只是一種存在於體制外的文化
模式，而且可能成為體制內之文化內容，即 Parsons (1951a) 所謂之
「制度化的文化模式」(institutionalized cultural model)。在人類
歷史中，具有這種反制度性的制度化文化模式成份最明顯的莫過於是
個人主義的民主制度。在這一制度中，制度界範人的行為，但也企
圖保障成員的自由。理論上來看，為了充分彰顯個人主義所主張之自
由與平等精神，制度化有著一種倫理要求——它企圖以最少干預的精
神法則來限制個人，以保證讓個人得以有最大的自由空間。這種倫理
要求一旦成為實然的社會動力，制度的分化對立面也就充分地表現出
來了。

　　在上述肯定自由乃必然是由個人之自主外控行動機會來保證的條
件下，要求解放（甚至是無限解放）的心理驅力與物化之制度化特性
有著本質上的矛盾。這個矛盾當然會因物化程度不夠明顯、制度化之
壓縮力不夠強烈、或個人外控之自由意識不夠明確而被掩遮住，使得
它隱而不彰，也表現不出張力來。但它的存在有如一顆埋在地中的地
雷，只要一踏到，就會爆炸。當然，在大部分的時候，由於制度化始
終是一股既存的力量，它具有相當的黏固性，並不是那麼容易被瓦解

而使此一矛盾性充分顯示出來。這種情形在以個人為主之民主制度中尤其地明顯。在此種制度中，誠如上述的，任何制度化的努力和安排都或多或少預埋有「彰顯個人最大之外控自由」的倫理要求。這一倫理要求使得制度化帶來之外制必然性不得不做相當的調整。

當然，基本上，外控自由與制度之外制必然性是對立的。但是，這個對立性不必然外顯出來，可能因一些條件而隱藏住。這些條件主要的有下列四點：第一、以個人的認識能力而言，制度所規範的文化內容往往已足夠讓人們感覺到有充分的自由空間。況且，長期來的社會化作用，更早已使人們的動機被制約在制度所能提供的價值範疇內，也在既有的社會位階流動中得到滿足。第二、制度化的世界雖然覆蓋及整個的日常生活世界，但是制度之外制力所及的只是如 Berger 與 Luckmann（1967）所說的象徵範疇（symbolic universe）。它對行為所施的力道只及於原則性的層面。因此，雖然制度化的力量幾遍及生活之各個層面，但卻留有相當多的空間讓人們可以自由運用（如人們可以選擇不同的食物食用；聽個自喜好的音樂；到自己喜歡的地方旅行；看自己喜愛的書籍等等）。這些可以自由選擇的空間往往緩和了制度帶來的外制壓力。第三、制度化產生分化的作用，它的外制形式與程度隨著不同的生活領域而不同。譬如在家庭，制度外制力的作用就不同於學校。這種情形也施用於不同區位空間、性別、種族、社會階層等等面相。這樣的分化使人們感覺到有變化，也因此軟化了制度化的外制力，甚至使此外制力因習慣而沉入潛意識。其結果是使人感覺到自由意志的運作有所可能，也足以確保「自由意志」的主觀性存在。第四、由於人際之間對社會資源的分配普遍具有不同之宰制的位階的情形。這樣的位階的存在，尤其有向上流動之機會，更使人們感覺到自由意志的運作有被保證與實踐的可能。這樣的保證使人們以

爲有自主的宰制能力，也因此肯定了自我存在的價值。尤其，制度的存在乃卽等於舖設了社會資源分配的遊戲規則，也確立了行爲規範。這些規則界範了個人意志運作的方向，在這有限的「自由」選擇下，人們有著有效之預期的契機，而此一預期能力已足使人們肯定意志早已是可以自由運用了。

總之，從現實表面的情形來看，制度化所帶來之物化外制性並沒有完全扼殺個人自由意志的運用，也沒有因此普遍地使人們的自我感到窒息，更沒有使外控自由與制度間的矛盾和緊張必然明顯化。相反地，制度化引導了人的意志的走向，並使之納入一特定的管道，而只是人們常常並不自知而已。在這無形但有限的範疇內，人其實是十分的渺小，也十分的淺薄。他自以爲可以自由地讓自己的意志充分地發揮，其實，他只是內化了制度化的價值，以爲在既定的地位和權力位階上往上滑動，讓自己的外控能力提高，就足以做爲保證意志自由發展的證明。這樣的外控自由觀，追根究柢來說，可以說是肯定制度化之必然性，進而確立其對社會秩序之倫理基礎性而衍生出來的。

七. 一個留下來的問題——代結語

毫無疑問的，當人們把制度化做爲反映社會實在不可化約的主要機制，同時，又相信個人自由必要靠外控行動機會來確立時，如何建立一個合理的制度來規範人們的關係（尤指社會資源的分配）自然就被視爲是不二的法門了。但是，這難道是唯一必然的途徑，而沒有結構上的極限嗎？倘若這有著結構性的極限，其有效性是條件的、有限的，那麼，另外的條件是什麼？限制何在？又，此一條件與制度化之間的關係爲何、如何互相搭配等等問題，自然就值得我們認眞去探討

了。印度哲學詩人泰戈爾有一句話或許可用來做爲參考，當成是思考此一問題的分離點。他說：「眞正的自由唯有透過滅己斷慾的內在努力才能達成。一切形式的枷鎖，其魔障蟄居於內在自我，而不在外在世界；它籠罩了我們的意識，窄化了我們的透視力，歪曲了我們對事物的估價。」（泰戈爾，1981：158）用這一句話來反照 Berlin 對自由的看法，也用來對照上述用制度化的方式來保證、彰顯自由的觀點，我們可以看出，內在心靈的淨化是尋找自由的另一個途徑，雖然這一條途徑基本上是爲西方學者（如 Berlin）所置疑，甚至加以否定的。

所有的人都存在於一個有限的社會空間和歷史時間內，擺在眼前的現實是人都受著一定的社會形式所制約。倘若突破現狀，爭取更多的自由與解放是人類追求的普遍目標，那麼，此一有限的社會範疇所可能提供的「自由」空間，就必然會產生內在的自我否定辯證。在屬於同一性質之量變的時空內，人是因爲爭取量變，締造條件以增大更多的「自由」空間（例如立法以確保民主的制度與保障個人的身心自由），也會因此一自由空間加大、被保護而相對地感到滿足。但是，任何外化之制度化的量變都有定義上的最大範疇。在此定義範疇之下，人的自由度會有一個最大的臨界點。一旦達到了這個臨界點，人的滿足感會再度被破壞，也因此可能被否定掉，而自由也隨之再度面臨主觀上的挫敗和威脅。屆時，這個原具有保障自由空間的制度，就可能反過來被視爲是一個限制，甚至是一個大的障礙。人又會要求「質變」的突破。創造另一種制度自然是開展自由的另一「質變」的要件。如此一來一往，長遠地來看，將是一種螺旋推進式的循環。不管怎樣的推進，無疑地，人類始終是處在一種具外在限制的情境中來開展「無限」。其展現的努力永遠只是一種期盼、一種可能、和一種理想。然而，人永遠還是不滿足，有著了佛家所謂源於十二因緣的

無限苦惱。因此，利用制度化的方式來改善條件，並沒有去除人類的慾望，它只是提供更為寬廣的可能空間來容納更多、更難以滿足的慾念。這樣的外化式的開展努力，本質上並沒有直接面對人類慾念之特質的問題來謀求化解之道。它有的是更肯定慾念的正當性，因為制度化的基本前題必然要如此，否則制度化就不具任何化解問題的意義了。這是一個很根本的問題，而且不只是哲學的問題，更是一個具有現實社會學意義的策略問題，值得進一步加以探索的。（參看 Bell 1979）

（原文刊於《中國社會學刊》，第十二期，頁1-31，1988年。）曾獲行政院國家科學發展委員會民國76學年度的著作獎助。同時，承蒙二位匿名審查人提出許多寶貴的意見，在此一併致謝。

參 考 文 獻

柏　林（Berlin, I.）

　　1986　《自由四論》。（陳曉林譯）。臺北：聯經。

歐威爾（Orwell, G.）

　　1979　《一九八四》。（邱素慧譯）。臺北：桂冠。

泰戈爾

　　1981　《泰戈爾論文集》。（蔡仲章譯）。臺北：志文。

葉啟政

　　1984　<結構、意識與權力——對「社會結構」概念的檢討>。見氏著《社會、文化和知識分子》。臺北：東大，頁1-56。

　　1986　<「功能」的概念——社會的事實抑或詮釋的幽魂>，《中國社會學刊》，第十期，頁17-60。

1987 ＜對於社會學一些預設的反省——本土化的根本問題＞，《中國社會學刊》，第十一期，頁1-21。

蘇峰山

1986 《涂爾幹的兩元思想》。臺灣大學社會學研究所碩士論文。

Alexander, J.

1982-84 *Theoretical Logic in Sociology.* Four volumes. London: Routledge and Kegan Paul.

Bauman, Z.

1973 *Culture as Praxis.* London: Routledge and Kegan Paul.

Bell, I.P.

1979 "Buddhist sociology: Some thoughts on the convergence of sociology and the eastern paths of liberation," in Scott G. McNall(ed.) *Theoretical Perspectives in Sociology.* New York: St. Martin's Press, 53-68.

Berger, P.

1967 *The Sacred Canopy.* Garden City, New York: Doubleday.

Berger, P. & T. Luckmann

1967 *The Social Construction of Reality.* Garden City, New York: Doubleday.

Blau, P.M.

1964 *Exchange and Power in Social Life.* New York: John Wiley.

1975 *Approaches to the Study of Social Structure.* New York: Free Press.

Coleman, J.

1966 "Foundations for a theory of collective decisions," *American Journal of Sociology*, 71:615-627.

Durkheim, E.

1951 *Suicide.* New York: Free Press.
[1897]

1960 "The dualism of human nature and its social conditions," in Kurt. H. Wolff(ed.) *Essays on Sociology and Philosophy by Emile Durkheim et. al.* The Ohio State University Press, 325-340.

1969 *The Division of Labour in Society.* New York: Free Press.
[1893]

Eisenstadt, S.N.

1964 "Institutionalization and change," *American Sociological Review,* 29: 235-247.

1965 "A study of process of institutionalization, institutional change, and comparative institutions," in *Essays Comparative Institutions.* New York: John Wiley, 3-68.

Eisenstadt, S.N., with M. Curelaru

1976 *The Form of Sociology: Paradigms and Crisis,* New York: John Wiley.

Gehlen, A.

1980 *Man in the Age of Technology.* (translated by P. Lipscomb) New York: Columbia University Press.

Giddens, A.

1976 "Classical social theory and modern sociology," *American Journal of Sociology,* 81: 703-729.

1978 *Emile Durkheim.* New York: Penguin.

1979 *Central Problems in Social Theory.* Berkeley, Calif.: University of California Press.

1984 *Nation States and Violence*. Cambridge: Polity Press.

1985 *The Constitution of Society*. Cambridge: Polity Press.

Goffman, I.

1959 *Presentation of Self in Everyday Life*. Garden City, New York: Anchor.

1961 *Asylums*. Garden City, New York: Anchor.

Gouldner, A.

1970 *The Coming Crisis of Western Sociology*. New York: Aron Books.

Hawthorn, G.

1976 *Enlightenment and Despair*. Cambridge: Cambridge University Press.

Hearn, F.

1985 *Reason and Freedom is Sociological Thought*. Boston, Mass.: Allen & Unwin.

Homans, G.C.

1961 *Social Behavior: Its Elementary Forms*. New York: Harcourt, Brace, and World.

Kelman, H.C.

1958 "Compliance, identification, and internalization: three process of attitude change," *Journal of Conflict Resolution*, 2: 51-60.

Linton, R.

1936 *The Study of Man*. New York: Appleton-Century.

Lockwood, D.

1964 "Social integration and system integration," in G.K. Zollschan & W. Hirsch(eds.) *Explorations in Social Change*. New York: Hougton Mifflin.

Lukács, G.

1971 *History and Class Consciousness*. Cambridge, Mass.: MIT Press.

Lúkes, S.

1972 *Emile Durkheim: His Life and Work*. London: Penguin.

Mannheim, K

1982 *The Structure of Thinking*. London: Routledge and Kegan Paul.

Marx, K.

1959 *Economic and Philosophic Manuscripts of 1844.* (Trans. by M. Milligan) Moscow.

Marx, K. & F. Engels

1942 *The German Ideology*. (Trans. by R. Pascal) London.

Mead, G.H.

1934 *Mind, Self, and Society*. The University of Chicago Press.

Merton, R.

1968a "Manifest and latent functions," in *Social Theory and Social Structure*. New York: Free Press, 73-138.

1968b "Social Structure and anomie," in *Social theory and Social Structure*. New York: Free Press, 185-213.

Meyer, J.W. & B. Rowan

1977 "Institutionalized organizations: formal structure as myth and ceremony," *American Journal of Sociology*, 83: 340-363.

Mills. C.W.

1959 *Sociological Imagination*. New York: Oxford University Press.

Mouzelis, N.

1974 "Social and system integration: some reflections on a fundamental distinction," *British Journal of Sociology*, 25: 395-409.

Nietzsche, F.

　　1968　*The will to Power.* (ed. by W. Kaufmann, trans by W. Kaufmann & R.J. Hollingdale)New York: Vintage Books.

O'Dea, T.F.

　　1963 "Sociological dilemmas: five paradoxes of institutionalization," in E.A. Tiryakian (ed.) *Sociological Theory, Values and Sociocultural Change: Essays in Honor of Pitirim A. Sorokin.* New York: Free Press, 71-89.

Parsons, T.

　　1937　*The Structure of Social Action.* New York: Free Press.

　　1951a *The Social System.* New York: Free Press.

　　1951b *Toward a General Theory of Action.* New York: Harper & Row.

　　1966 *Societies: Evolutionary and Comparative Perspectives.* Englewood Cliffs, N.J.: Prentice-Hall.

　　1970 "Some Problems of general theory in sociology," in R. Mckinney & E. Tiryakian (ed.) *Theoretical Sociology.* Englewood Cliffs, New Jersey: Prentice-Hall.

　　1975 "Social Structure and the symbolic media of interchange," in P.M. Blau (ed.) *Approaches to the Study of Social Structure.* New York: Free Press, 94-120.

Poggi, G.

　　1971 "The place of religion in Durkheim's theory of institutions," *Archives of European Sociology*, 12: 229-260.

Rex, J.

　　1961 *Key Problems of Sociological Theory.* London: Routledge and Kegan Paul.

Riley, P.

　　1982　*Will and Political Legitimacy*. Harward University Press.

Schutz, A.

　　1973　*Collected Paper I*. The Hague: Martinus Nijhnff.

Seidman, S.

　　1983　*Liberalism and the Origin of European Social Theory*.
　　　　　Berkeley, California: The University of California Press.

Sjoberg. C. & T. R. Vaughan

　　1971　"The sociology of ethics and the ethics of sociologists," in
　　　　　E. A. Tiryakian (ed.) *The Phenomenon of Sociology*. New
　　　　　York: Appleton-Century-Crofts, 259-276.

Tiryakian, E. A.

　　1962　*Sociologism and Existentialism: Two Perspectives on the
　　　　　Individual and Society*. Englewood Cliffs, New Jersey:
　　　　　Prentice-Hall.

Tönnies, F.

　　1940　*Fundamental Concepts of Sociology-Gemeinschaft and Gesells-
　　　　　chaft*. (Trans. by C. P. Loomis) New York: American Book.

Weber, M.

　　1949　*Methodology for Social Sciences*. (Trans. & ed. by E. Shils and
　　　　　H. Finch) New York: Free Press.

　　1978　*Economy and Society*. University of California Press.

Wrong, D.

　　1961　"The oversocialized conception of man in modern sociology,"
　　　　　American Sociological Review, 26: 183-193.

Zietlin, I.

　　1968　*Ideology and the Development of Sociological Theory*. Englewood Cliffs, N. J.: Prentice-Hall.

Zucker, L. G.

1977 "The role of institutionalization in cultural persistence,"
American Sociological Review 42: 726-743.

文化優勢的擴散與「中心─邊陲」的對偶關係

一. 前　　言

　　十九世紀以來，以西歐和美國爲主的工業先進國家，挾持雷霆萬鈞的武力爲後盾，初以通商和傳敎爲名，入侵亞非地區。經過一百多年，雖然亞非民族紛紛獨立，政治上有相當的自主權，但是，歐美影響所及根深蒂固，深及社會的深層，舉凡經濟、政治、法律等制度，乃至日常生活的思惟、認知、態度、行爲模式，均染濡上了歐美的色彩，社會的結構因而起了巨幅的變動。Polanyi（1957）稱十九世紀的歐洲爲「大轉型」（The great transformation），實不爲過。

　　單以中國爲例，自從鴉片戰爭，尤其中日甲午之戰以後，外來帝國主義者逼迫日益加劇，知識份子普遍感到亡國的威脅，憂心忡忡，有識之士力謀中國自存自救之道。一時意見紛紛，莫衷一是。大體上來說，在這一百多年中，知識份子探「中西調和」論來爲中國謀出路的佔多數。其中最顯著的乃以爲中國必須效法西方的只是在「器用」層面的科技，而在其他方面，中國尚有優於西方之處。因此，學習西方應以先固中學爲本。光緒年間兩湖總督張之洞的論調可以說是最爲典型的代表。他說：

……海內志士，發憤扼腕。於是圖救時者言新學，慮善道者守舊學，莫衷於一。舊者因噎而食廢，新者歧多而羊亡；舊者不知通，新者不知本。不知通，則無應故制變之術；不知本，則非薄名教之心。夫如是，則舊者愈病新，新者愈舊厭，交相為瘉，而恢詭傾危，亂名改作之流，遂雜出其說以蕩眾心。學者搖搖，中無所主，邪說暴行，橫流天下。敵既至，無與戰；亂未至，無與安。吾恐中國之禍，不在四海之外，而在九州之內矣。（張之洞，1898 i-ii）

因此：

今欲強中國，存中學，則不得不講西學，然不先以中學固其根砥，端其識趣，則強者為亂首，弱者為人奴，其禍更烈於不通西學者矣！……今日學者必先通經，以明我中國先聖先師立教之旨。考史，以識我中國歷代之治亂，九州之風土。涉獵子集，以通我中國之學術文章。然後擇西學之可以補吾闕者用之。西政之可以起吾疾者取之，斯有其益而無其害。如養生者，先有穀氣，而後可飫庶羞；療病者，先審臟府，而後可施藥石。而學必先由中學，亦猶是矣。（張之洞，1898：內篇，循序第七，25）

梁啟超在其著《清代學術概論》中即提到：「甲午喪師，舉國震動，年少氣盛之士，疾首扼腕言維新變法，而疆吏若李鴻章、張之洞輩，亦稍稍和之。而其流行語，則有所謂『中學為體、西學為用』者，張之洞最樂道之，而舉國以為至言。」（1934：160）從此，張之洞「中學為內學，西學為外學；中學治身心，西學應世事」的「中體西用」

意識，遂成為主導中國社會的思想脈絡。這種認識模式不但廣見於晚清學者之論著中（王爾敏，1969: 51-100），而且延續至今，像幽靈般地出現在中國人的土地上，一直成為中國人求變時的基本指導綱領❶。

　　雖說「中體西用」說一直是這一百多年來中國社會變遷的主導意識，但是社會裏也不乏有激烈的主張。五四時代主張徹底全面批判儒家思想，以為唯有全盤西化，才足以救中國者，如胡適、陳獨秀、錢玄同之流即是。陳獨秀（1962: 7）即曾有這麼的說法：「無論政治學術道德文章，西洋的法子和中國的法子，絕對是兩樣，斷斷不可調和和牽就的。……因為新舊兩種法子，好像水火冰炭，斷然不相容，要想兩樣並行，必至弄得非牛非馬，一樣不成。」陳獨秀這樣肯定的論斷命題，過份充滿浪漫主義的色彩，不是討論文化問題可取的態度。相同的，不分皂白地只基於民族自尊和對文化傳統的情感，於百般無奈之中，力主「中體西用」，也是一廂情願的想法，相當不實在的。兩種的主張都患了 Pareto（1935: 卷三，§§ 1420-1422）之「派生」（derivation）論中訴諸論斷（assertion）的弊端，都是不合理的論證方式（葉啓政，1984: 246-258）。因此，襲用這樣訴諸論斷方式的任何主張，諸如 1935 年十教授刊於《文化建設月刊》上之〈中國本位的文化建設宣言〉以及之後一連串有關中西文化之論戰文章（帕米爾書店編輯部，1980a, b），對尋找中國文化之出路的事業都很難產生明顯的實際貢獻。

　　從歷史的軌跡來看，全盤西化的主張得不到歷史的證據，更是缺乏社會學之學理基礎的支持。中國文化傳統的靱帶是很強，一直還是

---

❶　譬如三〇年代的中西文化論戰即是一個明例。讀者有興趣可參看帕米爾書店編《文化建設與西化問題討論集》與《中國本位文化討論集》(1980)。近人如唐君毅（1974）為代表的所謂「新儒學派」者，亦有如是的傾向。

剪不斷的，「中體西用」論會成爲主流，就是一個明例。事實上，任何的社會都不可能沒有傳統，也都不可能用人爲力量在一個短時間內把傳統的根挖除掉。然而，從同治年間之自強運動、康梁變法、立憲運動、孫中山的革命、五四運動，以至今天臺灣的現代化等一系列歷史事跡，我們又不免感覺到「中體西用」的論調基礎也一樣的薄弱，至少立論十分地曖昧晦暗，似是而非，模糊之處甚多。個人以爲，這是因爲對中西文化討論與理解的立足點沒有充分掌握的緣故。一向學者偏重從哲學或思想史的角度，就東西文化傳統的精神內涵來討論、比較（如梁漱溟，1977；唐君毅，1974）。如此的討論當然有一定的價值，但是，忽視文化的社會本質（尤指西方工業文明的社會本質）和不同文化體間之社會結構因素，任何如此的討論和主張都將是曲高和寡，不免因而流於清談，無法充分地落實。

早在1940年代哲學家張東蓀有一段話隱約已道破了中國知識上的這種困境。他說：「談到中國接受西方文化一層，一般人不免有些誤會，以爲這是一個要與不要的問題。其實西方文化之入於中國來正好像從在高地水向低地流一樣。中國既是低地則他處如是較高，則水自然會向中國流來，決無從抗阻。並且不是文化傳來，乃是外人的勢力進來，文化是他們的附帶品。所以我們不能討論要不要西方文化，而只能研究西方文化之必然傳入以後，我們如何應付之。」（張東蓀，1974: 182）他又說：「一個文化因爲有其傳統，自不能憑空斬斷舊有的而移植外來的。但既同處於一個地球上便卻必須有文化之流佈。」（1974: 192）

張東蓀這段話道出三個重要的問題來，這三個問題正是本文所期冀從社會學的立場來處理的。第一、整個世界已成爲一個一體互扣的體系，當代美國社會學者 Wallerstein（1974; 1979; 1980）稱之「世

界體系」(the world system)。在這體系中，產生了「中心」和「邊陲」的對偶關係。第二、在這體系中，中心對邊陲具有相當程度的影響，其影響往往始於某一個層面的文化基素，而後逐漸擴散推及到其他層面的文化基素，終至於遍及整個文化的展現。這就是張東蓀之隱喻「高地水向低地流」指涉之所在。歐美是中心，是高地；中國是邊陲，是低地。這「水」是什麼？張東蓀並未明指。再者，其所謂之「勢力」概念也相當含糊，值得釐清，這正是本文要討論的重點。在此，我們更進一步追問，何以中心原可能只是在某一文化基素上優於邊陲，但此一優勢卻會像水一般向下流，若不加疏導，會擴散流出去而遍及其他文化基素，以至產生文化優勢全面倒的不可抗拒局面？第三、何以卽使邊陲社會努力疏導（如中國之「中體西用」的努力），卻往往疏導不成，而使得西方中心文化之優勢泛濫四散？旣如是，在外來優勢文化威脅下，邊陲社會之文化傳統如何維續、蛻變？要維持文化傳統或締造新文化，則又必須有何社會條件來搭配？

　　總的來說，這三個問題是相互扣聯，溯源追本的，它歸結於一個最基本的問題：在世界體系中，中心和邊陲之間的關係特質是什麼？它表現在文化上的社會學意義爲何？嚴格來說，相對於哲學或思想史式的討論，這些「形而下」的社會學解析是比較中西文化，尤其討論「中體西用」之可行性，所不可或缺的知識，也是不能不認眞加以觀照的節骨眼。

二 ．「統制關係」的存在─「中心─邊陲」關係的源頭

　　到底「中心─邊陲」的對偶關係是種怎樣的關係？這是根本的問題，不得不解答的。簡單來說，「中心─邊陲」對偶的形成乃是

「統制」 (domination) 關係所衍生的必然結果態勢。 Simmel 早在
1950 年即曾明白指出人類互動行爲中一個重要的現象。 他以爲: 在
任何社會互動的情境裏， 人與人之間都可能因每個人所具社會和個人
屬性不同， 導致掌握了不同性質與數量的社會資源， 終於產生優勢
(superordination) 與劣勢 (subordination) 的不同處境。佔優勢者即
掌握有較優越之社會資源條件，因而具有影響、乃至控制居劣勢一方
的潛勢。這種具優劣勢之分的社會關係， Simmel 稱之爲「統制」。
Horkheimer 和 Adorno (1972) 更進一步以「統制」爲一切社會關
係的常模。 他們批判 Durkheim（1933）所主張之聯帶論（theory
of solidarity)，以爲社羣關係本質上並不是建立在人與人之間具共識
(consensus）的聯帶中，而是疊砌於統制的基礎上。假若人與人之間
有共識的聯帶，這也純然是由統制所衍生的必然現象。他們說：「整
個（討論社會的） ❷ 概念的邏輯秩序、依賴、聯繫、進展、和組體
(union) 乃落實於社會實在的對應條件——分工之上。但是，當然，
思惟範疇的這種社會特徵並非如 Durkheim 所確認的， 是社會聯帶
的表現， 而是在於社會與統制所具莫測高深之組合的事實上， 統制
導使本身建立起之社會整體更多的一致性和力量。」(Horkheimer &
Adorno, 1972: 21)

　　在此引述 Simmel 和 Horkheimer-Adorno 的話，其用意不在於
加入所謂「衝突論」的理論陣營，對「共識論」大加誅伐。人類社會
關係的特質是爲統制抑或共識，一直是社會學理論中爭論不已的兩極
論點。其中所牽涉的問題，尤其是有關社會存有論和知識論，實非三
言兩語可以梳理得清楚的。況且，這個問題原非本文關心的主題，因
此也就不再在這兒多加說明了。我們所以引述 Simmel 等人的論點其

❷　括號內的話乃筆者自加的。

實只有一個意思，那就是指出「統制」現象的特徵，並且肯定它的確是在人的社會裏存在著。這個前提應當是可以成立的，也唯有接受這個前提，我們才可能進一步接受「中心—邊陲」之對偶關係的存在。如此繼續討論下去，才可能在理路上有所依循。

很明顯的，假若人與人、社羣與社羣、地區與地區、或社會與社會之間僅具有優勢和劣勢的「潛在」對偶關係，但雙方卻沒有產生互動的可能條件，「統制」無疑的是沒有意義，而且也不可能實際存在的。統制的優劣勢要明顯地表現出來，必得雙方有產生互動的事實為前提。因此，統制必得是一種互動的形式。Simmel 說道：「一般而言，沒有人會期冀他本身的影響完全決定了其他人，他往往只是希望所施加的影響、對別人所做的決定，能夠回饋到他的身上來。因此，即使是一個抽象未來式的統制，都是一種互動的個例。」(1950:181)

從 Simmel 這段話，我們可以衍伸出三個現象，這可以說是統制關係所常顯現的。第一、統制是一種回饋式的互動，優劣雙方的同時存在是互聯互扣的。沒有優勢者，則無劣勢者可言，反之亦然。兩者是互為定義，也相互涵蘊的。同時，沒有任何居優勢的一方可以在任何場合一直占優勢。所謂優劣勢之分往往偏限於某些屬性上（譬如甲比乙有權力、有錢、有學問）。所以，優劣之分取決於在某個時空下之某社會中具普遍意義的有限屬性上，Giddens (1979:191-192; 1984:28-34) 稱之為「資源」(resource)。因此，優劣之分是具有限性的。第二、旣然雙方之優劣勢的關係受時空場合所制，而且決定之屬性也是有限，統制關係本質上是不完整，隨著條件的轉移（或說得更明白些，隨著社會資源的掌握），可能產生變化的。第三、對優勢者(甚至劣勢者)，統制往往被解釋成為合理，乃至具「正當性」(legitimacy) 的關係。優勢者所期冀的往往不是「統制」本身，而是透過統制的方

式獲取某些有利、乃至認爲合理、正當的回饋。所以，不管雙方的交換是否合理、公平，統制關係本質上是一種表現社會資源的交換與較量關係的過程。

現實地來考察，由於雙方之優劣勢乃取決於對社會資源的掌握能力與程度之上，統制的互動關係常是「不平等」，事實上也正因如此，所以才稱之「統制」，否則將稱之爲「交換」、「共識互動」等類似稱呼了。它展現在人際或社羣之間是如此；表現在地區與地區，社會與社會、國與國之間更是如此❸。當然，「不平等」牽涉到價值的主觀認定，原難在人們之間取得一致的意見。在此，當我們說「統制關係基本上是不平等」，我們主要是站在社會學者的主觀認知立場來判定，而不是以當事者雙方的認知爲依據。然而，何以以社會學的立場可以做此論斷？這自然涉及到理論預設和前提的形而上問題了，也涉及到在此前提下的經驗檢證問題。這些問題是很重要，值得進一步討論，但是基於本文之主旨不在於檢證這個形而上前提衍生的命題，而是「不平等的統制關係如何展現」這個結果現象所形成的過程和意義，所以我們只好把「統制關係是不平等」的命題「存而不論」，當成是可以成立的前提來看待。這一點是首先必須加以說明清楚的。

假如我們可以承認統制是種不平等的互動關係，那麼這種互動關係表現在人羣，尤其是整個世界體系之中，將產生了什麼現象？簡單來說，它產生了「中心—邊陲」對偶的格局。何以會如此，乃至必然如此？它又如何的展現成形？這正是下文中所要釐清的問題。不過，在此，先讓我們對「中心—邊陲」對偶概念提出一些說明。

嚴格來說，「中心—邊陲」對偶是對某種社羣現象的註釋策略或

---

❸ 參看 Wallerstein (1974, 1979, 1984)，Frank (1969)。

進路，因此是一種認知的方式。它所意涵的不止於，也不應止於「事實」本身，而是進一步的具有「啓發」（heuristic）的作用。換句話說，「中心─邊陲」對偶概念是一種認識論上的「態度」，乃研究者用來詮釋現象的錨點。透過這樣的概念，現象的意義得以彰顯。因此，如何選擇適當的概念做爲詮釋的進路，自然不只是「事實」的問題，而是是否具有展現想像力、說服力、並且又具理論意義之週全性的問題了。這樣的進路即 Weber（1968）所謂的「擬情」（empathy），已非要求數據舉證之實徵方法所能處理了。

　　總之，「中心─邊陲」對偶的存在可以說是已具主體互攝（intersubjectivity）的共識自明現象。其存在有如 Simmel（Wolff, 1950）肯定了「社交性」（sociality）、或 Pareto（1935）確認「基素」（residues）與「派生」（derivation）之存在一般，難以再加追究的。難怪 Shils（1975: 3）即直截了當地說：「每個社會的結構裏，都有一個中心區域。這個中心區域以種種方式對凡生活在此一社會所存在之區位範圍內的人們施以影響。」對「中心─邊陲」的對偶概念有了上述的說明後，我們就可以進一步來探討：何以在人羣之中統制導致「中心─邊陲」對偶位置的產生？在此一產生過程中，有關的社會結構因素爲何？這是下文要處理的主題了。

三．文化優勢的擴散─「中心─邊陲」統制關係的基本特質

　　上引 Shils 所提之「中心─邊陲」對偶，主要係就單一社會（或社羣）內部的統制關係而言。但是，事實上，「中心─邊陲」的對偶關係可以普施於不同之社羣關係的層次上，前面我們引述Wallerstein（1974, 1979, 1980）的論點即是一個明例。他指出，十九世紀以來整

個世界已成爲一個體系。在這世界體系中，由於資源、技術、人才……等等分配不勻，形成了「中心」、「半邊陲」、和「邊陲」三個不同類型的地區。以 Frank (1967, 1970, 1971) 爲首的所謂「非已開發國家」的學者更以爲，整個世界體系中，中心國家一直居優勢，他們挾持優越的科技，以經濟、政治、軍事的手段對邊陲社會進行剝削，終至於使邊陲社會處處高度仰賴中心社會，淪於難以翻身的地步。在此，我們無意進一步檢討 Frank 等人論點是否正確，至少這些學者們指出「中心—邊陲」對偶的存在可以說是不可否認的事實。只是，從 Wallerstein 以降的所謂「世界體系論」或「依賴理論」(dependency theory)只側重中心與邊陲間政治與經濟的依賴關係，乃至以爲中心與邊陲的依賴關係僅止於此。這樣子來看中心與邊陲的關係是偏窄不全的。歷史的事實告訴我們，中心對邊陲的影響與控制，雖不完全，也未然不會無，但其波及的卻是全面的。它影響所及並不止於科技器用或制度，而且遍及文化的各個層面。邊陲地區不但在政治與經濟上是中心的附庸，在文化整體上亦往往難逃淪爲邊陲的噩運。

　　總之，從歷史上中心與邊陲間所展現的關係（至少從中國近百年來的歷史）來看，我們發現中心的優勢並不是有如泰山壓頂一般，一下子就把各個方面一網打盡的。其優勢一開始往往是始於某一層面的文化基素（如科技），而讓這種優勢狀態逐漸擴展到另一層面的文化基素（如政治制度）。也就是說，當一個社會（或地區）的某一層面的文化基素顯示出比另一個社會（或地區）的同一文化基素更占優勢時，一旦前者對後者具有統制要求與能力，則前一社會（或地區）之另一層面的文化基素也可能顯示出比後一社會（或地區）之同一文化基素更占優勢的現象。如此，統制會使兩個社會各層面之文化基素的優劣勢產生連鎖反應，往往終使後一社會（地區）的整體文化展現

爲前者所籠罩。我們稱此現象爲「文化優勢的擴散」❹。中心與邊陲的對偶關係即在這種現象的發展下逐漸呈現。

在進一步對「文化優勢的擴散」此一十九世紀以來普遍可見的社會現象從事解析前，有一些關鍵的觀念必須先加以澄清，否則很容易導致誤會。首先我們要指出的是：當我們說文化優勢有擴散的現象，我們只是指出它的可能性，而不是肯定它的必然性。許多歷史事實告訴我們，文化的優勢未必有擴散的必然結果，譬如，自唐代起，日本即深受中國文化的影響，但中國文化的優勢對日本並沒有產生全面壟斷性的擴散作用。其實，我們在前面對「文化優勢的擴散」定義時，已把一個先決條件羅列出來了，這個先決條件是：優勢社會對劣勢社會必得至少在主觀上有要求統制的動機。當然，文化優勢要會擴散，具統制的主觀動機並不是惟一的決定條件，尚須有些其他條件相搭配才得以完成的。這正是本文企圖加以解析的，就留待在下文中慢慢地梳理罷！總之，文化優勢的擴散只是兩社會之文化關係的一種可能現象，而不是必然的結果。這點十分的要緊，必須一再地強調，否則不但有違人類的歷史事實，也走上文化必然趨一的命定結論，這不是作者的原來意思。只是，從十九世紀以來歐美中心對亞洲邊陲之文化關係的歷史發展來看，歐美文化優勢產生擴散作用幾已成爲普遍的趨勢。正因爲如此，它具有社會學上的學術研究價值，所以我們才特別拿出來加以解析。

另一個關鍵觀念是：當說「中心對邊陲的文化影響是全面的」時，並不即意味邊陲社會的既有文化傳統必然完全消失殆盡，也不是意指邊陲社會對中心社會毫無反擊抗衡之力量。我們這麼說只是提

---

❹　參看葉啟政（1984）。

示，兩種文化體接觸後所可能產生的相對狀態；也就是說，具優勢地位的文化體有形成爲具統制作用之「中心」的優越條件，它對另一文化體的影響是無孔不入的。但我們也指出，中心對邊陲的影響雖是全面，卻是不完全的，因此在任何層面的文化展現上都留有空間，讓居劣勢之邊陲地區的原文化傳統仍有游衍施及影響的餘地。換句話說，中心文化的優勢性是相對的，它往往無能力在邊陲文化中成爲完全「取代」原文化展現的絕對力量。當我們說文化優勢會擴散，事實上我們只是指出了一個可能產生的一般趨勢或力量，並不是「非有即無」或「黑白分明」的兩截現象。有了這兩點認識，再來討論「文化優勢的擴散」才不至於產生誤解，以爲邊陲社會的文化特性必然崩潰，終爲中心文化性格所完全消化。事實上，情形常常正好是相反。正因爲中心文化優勢擴散得太廣、太快、也太凶，可能引起邊陲社會的反彈。有識之士的反省有助於產生了「本土」文化的反擊力量。

四．文化「優越標準」的正當化—文化優勢擴散 的結構基礎

在上一節中，我們提到「中心—邊陲」的對偶關係所以會形成，「中心」社會對「邊陲」社會具有統制優勢是一個先決因素。而且，由統制導引出之文化優勢的擴散更是促使「中心—邊陲」對偶地位產生的有利結構條件。接著要問的問題是：其間的社會過程爲何？這是下文所嘗試回答的問題。

Shils (1975: 3) 曾對「中心」的社會特質做如下的解說。他說：「中心或中心區域，乃是一個有關價值與信仰範疇的現象。它是統治社會之價值、信仰、象徵秩序的中心。它之所以是中心乃因爲這是終

極,而且不可再化約; ……因此中心地區具備神聖(sacred)的本質。」同時, 「中心也是一個有關行動的範疇的現象。它是在制度網絡中有關活動、角色、和人的結構。就在這些角色之中, 具中心意義的價值和信仰被嵌入、也被提出。」因此, 「中心制度體系可以被形容成是一組爲中心價值體系確認爲正當的制度。」 Shils 這段話帶有「結構——功能」論者一貫的口吻, 他肯定共識之必然, 以正面之 「整合」角度來界定「中心」所具有的社會特質。基本上, 這種以社會學者的特定立場來等同於社會結構的特性本身是值得爭議的。它忽略了Giddens (1979; 1984) 所指出之 「結構雙元性」(the duality of structure) 的存在。理論上, 社會學者所概念化的「結構」未必卽是社會中實際參予之當事人所以爲的「結構」, 兩者之間的認知可以有所不同的。這一點雖非本文探討之主旨, 但必得在此指明。

雖然 Shils 患了把推論意識 (discusive consciousness) 與實踐意識 (practical consciousness) 混淆爲一的謬誤❺, 然而, 無疑地, 撇開其內涵之「共識整合」的理論立場不談, 從社會學之推論意識的角度來看, 他對中心之社會特質的詮釋是中肯、可以接受的❻。換句話說, 暫且不管其形成過程爲何, 一個地區 (或社羣) 之所以成爲中心, Shils 所言之性質的確是必須具備, 至少常見的。在今天的世界體系裏, 中心社會對邊陲社會所以有那麼持續又鉅大的影響, 正是因爲這些特性所導致的。更重要的, 中心社會對邊陲社會之影響的「統制」性格會被掩飾而不爲人們 (尤指邊陲地區之人們) 所意識到, 也正是因爲 Shils 所言之特性發揮了作用的緣故。正因爲人們把中心地

---

❺ 有關此二概念, 參看 Giddens (1979)。
❻ 筆者的意思是說, Shils 對「中心」 所做的詮釋有一定之社會學上的詮釋意義。

區的價值、信仰、和象徵體系內化成爲終極而不可化約的神聖體，它具備了指導行爲和認知的正當性，成爲具普遍意涵之理想法則的依據。邊陲地區的人們因而有意或無意地奉爲圭臬，而不自主地受它所左右。中心社會之文化優勢會產生擴散作用，這是很重要的社會心理基礎。

在進一步解析中心社會之文化何以和如何成爲邊陲社會學習模倣的終極神聖體之前，讓我們先來說明社會常具有的一個重要特質。在上文中，提到 Durkheim (1933) 的社會共識觀時，我們曾指出，根據 Durkheim 的意思，社會秩序所以會形成是因爲社會的成員對一套價值、規範、和行爲規則具有服膺和順從的傾向。Durkheim 因而以爲社會裏存在有集體意識 (collective consciousness)，人們共享有一些共同的價值、信仰，也順服一套共同的行爲規範，職是之故，社會可以形成一些集體表徵 (collective representation)。在上文中，我們曾引述 Horkheimer 與 Adorno (1972) 的論點，他們駁斥 Durkheim 此一共識聯帶論的誤謬，而主張社會所展現的任何形式只不過是統制的反映而已。Horkheimer、Adorno 的見解一方面是傳承 Simmel 的「統制」立場，另一方面，顯然的是深受了 Marx 之錯誤意識 (false consciousness) 的說法所影響。原則上，Marx 承認集體意識的存在，但以爲此一意識的來源不一定是基於出乎社會成員之本意與理性認知的共識結果，而是因階級之統制關係所衍生的認知結構狀態。此一共認、但卻是錯誤的意識掩遮了現象的本質。Mannheim 也認爲集體意識是存在著，但是，與 Marx、Horkheimer 與 Adorno 一般，不同意 Durkheim 對集體意識的共識論點，更不同意 Durkheim 把集體意識當成事物來看。他說：

集體意識是具觀點性，但却有刻板成見（perspectivistic but stereotyped）之連接性經驗（conjunctive experience）❼的沉澱物。它必然是關照特定經驗空間的。只有那些與之共存參與的人們才可能掌握瞭解，也因此它只對這些人產生充分的作用。職是之故，集體意識乃遠多過經驗脈絡（experiential contextures）。與經驗脈絡相比，它具客觀性（objectivities），因為它以超乎個體與心靈（psyche）的方式建構了可能經驗客體的意義。（Mannheim, 1982: 208）

　　雖然 Mannheim 沒有明顯指出社會的集體意識只是反映統制關係中優勢羣體（或階層）的主流意識，但他肯定集體意識是一種連接性經驗，必定要擺在一定時空裏來看才可能彰顯意義的。事物（things）存在於空間，其自在與自為存在（being in-and-for itself）可能不改變，但集體意識却不然，其自在與自為存在會隨著時空的轉移而改變的。譬如，把一山當成「事物」來看，山一直是山，不會改變的。但是，集體意識就不同了。一座山可能好幾代被人們說為「魔園」（magic garden），但一旦時空轉移，人們產生不同的連接性經驗，它可能不再視之為「魔園」，而看成是一幅美麗的景緻或具其他意義的東西（Mannheim, 1982: 208-209）。此處，Mannheim 的意思很明白。既然集體意識基本上是連接性經驗的表現，它存在於人社會裏是有其客體性，但這客體性必然是要在一定時空下為人們所界定的。時空改變，

---

❼　根據 Mannheim（1982）的意思，任何對人與社會所凝聚的知識和經驗都是從某一個角度或立場來建構的，因此知識一直是單面的（one-sided）（p. 191）。由於這個緣故，人類的經驗乃受限於歷史及與社會條件所形塑的主觀連接性，這是何以 Mannheim 稱之「連接性經驗」的理由。隨著歷史與社會條件的改變，經驗的連接模式也會不同。

人們的經驗也改變，集體意識自然就跟著改變。Mannheim 於是乎慣用「時代精神」(spirit of age)或「時尚風氣」(ethos of period)來稱呼一定時空內最爲突顯的主導集體意識。

上面的討論意涵另外一個重要的特性，即：集體意識必要具有某個程度的主體互攝性 (intersubjectivity)； 也就是說，它必爲相當數目之社羣成員們所接納、共享，而且也因此成爲社會中一股自主的力量，產生要求其他成員接納的作用。經過社會化的過程，成員學習到以此意識爲內涵的種種社會形式。在此，我們不擬進一步去追究主體互攝性何以形成和如何可能，我們所欲指出的是主體互攝性的社會意義。簡單的來說，主體互攝性是集體意識之所以能存在和延續不可分割的基本社會性質。換句話說，一種意識不具有產生主體互攝的可能時，它不可能形成爲集體意識的。

在任何社會中，集體意識的有效施用範疇並非絕對可以遍及各個角落的。由於次羣體必然是存在，人的參考羣體 (reference group)也可能不同，不同的羣屬、不同的經驗、不同的統制力量，使得一個社會的集體意識有主從之分的可能。不同的集體意識有不同的有效影響範疇，它的影響也有大小的差別， 難以一概而論的。 因此， 使用「集體意識」來描述一定時空下之社會的基本性格常常是隱晦不清，也是不足夠完全的。然而， 無論如何，假若我們仔細觀察人類的社會，我們不難發現， 撇開來源和本質的問題不談，一定時空下的任何社會都可能有一套居優勢地位的主導價值和規範法則被用做爲其成員之行爲的指導準則。這幾乎是普遍成立的，Habermas (1970) 稱此爲「優越標準」(superiority criterion)。

在此， 優越標準是否爲成員們清楚地意識到，並不是最重要。重要、也是希望指出的是： 社會中的組織和行爲冥冥之中是以此標準爲

優勢準繩來運作，它成為指導社會運轉的核心原則，社會的基本性格
也因此可以從此一標準來捕捉。根據 Habermas 的意思，此一標準界
定了社會組織和行為運作方式的正當性，也因此成為判定效率的基本
依據，他稱之「文化傳統的正當效率」(legitimatized efficiency of
cultural tradition)；易言之，環繞著此一優越標準，社會裏形成了
一套特定的文化傳統模式。任何的組織、制度、或行為的效率判準，
都得擺在此一優越標準所形成的文化傳統模式的天秤上來衡量。就拿
西歐社會來看，大體而言，在文藝復興之前，支配社會之「文化傳統
的正當效率」的「優越標準」是建立在以君王、貴族、與教士為中心
的政治權威之上。行動是否正當或合法，是否具有效率，均以如此政
治權威能否貫徹為準則。但是，自從文藝復興以來，尤其工業革命產
生以後，西方社會的優越標準改變了。件隨著民主自由思想和資本主
義的興盛，西方的優越標準已不再是建立在政治權威的單元軌道上，
政治權威所具武斷之「命令法則」喪失了主宰的專利，而為由人本主
義、民主思想、和自由市場經濟所編織成之「理性」(rationality)取代
了。「理性」遂成為具優越標準地位的集體意識。

　　總地來說，任何社會在一段時間之內均有一套居優勢地位的集體
意識，這套集體意識成為決定社會之表現形式的優越標準，社會的運
轉也就環繞著這個標準來推動。接受了這樣的前提後，隨著而來的問
題是：它是如何形成？具有怎樣的社會意義？這是牽涉甚多，也甚為
複雜的問題，難以用三言兩語來化解的。但是，為了彰顯下文討論的
旨趣，更基於理路舖陳的平順，我們雖明知實有因難梳理得清楚，也
不能不嘗試著以最簡潔的方式來略加討論。幸好我們的目的只是用來
佈置背景知識，因此蜻蜓點水式的敍述也就足夠了。

　　一般而言，任何社會都可能同時存有不同的意識狀態和行為規

則。這些不同的意識狀態和行為規則為不同的社會成員所持有，形成
了具不同理念、態度、和行動模式的次羣體。這些不同的理念、態
度、和行動模式，隨著次羣體的成長，可能產生相互競爭的現象。當
然，競爭未必導致明顯的衝突，也未必帶來明顯的對立。但是，在一
定客觀條件之下，由於不同之意識狀態和行動規則所具內涵的不同，
競爭的結果往往使得它們之間呈現出具不同優越統制契機的階層，終
至於有的隱藏，乃至消失，而有的突顯、茁壯。那麼，到底是什麼因
素決定意識狀態和行動規則之展現的地位呢？大體來說，固然決定優
越統制階層的實質條件往往隨著時空的轉移而定，但是，無疑的，諸
如，持有者之權力的大小、某一時空下成員心目中之凸顯理念目標、
人性中不可化約的特質、與意識狀態和行動規則是否（至少在主觀認
知上）具有實踐的潛在效率和效用等等，都是決定其優越性的基本條
件。

　　以為在俗世之中「效率」和「效用」是決定意識狀態和行動規則
之普遍優越標準，原是相當含糊曖昧的論斷，需要做更進一步的解
析。首先，當我們說凸顯理念目標和關照人性中不可化約的特質是決
定意識和行動之優越標準的基本條件，我們的意思是說：優越標準之
所以能夠形成首先是必須對人的基本需求，尤其是對個體基本生存的
物質基礎，提供更為有利的照顧。因此，凡是能對個體生存與物質控
制提供更為有利之契機的意識狀態和行動規則，在俗世中，就具有更
優越的地位。這是優越標準的經濟功利意義，是相當原始、初基的。
但是，單單經濟功利的考慮是不足的，終究人是追求象徵價值與意義
的生物。優越標準能夠成立與否，尚需建立在它是否具有能夠貫徹某
種超越經濟功利目的的價值理念的能力，這是優越標準的象徵意義。
由於價值理念本質上是人為附加上的，它之所以存在於人的世界乃學

習的結果。因此，優越標準的成立與否，更是一種理念之間競爭的問題。既然是如此，那種理念能夠脫穎而出成為主宰的動力，自然是關鍵的問題了。

理念的競爭是一個複雜的社會過程。一方面，它必須回過頭來滿足上述有關之基本物質生存條件的經濟功利需求。然而，另一方面，儘管一段時空內的既有生產方式、技術、生產品對需求滿足之品質、和生產品的分配法則未必是最理想，也不是達到發展的極致，人們卻因主觀認知和外在客觀條件的限制，未能產生要求再突破、再改變的意識覺醒。職是之故，優越標準不盡然完全，甚至更非相當大程度地取決於經濟功利的考慮。情形常是超越經濟意義，為具更廣寬涵義之理念所左右。

就其社會性質來說，優越標準並非祇是一組空泛的象徵理念，它一定要由抽象的象徵理念轉化成為一套具有可被制度化的具體型式，才可能落實，發揮作用。制度化意涵權威的存在，因此，優越標準要具體落實在社會中發揮效果，必得經由權威體在不同的社會關係層面中加以正當化。這種正當化的過程包含詮釋、修飾、轉化、和定位。於是，優越標準必須仰賴權威體的「正當化」，才能夠產生實際的作用。權力的掌握、尤其掌握的方式與分配，自然地成為必需思考的問題了。

五. 生機控制性——現代中心社會之「理性」優越標準的基本內涵

前節的討論重點是擺在一個社會之「優越標準」的形成的問題之上。但是，處在體系化的社會裏，不同社羣之間必然有所互動，互

動的結果使得不同的優越標準有著互相比較與競爭的機會。競爭的結果，往往使得某種社會的「優越標準」擡頭，脫穎而出成爲跨社羣的優勢標準。於此，我們不免要問：到底什麼因素促使某種「優越標準」脫穎而出，成爲主宰的普遍標準？

假若不同社羣之間一直是保持完全孤立、互不往來的狀態，各個社羣的優越標準自然無從相互比較，也無以有競爭的機會。再說，縱然彼此之間是有互動，但是，倘若互動僅是侷限在相當有限的範圍，優越標準之間也沒有足夠機會產生比較和競爭。因此，跨社羣的優越標準會產生，必得有一基本的前提，那就是：社羣之間有一定程度和形式的互動關係。這形式爲何，程度的多寡，自然地就成爲重要的問題了。在討論這個問題前，有一個關鍵的概念十分重要，值得首先加以釐清的。這個概念是「生存機會的控制性」，讓我們簡稱爲「生機控制性」吧！

用一句簡單的話來描述，所謂「生機控制性」乃指一個社羣對其本身及其成員之獨立生存和發展所掌握之有利條件的程度（葉啓政，1980,1984）。這樣子定義，涵意還是十分的含糊，到底什麼才是「獨立」生存和發展，如何才足以稱爲是「有利」條件，在在均是問題，因此必須再有所說明。在此，首先我們要指出，這個定義基本上是採取「世俗」的角度，站在「多數法則」的立場來界定的。當我們說「世俗」，意思是接受社會中芸芸衆生對生命意義的界定方式。這是一種尊重現實法則之社會學意義的立場，肯定一般人之社會價值、態度、和行爲方式具有眞實性，也具有一定的現實意義。也就是說，縱然從某種高超的理想角度來看，這種生命觀顯得庸俗、淺薄、無奈、乃至是絕望，然而卻是一件不可否認的社會事實，它具有相當程度的普遍意義，在社會中爲絕大部份的人所遵行。譬如說，在人的社會

裏，名利一直是爲芸芸衆生視爲反映「成就」、也是用來標示「社會聲望」的指標。儘管從某個人生哲學角度（如佛家）來看，它是多麼鄙俗，也是多麼虛空，可是它卻實實在在地在現實俗世裏有著意義，而且爲大多數人所看重。這正是何以說是站在「多數法則」的立場來界定的緣故。總地來說，採取世俗多數人的立場來界定生機控制性本質上是採「事實」角度來關照現象的統計概念。

那麼，根據世俗多數人的立場，如何條件才算得上對生存和發展「有利」？如何的存在才算得上「獨立」？大體來說，以世俗多數的觀點，獨立的生存乃意涵著，所指涉的個體和羣體對其需求之意向有相當程度的自我主宰能力。因此，所謂「有利」條件卽意指當事者有自我主宰的契機。由此引伸出來，亦卽一個人或羣體對外界環境（包含其他人及種種物質或象徵條件）的控制愈有效，則表示愈有獨立自主的有利條件。「外控」能力遂成爲「生機控制性」的基本內涵。一個人或社羣的生機控制性高，卽他所具有有效外控的能力愈高，反之亦然。倘若使用流行的社會學術語來說，這也就是說，一個人或社羣掌握的社會資源愈多，它的生機控制力也就愈強，謀求獨立自主的契機也就愈有利。這種世俗多數的法則基本上並不涉及到對錯、或應不應該的問題，它的存在誠然是反映大多數人之主觀價值認知、態度和行動結果，乃是衆生在現實生活世界中界定存在意義的通俗流行基礎。基本上，它的存在與有效性有一定的時空範疇。它的命運取決於人類普遍的自覺意識是否有所轉變，以及這種自覺意識有否蔚成另一種優勢之社會動力的契機。

這種具高度外控意涵的生機控制性最明顯且原始的現實效力，乃表現在個體或羣體組織保有其所有物（包含個體的體軀生命存在）的能力上。當我們說一個社會具高度生機控制性（或「力」）時，我們的

意思是說，這個社會擁有足夠的能力可以保持住其已擁有的資源，而且具有能力控制外界環境，以拓展其所可能掌握的社會資源。譬如，灌溉技術和施肥術的發明，使作物產量增加，無形中提供了人們更有利的生存條件。又如，武器的改良固然對人類生命產生更大的威脅，但卻可使擁有者有更有利控制他人的條件。

雖然我們沒有理由把一個社會所以能夠繼續存在的條件化約到單一的因素來，但是，以上述世俗的定義來看，生機控制能力是決定社會之「獨立」生存和發展不可或缺的條件。其對社會獨立生存的關係正有如食物、飲水等之對人體的存在一般，有著必然的密切關係。儘管社會不同於個體，它沒有所謂死亡（除非所有的成員都被毀滅了），但是一個缺乏生機控制力的社會是不易有獨立自主地掌握自己之發展命運的能力與契機。因此，生機控制力對一個社會之獨立自主，是有如 Parsons (1966) 所說的，具「條件」(conditional) 的意義。這也就是說，一個社會要能獨立自主，有充分發揮其自我個性和意識的機會，首先必得要有相當程度的生機控制力。否則的話，社會雖不至於完全毀滅，但卻會導使發展的原創條件不良，缺乏自我主導的生命力。基於這個理由，生機控制力本質上是「工具」性，講求的是效率和效用，乃是貫徹某種終極文化理想有利的催動劑。用 Weber (1968) 的話語來說，它必要具備有「工具理性」(instrumental rationality) 的特質。說得更恰確點，凡是一個社會愈具備工具理性所強調之效率與效用的生機控制力，則愈有效掌握其生存和發展之有利條件。這正是現代世界體系中之中心社會所以成為中心的基本社會條件，也是其文化成為優勢，而且能夠在邊陲社會中一再擴散的基礎。

六. 商品社會的「羨妬」─文化優勢擴散的心理基礎

既然生機控制性本質上內涵工具理性的表現，講求的是具「外控」意義的效率和效用，科技無疑的即成為檢證一個社會生機控制力的最佳指標。科技與生機控制性有此現象的連結，是主「外控」之世俗價值支撐下必然產生的歷史結果。

何以科技具備生機控制性？要回答這個問題，首先得從「科技」本身的基本意涵來著手。學術界對「科技」的意涵一向解說紛紜 (Bereano, 1976)，不過，Ellul (1964) 的定義道破其基本內涵，可以說是普遍被接納的看法。根據他的意思，科技的意涵接近法文中 technique 的意思。它並不專指器械，而是廣泛地意指在任何人類活動中，能使之理性地獲致效率的方法整體。它乃「超越工程藝術而包含可達致某種特定目標的各種人為努力的組織形式、理性分析的方法、和系統結構。」(Evans and Adler, 1979: 24) 因此之故，科技是包含事物 (object)、過程、知識、和意志 (volition) 的綜合體 (Mitcham, 1980)。無論它所指的是工具、器械、方法、人際關係的安排、或知識，其目的無非是欲使人們用來改變或影響其環境，其最基本內涵是達到有效率的外控效用。顯而易見的，當人類普遍以「外控」與「擴展其所擁有物質」為主導價值，人的成就、社會的發展與進步很自然地就以掌握外在物質資源、控制其他人（或社羣）之能力、與提供便捷之生活條件的程度來決定。在此「外控擁有」價值主導下，科技逐成為定義生機控制性的基因。在世俗世界裏，科技愈發達者，生機控制性也就愈高。兩者之間產生了一種看來很必然的關係。

Horkheimer 與 Adorno (1973: 4) 曾指出，在現代社會，科技「並不以概念和形像 (images) 或幸運的洞識來運作，而是指涉方法，對他人互作剝削、和資本……人們欲從自然學習到的是如何使用它以完全統制它和其他人。這是唯一的目的。」因此，科技即代表權力，擁有科技背後的知識也就等於擁有統制的權力。Marcuse (1968: 223f) 更以為，不但科技的應用是一種統制的形式，甚至科技本身即是一種統制，一種對自然和人的方法、科學、精算過程，也是一直精算中的控制。「統制的特定目的和旨趣不是源於科技誤導誤揷的結果，也不是來自外部；它乃根植於技術設置建構的深部。科技一直是一種歷史社會計劃。於其中，它計劃著一個社會和其統治利益欲施於人與物上的種種。如此的統制『目的』是『實質的』(substantive)，乃屬於技術理性 (technical reason) 的基本形式。」Marcause 的意思很明白，他指出科技之統制性格基本上是內涵於中，乃不可分割的必然性質，並不是因為人們誤導或誤用使然的。因此，很明白的，雖然科技本身無法決定其「統制」將以何種社會形式來展示，但是，其所具之工具意涵已註定了外控統制的特質。因此之故，我們接下來的問題就是科技的統制如何具體地展現？這與文化優勢擴散又有何關係？

從歷史的角度來看，科技的統制是結合商品化之市場經濟模式來展現的。它如何展現就與資本主義的社會特質有著密切的關連。在此，我們先從資本社會的社會心理基礎談起。

Bell (1976: 22) 指出，資本社會的心理基礎在於需求 (wants)，而不是需要 (need)。需求不是源於生物性生存的基本必需，而是一種由於社會刺激所衍展出來的慾望，因此是因應外在社會要求學習得來的。隨著社會中刺激的累增遞變，需求也跟著增加與轉變，於是乎，本質上它是可以無窮盡地遞生的。

　　顯然的，資本社會所以重「需求」實與市場經濟的生產邏輯有密不可分的必然關係。簡言之，一旦社會的生產不是爲了直接消費，而是利用產品轉手販賣以牟利，以最經濟、有效率的方式來提高產品利潤，自然是很理性的行爲。這種理性行爲是資本社會體制下從事商品生產者必然認識到而且必須遵行的邏輯。

　　提高產品利潤的方法很多，其中，利用科技改進生產技術以提高產品品質和降低生產成本是常被使用，也是被認爲最有效的方法之一。這正是何以科技在今日商品社會中會被看重的根本道理。再說，透過科技，人們尚可以把商品品質提高，除了因此間接降低了生產成本，但更重要的是，透過創新刺激消費，增加人們的購買慾，這才是整個商品生產過程最重要的功利目的。若說中心對邊陲之統制終歸是文化性的，而文化競爭乃源於經濟，其根本即在於「消費」此一行爲，而非「生產」上面。

　　旣然以牟利爲主導的商品生產必然要求「消費」，刺激消費也就等於必要提高並增多人們的需求。在此情形下，需求很明顯的是「外控」的。此處「外控」有兩層的含義。一方面，個人的需求是由社會中某些人（主要是生產者加上行銷者）之創新所誘導而來的符號性慾望；另一方面，需求是指向對外在生產出來之物品的擁有。所謂滿足需求，亦即消費產品之符號意涵、擁有產品之符號意涵。在此「外控」主導之下，「羨妒」（envy）伴隨著需求而來（Bell, 1976）。當然，自古至今，一般俗人都或多或少會有羨妒心理，這原是十分常見的心理狀態。但是，在現代商品社會裏，羨妒有其更爲獨特的社會涵義。基本上，它被視爲是一種可喜、正當、而且正常，值得善加利用的心理狀態。事實上，也惟有如此確定「羨妒」的社會意義，才可能誘引產生擁有、消費產品之需求的正當性。生產才可以繼續維持、擴展，

牟利也才可能。這中間是有著一定的邏輯。

七. 科技主導下之文化優勢擴散——「中心—邊陲」對偶關係的基型

在外控價值主導下的資本社會，商品不祇直接用來滿足基本的需要，也同時被象徵化以來界定人們的「社會地位」和「身份」。依俗世的眼光，一個人的地位或身份往往以擁有之物品的種類、數量、和品牌來判定，Marx（1967）稱之為「商品膜拜主義」（commodity fetishism）。現實地來看，這樣的地位、身份階層觀是建立在權力與財富的擁有和消費能力與型態上。它不但存在於人與人之間，也同時展現在社會和社會之間。總之，社會地位和身份標準的物質化導使羨妒符號化，形成為一套準制度化的價值體系。人們羨妒、渴望擁有的物品在象徵意義上有一定的種類、順序、比重價值。這些物品的擁有與否和擁有的種類為何界定了生活品質的高低，也界定了「進步」、「發展」、「生活品質」的內涵。這樣特定的連接性經驗是「中心—邊陲」對偶關係所以形成，也是中心之文化優勢會擴散在認知上的基本基礎。

邊陲地區從中心社會學習到「羨妒」的表現形式，把它當成「地位」與「聲望」的界定標準。尤其，羨妒是深嵌入一般人的日常生活之中，如此把中心社會的文化表現形式和價值日常生活化，是中心文化優勢能夠擴散的必要社會條件。於是，餘下的緊要問題是：何以中心社會之羨妒的社會表現形式能夠在邊陲社會中被日常生活化？

從上面諸節中的討論，我們發現，就歷史的角度來看，中心社會之所以成為中心，最主要的因素是它掌握有締造較優之生機控制性的

科技。科技使中心社會在國際政治和軍事上占盡優勢，也因此導致邊陲地區之領導階層產生以科技來主導的社會發展觀。然而，重要的是科技並無自行運作的能力，它必要在一定的社會與文化條件下為人們所施用。十九世紀以來，科技一直是依附在市場導向的資本主義經濟體系下展示其統制的作用。中心社會所以能夠那麼輕易地在邊陲地區展示其龐大的經濟能力並謀取巨利，說來即因他們掌握有較優的科技條件，因此統制的潛能也自然加大了。大體而言，他們的產品，無論在效用或品質上，的確是比邊陲地區的自製品優良。更重要的是，中心社會善用科技，創新迭起，一再推出嶄新的產品，對日常物質生活提供更多新奇、往往也是更方便、更具外控能力的需要品。無疑的，對一般人而言，科技對現實日常生活所提供的立即方便和效用是相當實在，也相當明顯的。中心社會之外控主導的理性優越標準；於是乎遂隨著商品的傾銷，也隨著科技之有利實用效果普遍被證成，成為邊陲地區的共同價值。科技原本潛藏的功利工具理性因此轉化成為明勢，其所內涵的「統制」精神自然而然成為最居優勢的主導思想標準❽。

擺在社會體系的架構來看，對中心社會而言，科技產品最主要的社會意義是圖謀發展、確保政治、軍事支配和經濟利益的手段，但是，對邊陲社會的人們而言，卻又有另外的意義，這意義本質上是文化的。大體而言，中心社會之優勢會由科技而擴散到制度，乃至思想、價值、行為模式、認知態度，而無所不包。其所以如此，最主要乃因商品除供消費之經濟意義外，尚可看成是具象徵意涵之文化產物。於是，當邊陲社會的人們購買中心社會的物質商品時，其主要的目的固然可能是基於「使用」的實用價值，然而，任何物質商品都具

---

❽ 有興趣的讀者，可參考 Marcuse(1964)、Ellul (1964)、Wilson(1984)、Horkheimer & Adorno (1972) 等人的著作。

一定的展現形式，彰顯某種特定的象徵意義，都有一定的文化內涵和表現形式。於是，當我們購買一件物品時，我們不但是用來滿足生活上的心理需求，也附帶地購買到產品背後所具之文化象徵意義和表現方式。換句話說，任何商品並不以具純粹實用經濟價值意義之製品姿態展現，爲的只是單純地用來滿足基本的需求。既然商品都是人創造出來的，它就不但展現創造者個性的原創象徵意涵形式，也同時反映一定時空下的文化象徵意義，默默地把內涵的象徵精神在日常生活中給滲透出來。這是商品所必然外衍出來的社會性質，幾乎是無以避免的。譬如，最近美國麥當勞漢堡公司在臺北設立分店，一時風靡，引起很大的震撼。姑且不論所以引起大震撼的理由，也不論國人早已形成的崇洋心態，單就此一設店之舉來說，它所涵蘊的不只是一種跨國企業的經濟侵略和滲透，更不只是改變了部份國人的飲食習慣、或添增平時吃用食物的種類、或爲速食工業樹立楷模，其影響所及是其對日常生活所可能帶來的文化衝擊。這衝擊是無形，才是眞正嚴重和厲害的地方。當我們到麥當勞店去買一個漢堡時，我們所面對的不只是一個漢堡、一杯飲料、一小袋薯條、或一盒蘋果派，而是整個美式生活方式的文化縮影。整個店舖的擺設、色調、乃至一幅掛畫、一個盤子、一張紙巾、一根吸管都伴隨著一個小小的漢堡，以一個整體文化的組合形式展現在人們的面前。從這樣的整體展現之中，人們不但學會了吃漢堡，也在潛移默化當中接受了一套行爲模式與價值觀。其影響所及可以是逼向整體生活世界的。

很明顯的，任何商品都不會，也不應只是一個「商品」，僅在使用上產生實用功利價值，它更是一個文化象徵的縮影，反映一個文化傳統的精神。換句話說，商品都是在文化象徵的包裝下以客體化形式呈現在世人面前。因此，即使是一件微不足道的小商品（如廻紋針）

都必然地反映一定的文化價值、意義、和態度。但是，話說回來，嚴格來說，透過物質商品來傳遞文化象徵，終究不是中心社會經營對外貿易以牟利的原始直接用意，而只是附帶產生的社會效果而已。眞正促使邊陲社會大規模模倣、學習中心社會之文化表現象徵的動力，還是在於把文化創作品❾本身當商品的經濟行爲上。

Horkheimer 與 Adorno（1972）指出，在現代資本社會裏，文化有一十分特殊的特性，它是一種弔詭的商品（paradoxical commodity）（P. 161），也因此文化如同其他具體物品一般，形成爲一種商業工業（business industry）（P. 121）生產的內容，而產生「文化工業」（culture industry）。文化成爲商品，在資本社會裏是可以理解的。人類除了生活需要之外，尚有追求精神象徵的需要，而這些需要的滿足往往被用來肯定生存的意義，也用來證成一些理念。旣然如此，在市場經濟體系下，只要是人們用得上，任何創新都可能轉化成爲商品，文化創作品也就自不例外。因此，在資本社會裏，把文化創作品當成商品來推銷，邏輯上是很可理解的衍生行爲。這是繼具體物質商品後爲人們開發出來的新商品形式。

在市場體系中，文化創作品與任何物質商品是一樣的，都可以成爲牟利的工具。然而，就其對個人的社會意涵而言，兩者卻有所不同。固然兩者都可能成爲「地位」或「聲望」的具體指標，也都可能用來慰藉或開拓心靈，但是物質商品的功能都必然具有實用的面相，可以直接消費使用以滿足某種基本需求，而文化創作品則不同，它具濃厚的象徵意義，未必涉及實用的價值，牽涉到的是「品味」（taste）

---

❾　在此，文化創作乃是個籠統的通稱概念，乃泛指本質上不具直接滿足生活需要，而是用來慰實、擴充自我意義、滿足休閒與求知心理需求等等的人爲創作產品。諸如文學作品、影片、繪畫、科學知識、哲學、宗敎等等均屬此類。

的問題。品味是種有關喜惡偏好的抉擇，原本即是具高度象徵的意涵，難以有一定客觀標準。它需要依靠社會化的培養、薰陶，與長期的學習，才可能養成的。任何品味都反應特定的價值與態度，必然有一定的象徵傳統爲依據，要更改，理論上是相當不容易的。由於這個緣故，倘若一個社會的文化品味會爲另一種文化品味形式所取代，即說明了取代文化必然具有高度的優勢性。這優勢性自何而來，自然就不能不問了。

要回答這樣的問題，首先就得回到上述文化創作品商品化的社會形式上來。把文化創作品當成商品來處理並不是資本社會所特有。只是，有系統而大規模地把文化創作品當成商品來傾銷，還是資本主義興起以後才有的。在不平等的經濟關係形式下，只要是占優勢地位的社會，其商品就有在占劣勢地區打下市場的機會。物質商品如此，文化商品也不例外。從這個角度來看，中心社會之文化經由商品化傾銷到邊陲是明顯優劣關係勢態下的必然現象，這是中心所具優越生機控制性外衍出來之「優越標準」普遍化的結果。

在此情形之下，中心之物質商品不只是以純商品的姿態出現。在邊陲地區之人們認知中，這些商品具有象徵意涵，它們乃反映社會地位之指標，擁有與否往往成爲判定一個人之地位位階的重要依據。再者，物品是供人使用的，擁有了物品，自然就得學習如何使用，使之嵌入日常生活之中。無疑的，在此邏輯的運作之下，物質商品的優勢使得中心社會之生活方式與態度，因心理上的月暈效果(halo effect)而普遍爲邊陲地區之人們所羡慕、所採納。於是，文化商品成爲促成文化優勢擴散的重要管道。它把中心社會的詮釋體系、價值取向、生活方式、和精神內涵向邊陲地區傾銷。透過電視、電影、書籍、歌曲、舞蹈、藝術、宗教等等的媒體，中心社會的文化以形形色色的

方式向邊陲地區輸入。文化商品提供了物質商品「正確」被使用的方式，也因此進一步形塑了日常生活中展示象徵意義和表現的形式。譬如，我們從電視或電影中學到應當怎樣喝酒，也學到中心社會的情感表達方式、與人交往的態度等等。總之，商品化文化創作品使中心社會的價值體系得以有機會在邊陲社會中被日常生活化，也使得物質商品的文化外衍性在邊陲地區得到適當地被定位。這終導使邊陲地區的人們能夠逐漸掌握中心社會的價值表現模式，而因此產生被同化的情形。

　　從以上的討論，我們很容易以為中心文化所以具絕對優勢乃是商品經濟活動的必然結果，兩者之間的關係是絕對內涵的。其實，即使它們的關係有其必然內涵的可能，那也僅只是說具「潛勢」的條件而已。關係要顯現化，尚需考慮另外的「人為」因素。這就是邊陲社會知識分子所扮演的角色了。

　　在邊陲社會裏，知識份子是社會接受中心文化洗禮的觸角。由於他們本身比一般大眾具有較多的知識，對外來文化的衝擊較為敏感，知識份子可以說是傳播中心文化的主要人物，他們對中心文化加以詮釋、引進、轉化並且在社會中安置下來❿。尤其，在面對中心社會的強勢壓力，邊陲社會大舉遣派學生到中心社會留學，以學習中心社會的文化（尤指科技）。這一措施，很明顯的，是導致中心文化所以會迅速而穩定地在邊陲社會中取代舊有文化的最主要人為因素。一開始自覺不如人，必需向人學習的這種心態，早已命定了邊陲文化必然向中心文化屈服的勢態。邊陲社會派遣學生到中心社會留學，原只為了學習某種文化項目（如科技），因此若說有意向中心文化屈服的，原

---

❿　有關知識份子之理論，特別是對文化之轉型與安置，參閱葉啓政（1984；89-135）。

本可能只侷限在這些文化項目。但是，學生一到留學國，他所可能經驗到震撼而終被影響的，不會只是原先預定學習的文化項目，而是日常生活的整體。

　　當一個人把自己完全暴露到另外一個陌生的情境，他所經驗、感受到的不只是有限的一面，而是點點滴滴的生活細節，也因此是「全面」的。基於這個理由，當邊陲社會的知識份子到中心社會去留學，所經驗到的不是知識部份上的改變，而可能是整個生活方式、價值、態度上的蛻變。其結果是，他不但學到了一定的專業知識，也同時把中心社會的生活方式、價值、態度、信仰（因此文化象徵表現）帶回來。由於這批知識份子是邊陲社會進行改革的核心份子，他們被視為是社會中的菁英新貴，具有一定的啟蒙與帶動變遷的魅力。他們的一舉一動可能成為社會中人們效仿的表率，他們的價值也成為社會價值轉向的風舵。在此情形下，首先，他們由中心帶回來的生活方式，往往轉變成為界定社會地位的標竿。中心社會之文化優勢會迅速地在邊陲地區產生擴散現象，知識份子之價值和日常生活被中心文化同化，可以說是最為重要的人為導力。尤其，由於種種原因（如缺乏充分認識的經驗基礎、把精力與時間用於政治活動上……等等），邊陲地區之知識份子對中心文化既缺乏產生整體且深層批判的能力，更難以孕育自我超越契機的創造力。其結果往往是，他們對中心文化普遍產生崇拜的心理，繼而競相以模倣學習為榮（Shils, 1972: 367-368）。他們閱讀中心社會的書籍、雜誌；欣賞中心社會的藝術、戲劇、電影；食用中心社會的食物；倣效中心社會的流行服飾。凡此種種導致邊陲地區之知識份子具有邊際人的性格，但此邊陲風格卻成為把中心社會之形形色色文化展現日常生活化和地位化的主要推動力量。他們於是成為使中心文化優勢得以迅速擴散的主要催動力。

八．結　　論

　　在人的世界中產生一個明顯體系化的現象，而有中心與邊陲之區分，可以說是十九世紀以來特別明顯的發展趨勢。資本主義的市場經濟型態促成了人類理性走向講求「以最有效率的工具、方法、和程序來控制其他人與環境，以圖達到擴展自我之勢力的最大效用」。科技的發展無疑的更助長了這種理性的膨脹，也強化了人類企圖以控制更多外在資源來界定自我之存在價值。外控的生命哲學，在商品市場中，終於為「牟利」找到了合理的詮釋基礎。尤其，以個人為本位的放任自由主義，更為牟利的社會邏輯提供了振振有詞的理論依據。在所謂「自由競爭」的原則支撐下，生機控制性的大小遂成為優劣兩勢之分的最基本條件。

　　一旦以外控為主導的生機控制性成為定義文化之「優越標準」的核心元素後，透過商品的傾銷，尤其是把文化創作品當成商品，中心社會的文化在邊陲地區廣為流傳，逐漸成為人們普遍接受的理想生活內容，深嵌入人們的日常生活世界當中。因此，科技的優勢和商品市場社會型態的產生是促使中心與邊陲之形成，也是導致中心文化擴散此二深具歷史意義之結構形成的重要因素。倘若邊陲社會有意要扭轉文化上的頹勢，就此二結構而言，首先就得改變商品市場的型態，從根本來化解科技優勢帶來之統制的後遺症。但是，假若商品市場是難以改變的經濟型態，乃至是必然存在的形式，那麼，邊陲地區欲阻抑中心文化優勢的泛濫，或進一步帶動積極的本土文化重建，也就惟有強化商品競爭能力一途了。欲強化商品競爭能力，單靠採取提高關稅或限項進口的保護政策是不足的，在科技上謀求更有效率與效用之改

進， 將是絕對必要的措施。 不過， 話說回來， 這樣的策略只是徒然添加文化優勢的競爭更加白熱化，未能對文化優勢的社會意義有根本性的顛覆作用， 產生革命性的意義重建。這是一個牽涉廣泛的複雜問題， 在此存而不論。

在一九七〇年代， 阿拉伯產油國家發現了他們手中掌握有一個有利的利器——石油， 可以給予中心社會相當程度的反擊抵制。靠著禁運與提高油價， 產油邊陲社會對中心社會一時是發揮了相當有效的抵制作用。但是這種抵制畢竟十分的消極， 充其量只在經濟上具一定的效力， 在文化上還是完全的軟弱無力。道理很簡單， 利用控制能源當成政治手段來批判或抵制中心社會， 並沒有完全遏阻中心與邊陲間的商品交易關係。商品交易不能停止， 尤其必需一直仰賴中心社會來提供技術密集的商品， 邊陲社會受制於中心的頹勢必然還是存在。基本上， 這種依賴所具的意義不僅止於經濟， 而是在文化上面。產油國家因提高油價著實是為國家帶來不少財富。但是， 有了財富就得消費， 這幾乎是人性中不二的世俗法則。這個法則正是使邊陲難以逃脫中心之掌握的關鍵。長期來， 邊陲地區的人們把中心社會之文化展現與生活方式當成是「地位」指標， 也當成理所當然。在此前提下， 邊陲地區之人們刻意去學習模倣， 財富的增加無疑的為他們提供了更多消化中心文化產品的能力。他們有更多的金錢可以用來購買中心社會的文化與物質商品。中心社會所生產之所謂高科技、高品質、精緻的商品遂大舉傾銷進來， 如此無形之中更加深邊陲社會之文化生活上對中心社會的依賴， 基本上， 並沒有改變中心一邊陲的對偶關係。

說到這兒， 有一個事實是明顯的。單單企圖以種種途徑助長經濟發展， 而不在科技上力求突破以爭取主控契機， 是無助於抑制中心文化優勢的擴散， 相反地， 反而會更加加速中心文化優勢的擴散。 因

此，就結構而言，爭取生機控制性的主控契機是邊陲地區挽回文化頹勢的必要條件。 但是， 這只是必要、而不是唯一、 更不是充分的條件。在無法改變自由競爭的商品市場經濟型態的情形下， 邊陲社會欲突破文化的頹勢， 尚需改善另外的條件， 那就是孕育具超越之可能性的文化創新契機。就其社會本質而言，這份契機要能孕育，首在於知識份子的自覺。知識份子是一個社會的文化菁英， 他們扮演著締造、修飾、詮釋、和傳播文化的角色。倘若知識份子缺乏原創的批判、詮釋的意願與能力， 那麼， 社會的經濟力再高，科技再發達，其文化也一直不會有突破。 站在這個角度來看， 邊陲社會的知識份子如何自覺，不再一直盲目地為中心社會的思想、 價值、態度、與生活方式所左右，是一個關鍵的問題。這種自覺所牽涉的不只是哲學思想上的突破，而是制度行動的貫徹。惟有結合理念與行動的統整，在思想、制度、與行為三個層面上從事全盤的調整，一個社會的邊陲地位才有改善的可能，也才可能免除中心文化優勢產生無限的擴散現象，當然，唯有這樣的努力，張之洞式之「中體西用」的思想迷思才有破除或轉化的機會。長期來之文化劣勢的地位也才有翻身的可能。

（原文刊於《中國社會學刊》第九期，頁1—24，1985年）

參 考 文 獻

王爾敏

    1979 《晚清政治思想史論》。臺北：華世出版社。

帕米爾書局編輯部

    1980a 《文化建設與西化問題討論集》。（上、下）臺北：帕米爾書局。

    1980b 《中國本位文化討論集》。臺北：帕米爾書局。

梁啓超

　　1934　《清代學術概論》。上海: 商務印書館。

梁漱溟

　　1977　《東西文化及其哲學》。臺北: 問學出版社。

唐君毅

　　1974　《中國人文精神之發展》。臺北: 學生書局。

陳獨秀

　　1962　〈今日中國之政治問題〉,《新青年》: 五卷一號 (東京: 大安,
　　　　　1962年影印本)。

張之洞

　　1898　《勸學篇》(二卷)。湖南: 兩湖書院。

張東蓀

　　1974　《知識與文化》。臺北: 廬山出版社。

葉啓政

　　1980　〈近代中國文化面臨的困境〉,見　中國論壇社編　《挑戰的時代》。
　　　　　臺北: 聯經。

　　1984　《社會、文化和知識份子》。臺北: 東大圖書公司。

Bell, D.

　　1976　*The Cultural Contradiction of Capitalism.* New York: Basic
　　　　　Books.

Bereano, P.L.

　　1976　*Technology as a Social and Polical Phenomenon.* New York:
　　　　　John Wiley & Sons.

Durkhem, E.

　　1933　*The Division of Labor in Society.* NewY ork: Macmillan.

Ellul, J.

　　1964　*Technological Society.* New York: Alfred Kinopf.

Evans, D. D. & L. N. Adler

    1979 *Appropriate Technology for Development: A Discussion and Case Histories.* Boulder, Co.: Westview.

Frank, A. G.

    1967 *Capitalism and Underdevelopment in Latin America.* New York: Monthly Review.

    1969 *Capitalism and Underdevelopment in Latin America.* (Revised edition) New York: Monthly Review.

    1970 "The development of underdevelopment," in Rhodes, R. I. (ed.) *Imperialism and Underdevelopment.* New York: Rondom House, 4-17.

    1971 *Sociology of Development and Underdevelopment of Sociology.* London: Pluto Press.

Giddens, A.

    1979 *Central Problems in Social Theory.* Berkey, Calif.: University of California Press.

    1984 *The Constitution of Society.* Cambridge, England: Polity Press.

Habermas, J.

    1970 "Technology and Science as Ideology," in *Toward a Rational Society.* Boston: Beacon Press, 81-122.

Horkheimer, M. & T. W. Adorno

    1972 *The Dialectic of Enlightenment.* (Translated by J. Cumming) New York: Herder and Herder.

Lin, Y. S.

    1979 *The Crisis of Chinese Consciousness.* The University of Wisconsin Press.

Mannheim, K.

　1982　*The Structure of Thinking*. London: Routledge &.Kegan Paul.

Marcuse, H.

　1964　*One Dimensional Man*. Boston: Beacon Press.

　1968　*Negations*: *Essays in Critical Theory*. (Translated by J. J. Shapiro) Boston: Beacon Press.

Marx, K.

　1967　*Capital*: *A Critique of Political Economy*. Volume 1. New York: International Publishers.

Mitcham,

　1980　"Philosophy of technology," in Durbin, D. T. (ed.) *A Guide to the Culture of Science, Technology and Medicine*. The Free Press.

Pareto, V.

　1935　*The Mind and Society*. (Translate by A. Livingston). Harcourt, Brace &. Co.,

Parsons, T.

　1966　*Societies*: *Evolutionary and Comparative Perspectives*. Pientice-Hall.

Polanyi, K.

　1957　*The Great Transformation*. New York: Beacon Press.

Shils, E.

　1975　"Center and Periphery," *Essays in Marcosociology*. The University of Chicago Press.

Simmel, G.

　1950　*The Sociology of George Simmel*. (Translated by K. H. Wolff) New York: Free Press.

Wallerstein, I.

    1974 *The Modern World System*. New York: Academic Press.

    1979 *The Capitalist World-Economy*. Cambridge University Press.

    1980 *The Modern World System II*. New York: Academic Press.

    1984 *Historical Capitalism*. London; Verso.

Weber, M.

    1968 *Theory of Social and Economic Organization*. (Trans. and eds. by T. Parsons.) New York: The Free Press.

Wilson, H. T.

    1984 *Tradition and Innovation*. London: Routledge and Kegan Paul.

「創造性轉化」的社會學解析

一. 緒　言

　　清季道光年間，中國與英國之間所發生的鴉片戰爭是中國歷史中一個重要的轉捩點。它代表著歐美帝國主義正式叩開中國鎖閉已久的大門，展開一連串掠奪的開始。同時，它更代表著兩個不同文化揭開競爭、爭取主導優勢權的序幕。自此以後，中國社會起了史無前例的鉅變，甚至迄今仍尚一直進行著。中國人還在為他們的前途摸索，更是爭辯不休著。

　　面對這股排山倒海的外來力量，中國社會裏，來自不同社羣、地區、或階層的人們，體會不盡相同，反應也因此不一樣。大體而言，首先感受到這股外來力量的威力以及其可能影響之鉅者，是一羣居住在都會中心或經常與都會中心有接觸的知識份子。對於外來刺激，他們往往比別人的感受更加敏銳，也反應得較快；同時，他們也較其他人容易因感受而進行進一步的瞭解、詮釋，並尋求對應之道。或許正因為如此的緣故，知識份子對外來力量衝擊的反應模式常成為研究中國近代史的焦點，並且也隱射著知識份子的言行對近代中國社會的變遷具有實質且決定性的作用，並且是主導的動力。

　　「到底知識份子是否乃形塑中國近代史的主導動力」這個問題，

基本上不應祇是有關歷史經驗事實的檢證工作。這樣的問法或回答都是十分地表面，問題的根本所涉及的尚有關知識份子之社會學的理論問題。對此問題，在此不擬細究。我們所以提出這個命題，主要爲的是陳述一個理解和組構中國近代史，尤其中西接觸史的凸顯進路。這個進路在學術界中幾乎被公認是一條必然的思考方向，具有優勢地位，且儼然成爲主流。

一個具有悠久文化傳統、且一向是相當自足的社會，面對外來陌生、異質性明顯的勢力挑戰時，其所經歷的，絕不是一種局部應對與調適的問題，而是牽涉到社會整體的翻動。整體的翻動乃意味著：其所涉及的，終會威脅到世界觀的確認和文化認同等有關於集體意識的根本意義的問題。其所面對的是包含生存、系統與認同三者一體的危機。因此，對以處理符號象徵意義爲職志的知識份子，從文化（尤其思想）的批判和組構爲出發點來凝聚、關照問題，並謀求化解之途，自是可以理解，也確實在現象實在上具有意義，原本就是一個值得正視的重要議題。

其實，倘若關照中國人思考問題的慣性，強調文化和思想對解決問題具優位性，一直被看成是順理成章的。對於人間事務，中國人一向就習慣探取理論與實際事物具親緣性的立場來處理，認爲眞理只能在事件（主要爲人事）中加以發現與驗證。其結果是，「厥爲一眞理之記載，乃見於歷史文件當中。」(陳榮捷，1984)歷史文件是提供個體反身自修的素材，而反身自修的分寸拿捏就成爲中國人接近世界的思考、也是行動方式(蔡錦昌，1989)。對於人世間問題常從人之主體自身上來尋找答案，這也才有由內聖開出外王這樣的主張❶。這種

---

❶ 關於中國人的思考方式的討論，可參看中村元 (1955)、余英時 (1984)、方東美等 (1984)。蔡錦昌 (1989) 對中國古代思考方式尤其有精闢的看法，值得一讀。

思考方式使中國人一旦碰到問題，就會反諸於自身，企圖從象徵層面來著手問題的解決。用現代的概念來說，卽文化與思想成為解決問題的焦點也是不二的途徑。林毓生（1979）研究五四時代的知識份子，卽指出：卽使是五四時代主張「全盤西化」❷反傳統的知識份子，也都未能擺脫傳統儒家思想中如此一元式「藉思想、文化以解決問題」的思維模式的窠臼。

其實，林氏所指出之文化化約的主張，並不祇見諸於五四的反傳統主義與以後的「全盤西化」論者（如陳序經，1977），它也直接或間接地在其前與其後的不同主張者身上看到。把「文化」與「思想」當成共同的「置疑架構」（problematic），中國知識份子因此懷著浪漫的情懷，把重建並重振中華文化的使命神聖化，並且往自己的肩上挑。然而，有著浪漫使命感的主張並不等於問題就可以迎刃而解。雖說任何主張的提出都可能成為一股實際的社會動力（如五四時的反傳統主張），對社會產生相當程度的影響，但是，要使一種主張落實，並且為社會開展更寬廣、更平順的空間，對主張從事概念的解析，尤其是社會學式的透視，是有必要的。至少這樣的解析可以讓不同的意見展示出來、彼此互相辯詰、責難。如此將有助我們對問題的瞭解，否則主張將充其量只是一篇充滿感性炫惑，但卻未必是切實的宣言而已。本文的宗旨卽在於肯定「文化與思想」的重建有其必要的前提下，對晚近出爐的一種文化主張 —— 創造性轉化 —— 從事社會學的解析。

---

❷　其實「全盤西化」是一個經驗實在上完全不可能的說法。這一點，五四時代反傳統運動中之主要健將之一胡適（1972：139-142）早已注意到。他指出，當他使用「全盤西化」時，實際上是「充分世界化」，卽在精神上「用全力」的意思。所以，根據原提議者—胡適的這個意思，「全盤西化」基本上指涉的是主觀的態度與期望，而不是文化的客觀結果展現（參看　徐高阮，1972）。

二. 對「議題集中化」形成的簡單歷史囘顧

為了彰顯「創造性轉化」之主張的歷史地位，並凸顯其對現階段文化發展所具有之社會學意義，首先讓我們對近百餘年來求變過程中，中國知識份子之各種主張背後所具之社會學意涵略加陳述。

大體上，鴉片戰爭以前的中國社會的「實在」(reality)基本上是以儒家思想為文化主體，透過儒生羣在社會中占有之特殊、壟斷地位所經營之詮釋系統形塑、定義下來的展現。長期以來，尤其經過科舉制度的強化，儒家思想成為一個具主導優位、且有正當性的「實在的公衆詮釋」(public interpretation of reality)❸。經過世世代代儒生的相互對話和辯詰，儒家思想以「體系」化（systemic）的方式滲透入中國人的日常生活世界裏（everyday life-world）❹，也形塑了中

---

❸ Heidegger 之用語，引自 Mannheim (1952: 196)。

❹ 現象學家 Schutz 與 Luckmann (1973: 3) 稱「生活世界」乃「靠其具生命之有機體，人能操作的實在區域(region of reality)。在此區域之中，人可以讓自己參予介入，也可以改變。同時，在此領域內（包含已完成之行動和他人行動的結果），已被展現的客體和事件限制了其行動之自由選擇的可能性。」對一個個體而言，這個世界最為實在、立卽、直接面對面，也是最基本，並且無時無所不在的。它代表著人的整個活動的表現場域，因此，在社會學上，生活世界乃是人最初甚、也是最終的意義關涉所在，它開展了行動（action），也結束了行動。一個人同時以行進中的「行動」和完成了的「行止」（act）來具化其意向，就成為生活世界最主要的特質。於是乎，在社會裏，我們所能看到的是一個個的行動序列地以某種具形的方式呈現著，這就是生活世界。這些行動往往十分地瑣碎、細微，並且甚至常常是有韻律地週期出現，顯得是定型而且呆板。更重要的是，這些活動常常只是一些已社會化的「手段」性行動，乃個體謀求有效地繼續生存所必須支付的（這些活動包含諸如盥洗、吃飯、穿衣、搭車、看電視、聊天、睡覺等等）。一個人行動的「整體」意義，乃至生命存在的意義的實踐，就靠這些活動做有選擇性、累積性地「系統化」組合與串聯來完成。「系統」性就在這組合串聯當中產生了約制、規範的指導作用。

國社會「系統化」（systematic）且「系統」化的諸面相❺，舉凡政治、經濟、家庭、與種種其他制度莫不可以看到儒家思想的陰影。雖然，其間一再經歷不同詮釋體系的挑戰（如佛家、道家、法家等等），但儒家始終能化險爲夷地屹立不移，保持優勢地位，在中國人心目中獲得高度的共識。

　　不管其因究竟何在，高度的普遍共識性乃表示，社會裏潛藏的「系統」性與人們「生活世界」中的諸種實際活動之間有著一種「毋庸置疑」（unproblematic）的聯貫。基本上，雖然「系統」性乃是表現在社會中其內涵的文化成份之間是否具有內在相容性，也就是邏輯一致性（logical consistency）之上（Archer, 1988: 4），但是，儒家思想所以能夠使中國人產生「毋庸置疑」，而在生活世界中體現「理所當然」的生活態度，其主要關鍵還是在於「系統」性所開展出來之制度化機制能夠緊密運作與社會教化機制得以有效運用之上。換句話說，從時間相度來看，對一個「現在」定點的生活世界（也是人實際行動的世界），「系統」性是以「過去完成式」的姿態展現在「現在」。它的「現在」形式是累積了無數的過去努力而以具正當性的「傳統」身份出現。它牢牢地深嵌進個體的生活世界中，被吸納融滙成一個難

---

❺　「系統」性乃指在一個社群中，源於個體之生活世界，但透過人們之集體行動的方式，可從其共同意向與目標期望的凝聚薈集之中，抽取出來具制度化規模的集體表徵。它可能自主化，成爲一股外於個體，且對個體有制約、規範、指導作用的社會「存有」形式。但，其最終目標還是要施諸於個體的生活世界，以「行止」方式來表現。同時，系統性必是形諸於「在一個環境中的系統」（system in an environment）（Luhmann, 1976; 510），對生活世界而言，「系統」性既是其結構的一部份，同時也是環境。情境定義（definition of situation）乃決定了其爲何。從行動者的主觀體認立場來看，被納入定義之內的是整個形構（configuration）的一部份，否則，則形成爲環境。其實，對自我（ego），前者可稱之是心理環境，而後者可視之爲客觀環境。

以再區分彼此的「整體」，並且於人羣之中形成「主體互攝」(inter-subjective) 的場域。

如此的「自然」聯貫蘊涵兩個層面的意義。第一，在哲學人類學的層面， 儒家思想壓倒其他思想 ， 乃意涵其在建構中國文化之「系統 」性上具有主導優位性 。 固然其他的思想並 不是完全被扼殺或揚棄， 但是，面對儒家思想之意理系統的強勢壓力，尤其獲有正當性地位的強制力，它們被有選擇性的取用、修飾、乃至扭曲，以迎合儒家思想系統的邏輯。如此可以確保、也強化儒家思想系統的完整性。第二、在理論實踐的層面，這乃意味儒家思想系統的邏輯性相對順利地被轉化成爲生活世界中具共識性的行動內容❻。也就是說，「系統」性的形式與生活世界之實際體現間具有高度的共生互補性(concomitant complementarity) (Archer, 1988: 171-178)。

然而，遺憾的是，鴉片戰爭以後，中國所面對的西方文化不再像以往的異文化（如印度佛教文化）那樣。西方近代科技工業文化基本上是一個具高度俗世式之生機控制性且外控取向明顯的文化❼。與中國傳統具低度俗世式生機控制性且內控取向明顯的文化相比較，兩者乃分屬兩種不同的文化體系，其預設的哲學人類學立場不盡相同，因此依其邏輯所開展出來的命題自然不同，表現在「生活世界」中的行動樣態也就不一樣。其結果是產生了兩種不同世界觀，也形塑出兩種不同之「公衆詮釋」體系的競爭。

競爭是文化現象的一個基本特徵，對人類的知識生活具有重要且決定性的作用。Mannheim (1952: 191) 曾指出，在知識生產過程中，

---

❻　由「系統」性之實踐理論轉化成爲日常生活世界中具體的活動，基本上是象徵抽象度的降低與時空適切性的轉移的問題。有關的討論，參看葉啓政 (1984a)。

❼　有關此一概念的闡述，參考葉啓政 (1985)。

競爭並非只是一個在邊緣地帶作用的刺激、誘因、或偶生的變因。相反地，它是每個文化產品或文化運動之形成和內容的組構成分，更是任何心智活動不可或缺的基本現象。首先，競爭使得不同的文化表現體在人的認知世界裏會產生主導與附庸、或優與劣的不同地位。其結果乃使其中一個文化表現體產生主導的優位性，而其他的則退居次要的位置。這種情形表現在兩種異質性明顯的文化接觸時特別地突出。它們接觸之後，不免會因彼此不同，而在詮釋和控制的社會過程中，為了爭取主導權而互相競爭。 競爭的結果， 常在人們的認知中， 產生價值與經驗實在定義上的優劣區分來。居於劣勢的文化羣往往會使社會面臨全面的危機。這正是鴉片戰爭以來，面對西方近代文明衝擊下，中國人所經驗的情形。

心靈活動的競爭並非意涵著，理論的衝突只不過反映當前社會的局部競爭 （如「器用技術」層面的競爭），而是有關。「一般社會的」(general social)、具連鎖反應式的「整體」體現的競爭 （Mannheim, 1952: 193) 易言之，心靈活動(亦卽「文化」)的競爭反映的，不只是涉及利益、權力等等社會資源分配與控制的競爭，而是我們在上面強調的有關「世界觀」之定義與選擇的競爭。

基本上，鴉片戰爭以後，中國傳統「文化—社會」體系與西方科技「文化—社會」體系的競爭卽是如此。這樣的競爭格局蝕化、乃至摧毀一向儒家思想壟斷的「 系統」化生活世界， 其結果是， 社會逐漸出現了不同的「公衆詮釋」團體。每個團體都企圖為中國提出自己認為正確、可行的詮釋，它們形成立場不同的勢力，相互競爭著。Mannheim （1952: 203） 稱這種由壟斷公衆詮釋中釋放出來的諸競爭為「原子式的競爭」(atomistic competition)。 在西方， 這種思想乃敎會壟斷崩潰後一段時間內出現的典型現象。許多不同獨立具體的社

會團體企圖爭取對世界之正式詮釋的繼承權。如此類似的情形正也發生於鴉片戰爭以後的中國。從「中體西用」、「拼盤式的折衷主義」、「全盤性反傳統主義」、「中國文化開出民主論」、至「現代化論」等等，或多或少都是這種原子式的思想競爭的體現。它們都是一套有意、乃至有系統的設計，冀圖爲中國的未來開出一條道路來。然而，關鍵就在於可行性有多大。

整體地來看，從最早的「中體西用」、「西學源於中土」等主張至晚近的「現代化」論，乃反映著中國集體意識由破壞、防衞、而至重建的努力的歷史。同時，這也代表中國人（尤指知識份子）對西方文化不同階段的理解和反應，其間的主張是不同，甚至是針鋒相對的。但是，經過這麼一段長時間的互相辯詰和歷史經驗的累積，有心的中國知識分子對中國未來的發展大多有了一些基本的共識。他們不再是如極端的「全盤西化」論者（如陳序經，1977)，以爲中國有必要、也有可能把傳統完全拋棄，借助西方來重建新文化，而以爲文化只有古今之不同，並無中與外之別。他們也不會如清季之王韜、鄭觀應等人力主「西學源於中土」那麼簡陋的論調來化約西方文化 [8]，顯露出「文化自慰症」的徵兆。同時，他們也不能滿意新儒家如牟宗三等人主張中國文化傳統可以開出民主思想這種顯現儒家思想優位的單線思考方式 [9]。再者，他們更不可能同意「中體西用」這類「牛頭接馬尾」、忽略文化之體用本具內在聯貫性之特質所開出之過度簡化的迷思 [10]。

---

[8] 參考孫廣德（1982）。

[9] 有關此論的主張，可參考牟宗三（1961，1988)，牟宗三等（1958)，同時參考陳忠信（1988）的批判。

[10] Levenson（1965:65-69）對「體用」的關聯性有簡短、但卻具說服力的說明，可參考。同時參考葉啓政（1984b）利用 Pareto 之概念對「中體西用」的批評。

　　單從上述對諸種原子式之論調的責難，並不足以充分彰顯當前知識份子所共同特有的文化基調。經過了一百多年來的掙扎，中國知識份子已體認到，唯有在兼顧外來優勢文化與本土文化傳統的條件下，佐以社會變遷之實際結構形式的考慮，所提出來的文化理想才具有被充分具體實踐的可能。完全揚棄傳統是缺乏對社會特質之認識的浪漫主張，一個社會不可能、也絕無必要沒有傳統做為秩序的基礎。另一方面，堅守傳統不放，或主張以傳統為本位、外來為副位的文化論，也可能因忽視外來文化之優勢性和整體性而不切實際，無法充分地落實。面對諸如此類的歷史經驗，許多知識分子都深切體認到，開創一具有轉機的新文化，是未來中國發展不可或缺的前提。事實上，這也為上述一些不同主張所共同體認，只是隱而不彰，沒有明顯地被點出來而已。

　　早在二十二年前，殷海光（1966）在其著《中國文化的展望》中即指出，整個人類的社會文化生活面臨道德原則的考驗，而且其問題正是自由與極權的對抗（p. 597）。他以為建立一個具「效能」（efficacy）性的道德重建是絕對地迫切。而建立新道德不是即與傳統一刀割斷。「這既無必要，又無可能。一個道德而成為傳統，原因之一，是在一長久的時序中經歷了或多或少社會文化變遷形成的。」（殷海光，1966: 627）因此，「所謂『道德重整』既非復古，又非趨新，更非三條大路走中間式的浮面折衷，而是『調整』（accommodation and adjustment）。我們談『調整』不可茫茫然的調整，而必須明文地定位調整的目標。調整的目標訂立起來了，再研究調整的程序。」（同上: 628-629）準此，殷氏除了強調民主和科學之外，對一向他所批判的儒家尚存一些正面的期許，他以為是道德重建必須考慮包融的。他說：「在事實上，儒家有不少即令在今日還是可行的德目，也有偉

大的道德原理。」（同上：617）譬如，「民無信不立」、「士志於道，而恥惡衣惡食者，未足與議也」等等儒家的見解都被認爲是相當崇高，有價值做爲重建之道德的基本內容。

事實上，這二十年來，持如殷海光的文化觀者的學者不在少數。譬如，金耀基（1975: 30）就以爲，雖然傳統儒家的五倫「自不足以涵攝或因應『非家庭性』之人際的多面關係，但傳統的『仁』、『義』、『信』等德性則極具普遍取向性，且是超越家庭範疇的。」金氏復以爲，這些德性未必與工業化的社會結構有所衝突。他因此指出一個文化設計的藍圖；他說：「我相信中國重和諧的價值體系，將會對具有衝突之潛發性的工業社會，產生消解與調理的功能。中國現代社會的『社會倫理』之設計將需要文化上高度的智慧與想像力，但我不以爲這是超越向來就嫻精於『人事學問』的中國人的能力之外的。」（同上：30）同樣的，韋政通（1978）亦企圖「以問題爲主，去消融傳統與西化及現代之間的對立」（p. 1），他以「仁」是人類基本特質（同上：178）爲主線來重建儒家思想的時代地位。又，楊國樞（1988）從心理學的角度來分析傳統孝道，並透過現代社會性質的考慮，爲中國人設計了一套「揉合」了傳統與現代的孝的規範。

連上述力求「現代化」的學者都深切地體認傳統是不可能，也不必要揚棄；他們均以爲，揉合傳統與現代來設計一套新的文化體系是有其必要的。這樣的主張對那些向以尊儒爲本的所謂「新儒學」派的學者，如唐君毅、牟宗三等人更是盡其畢生，極力宣揚[11]。晚近，尤其在學界掀起研究儒家思想與亞洲四小龍之經濟成長的關係的熱潮推動下[12]，有些學者（尤其思想史家）更以發揚儒家思想做爲「創造轉

---

[11] 最具代表性的文章是牟宗三等（1985）。
[12] 參看黃光國（1988）、金耀基（1985）、楊君實與杜念中（1987）。

化」中國文化的法寶。其中，宣揚最有力的是杜維明。他提出儒家第三期發展爲口號的主張，以爲：「……我相信在後工業社會裏，儒家所塑造的理想人格將有極深遠的意義。不僅如此，我們在抉擇現代化的途徑時不能不考慮儒家思想人格的現代意義。」（杜維明，1989: 81）他所以深信儒家思想具有這樣的「創造的轉化」契機是在於：「儒家所塑造的人格，是全面性的人格。它既有開放性，又有無窮的內在動源；既非窩囊的『鄉愿』，又不是以個人主義爲中心的自了漢；既有開拓的心靈，又有一種羣體的自我意識，以強烈的社會關切，對人類各方面的問題都加以照察。」（杜維明，1989: 81）類似的論點也見諸於余英時的著作之中。他相信以儒家思想爲中心的中國價值系統是「禁得起現代化以至『現代以後』（post-modern）的挑戰而不致失去立場的存在根據的。」（余英時，1984: 133）

總結以上的論述，儘管有一些的主張是建立在對某一傳統思想（特別是儒家）近乎一廂情願的信仰，能不能、且如何具「創造性轉化」之契機實在令人懷疑，但是，有一點特徵卻是共同的，那就是：大家都明白，未來的文化藍圖必然是要在傳統與現代雙邊兼顧的情形下來勾勒的。百年來爭執不休的各種主張如今已可歸納且集中成如此的議題，餘下來的是傳統與現代如何兼顧的問題；或者更簡潔地說：「創造性轉化」如何進行；才有可能？

三．知識份子之文化主張的解析

在上文中，我們已提及到，出現在中國近百餘年來的諸種主張，基本上是知識份子關心社會的瞭解與詮釋方式和由此而衍生的對應策略。這些主張分別代表、也反映不同歷史階段中知識份子的態度、認

知、與實踐行動。然而，先後階段之間的思想往往顯示出有對歷史條
件具辯證性反省的特質。「西學源於中土」說扣著「中體西用」論，
「中體西用」論又扣著「全盤西化」主張：「全盤西化」主張引出
「中西調和」論與「民主開出」論，後二者又引起「現代化論」的反
彈；最後，「現代化論」牽引出「創造性轉化」的主張。

　　當然，這些主張並不是那麼明顯地一個接一個的轉出來。在歷史
中，有些是同時並存，只是彼此之間的消長有不同而已。它們如何展
現和主張之間有何不同是值得細究的問題，但是，這不是我們在這兒
關心的重點。在此，我們要指出的是這些活動所具有的一些共同社會
學上的特質。其中一個明顯而根本的是：這些知識份子的活動都是他
們由其生活世界中所經驗、體味、而凝聚出來的一套認知系統。這套
認知形構基本上是指向社會「系統」化的層面，只是當時知識份子並
沒有這樣的認識而已。說得更明白些，知識分子所經歷的是，西方近
代文化「系統」與中國傳統「系統」競爭結果反映在日常生活世界中
的經驗。

　　就個體行動的衍生歷程來看，情境乃行動所必須仰賴的「關涉」
(relevance)[13]。依 Habermas 的說法 (1987: 122)，情境乃「關涉之
生活世界內容的一個段節」。也就是說，情境是一個人產生行動時，
直接、立即面對、且主觀上認知到、或未充分認知到的「面域」
(horizon)。透過個體之認知經驗，它把在社羣中具普遍意義之系統
性關涉轉化成為具時空特殊性之生活世界關涉的結構形式。於是，經
由行動之目的與計劃的指導，人從情境中編織出「主題」來。主題乃
代表個體對「系統」性[14]反應而凝聚出來的行動內容，具有「價值概

---

[13] 此乃現象社會學中的重要概念，參看 Schutz (1970)。
[14] 參看❺。

化」（value generalization）的意涵。對一般人們，他們往往缺乏捕捉此一「價值概化」的習慣和能力，其所認知意識到的關涉情境和形構的行動主題往往相當具體、特定，並且集中在以個體為中心而建築出來的「面對面」式世界。他們關心的是諸如怎麼保住工作、找更好的工作、股票上漲或下跌、誰家小孩考上了大學等等類似的問題。但對一個具歷史意識的知識份子，他們把時間、空間與社會距離拉大來看，其所關涉的情境與形構之行動主題會愈具概化性，組織成的秩序也抽象化，而集中在某一議題上。這是何以知識分子會關心社會，而有諸如「中體西用」、「折衷調和」、「現代化」等抽象度甚高之議題出現的原因。

情境的定義與行動主題乃是把「置疑可能性」（problematic possibilities）化解成「毋庸置疑」之行動目標與計劃的必要步驟。生活世界即是把這麼一個過程一再反覆運作的場域。人在當中經驗各種置疑，也努力化解置疑，使之成為理所當然的自然態度。毫無疑問的，當社會穩定，沒有明顯陌生刺激出現時，一切顯得毋庸置疑的情形就十分明顯。但是，當社會面臨鉅變，尤其是面對著外來陌生的刺激時，需要化解「置疑」的工程就特別會浮現，問題顯得特別繁複難解，個體常會因過去習慣、熟稔的「自然態度」無法有效地應付而感到受挫、困擾、與焦慮。面對這樣充滿置疑的情境而未能有效的應對，其所產生的壓力首先會在具體的生活世界裏體現，而繼之會轉至「系統」性高的意識層面來，帶來了系統與認同的雙重危機。

「系統」性是一種邏輯體現，被一般人們充分體認的機會比較不容易。它可以被隱晦曖昧地感受到，但往往未必能充分地被認清楚，因此，其危機意識也較難被體察到。這是何以「牛頭對馬尾」之「中體西用」觀，在一開始接觸到西方文化的壓勢時，首先被提出來做為

對應策略的理由之一。對當時的中國知識份子而言，他們缺乏充分體認西方科技背後所支撐之「系統」性的特質。譬如，Levenson (1965: 61) 批評中國之體用合理化所以失敗的癥結即在於沒有認清體用是合一互攝的特質。他說：「在新融合文化中，做為『體』的中國學問事實上乃是在社會中學習而來的東西；一直是被當成『用』以獲致所有生涯中最好的東西。當西方學問被拿來當成『用』，它並無法如原先巧妙設計所預期一般，是用來補充中國學問，而是開始取代它。」(p. 61)

Levenson (1965: 68-69) 又進一步指出，張之洞對其所為並未認識清楚，他誤用了體用二分的原意。朱熹的原意是形而上的，體用乃意指界定一個客體的兩面——實質與功能 (substance and function)。但是，張之洞的用法卻是社會學的；他關心的不是物之本性，而是文化的特質。體與用在客觀具形 (objective embodiment) 上被分離，只在心靈上是融滙。於是，一個人可以有些 (中國的) 為體，有些 (西方的) 為用。這不是朱熹以為「所有的某種東西都兼具有體與用」的原意。Levenson 此一批評已觸及到「系統」性形式與「生活世界」之實質內容間的關係的問題了。關於這個問題，留待下文正式討論「創造性轉化」時，再細加討論。

總地來說，「中體西用」論把「體」與「用」的概念誤置。根據這個主張，中還是中，西還是西，它們可以並存在同一個社會裏。一方面，我們維持中國傳統的價值取向、思維方式、乃至行動模式，但另一方面，移植了西方的物質生產方式、政治制度等等「西政西藝」。基本上，這樣的主張完全忽略了「西政西藝」不只是一種生活世界中的具體活動，而且是一套具邏輯一致性的「系統」性形式，其間是存有一定的貫聯強制性。同時，它也忽略了中國所面臨是兩種不同生活

世界之體系性的競爭。雖然這兩種不同體系並非完全互斥，但也絕非可以無條件的任意組合，而產生「牛頭馬尾」的怪胎。中西體系調整組合，也就是所謂「創造性轉化」，基本上是一個複雜的問題，必須經過理論與經驗雙重的解析，才可能理出一條路子來的。

很明顯的，「中體西用」論的出現啓發了中國知識份子開始思考文化的問題。雖然往後之諸種主張已逐漸貼近生活世界之體系化的實在，但是，知識份子還是沒有充分地掌握到這樣的理論世界。康有爲之主「孔教」、譚嗣同的「仁學」、乃至往後承繼之新儒家的主張（如牟宗三的「民主開出」論）都一樣地，未充分地掌握了「系統」性形式與「生活世界」之實際活動間的聯貫強制性。但是，有一點是共同，也值得重視的是，他們的主張已意涵著：對生活世界從事人爲的「系統」化設計（包含改造與重組）是絕對必要的。同時，從他們身上也可以看出來，在重組過程中，傳統是不可能完全揚棄，必須嚴肅地被納入考慮。

不同於這些「溫和」、「折衷」式的改造論者，五四時反傳統的「全盤西化」者的主張所透露的訊息則具有不同的意涵。他們的主張乃意涵著，西方文化對中國所構成的挑戰並不是片面，而是整體的世界觀，因此是對「實在」之公衆詮釋之整體翻動的問題。他們找到了儒家當成形構中國傳統之「生活世界」體系的靶子來打。無怪乎會有陳序經（1977: 47）主張「學固有新舊之分，然沒有東西、中外之分」，且強調物質與精神一體的有機整體觀（pp. 53-54）。

假若有機整體觀指涉的是：社會內的各個部分⑮具有相互推動，

---

⑮ 就「系統」性形式而言，是各具相當自主運作法則的次「系統」性形式；就生活世界而言，則是各具不同控制社會資源與占不同社會位置之能力的成員（包含個體與複合者）。

但未必有相等影響作用的趨勢❶，則這種觀點是可以接受的。毫無疑問的，這個觀念並不是當時知識份子所認識到的。不過，能注意到生活世界之體系的整體性，確實是五四以來「全盤西化」論者獨到的見解，毋寧是表示認識上進了一步。當然，他們忽略了一個重要的事實，那就是：他們思考的是兩個不同「文化─社會」體系間的競爭，而不是單一體系內部次元體系的競爭。易言之，在此情形下，儘管一個體系的次元可能有產生連鎖式之崩潰瓦解的威脅，但是，這並不表示它必然、也必要完全崩潰，而由另一體系的體現形式所完全取代。他們顯然忽略了原體系所可能具有的實際力量與此力量所具之社會意義。這股力量所涉及的，不是應該要不要的應然問題，因此不是價值認定的問題，而是可不可能不加以考慮的實然條件問題。況且，「生活世界」是一個理所當然的世界，約定俗成的習慣往往早已根深蒂固地成為「傳統」約制著行為。誠如上述的，原有「系統」性形式是以「過去完成式」出現在生活世界的「現在」當刻。這樣的糾結有著聯貫強制性，並非任何外來「系統」化力量一時可以瓦解的。因此，這是一種雙重雙層的建構工作。一方面，先必須破壞了原有之「系統」性形式與「生活世界」之實際活動間的聯貫強制性。另一方面，它才能重建別具特色的「系統」性形式與「生活世界」之實際活動的聯貫強制性。五四之後，會有「中國文化本位」論或新儒之「民主開出論」的反彈，事實上就是表示這種雙重雙層社會工程之艱難。

　　總地來說，在近代中國求變的過程中，由於一開始缺乏對外來西方文化有深刻的認識，更由於中國傳統文化「體系」的悠久，其嵌烙

---

❶　即 Althusser (1979) 所謂之「多元結構決定之整體」(overdetermined whole)，即組成之部份是不對稱地互相關聯，同時又能具相對的自主性。

之深使得知識份子從其「生活世界」中所凝聚的經驗，只足以引發一種「點」式的反應，對西方採取「點」式的「系統」性模擬。這從一開始「中體西用」論的習西政西藝，至五四時之主「民主與科學」，一直都是如此。於是，百餘年來，知識份子在文化上的努力，一向就缺乏對西方文化採取「面」（尤其社會理論面）與「體」的「整體」觀照。尤其，一開始，知識份子乃是基於救國❶而考慮如何學習西方，這意味他們是以實際參與者（而不是旁觀者的姿態）基於解決問題的立場來看待西方。他們因為處於「置疑」的情境，「關涉」上發生了曖昧、模糊、矛盾，心理上有了困惑、緊張、與挫敗。強烈而迫切的行動與問題取向導致他們缺乏追求以理論為導向的關涉可能。事實上，以當時的情形，即使願意採取旁觀者的立場，也會因建構充分知識之客觀條件不足，而不可能有貼切、具眼光的認識。縱然有這種人，其論點也未必能在當時受到重視。

總之，明顯而強烈以問題與行動為導向，使得知識份子一開始企圖以分析性不足的知識來為中國求變提供方案。Etzioni（1968:143-151）即指出，源於不恰當知識過程所得來的觀念或創新的綜合常常是不具效用的。從「中體西用」主張被提出以來，中國知識份子所提出的文化建設方案多有深具野心而且大膽的，遺憾的正是，它們常是經不起分析，也受不了現實考驗。然而，弔詭的是，這些論述卻能在學界、乃至社會中引起震撼。余英時說過一句話，很貼切。他說：「文化重建必須建立在對中西文化的真實瞭解的基礎之上。這正是我們幾十年來應從事但是卻沒有認真進行過的基本工作。」（余英時，1982:178）

把余英時這段話轉換成為本文所使用的語言，即意味：發展一融

❶　此論參看張灝（1980），Levenson（1965,1972）。

貫中西、具開創的文化「系統」性形式對未來中國的發展是必要，而
且有優位性。利用文化「系統」的再造來帶動其他系統性形式，並轉
而安置在日常生活世界，將是一條可行，甚至是勢在必行的設計策
略，雖然這樣的主張仍不免會有犯文化與思想主導（或化約）論之疑
慮。但是，不管如何，人們有做任何主張的權利，這是其正當性的。
然而，問題就在於它是不是貼切、可行，具有某種實效性？

四．「創造性轉化」的解析

綜觀往昔不同的主張，除了極少數持極端主張之外，不論是主
「中國本位」、「中國傳統開出民主」、「現代化」論者，大致上都接受
這麼看法：「中國的歷史文化背景與西方根本不同：這就決定了它無
法亦步亦趨地照抄西方的模式。」（余英時，1984: 43）撇開基於強烈
民族情感認同而主中國本位的主張外**⑱**，這個看法不但反映了歷史經
驗的累積，在學理上，也有道理的。

當一個社會面臨外來挑戰威脅而有了危機感時，首先是在日常生
活世界中的經驗和活動裏體察到。這是何以把生活世界當成是社會體
系的第一線之道理所在。新的文化元素，尤其是陌生、異質、具生機
控制優勢性者，當其介入的一開始，人們就可能經驗到。生活世界中
原有的秩序組合馬上會受到威脅。但是此一威脅往往並不會一開始就
瓦解掉整個秩序，而是以緩慢滲透的方式來腐蝕原先已建立之「主觀

<hr>

⑱ 1935年王新命等十教授所提出之＜中國本位的文化建設宣言＞（1980）或
牟宗三等人（1958）所提之＜爲中國文化敬告世界人士宣言＞。前文可以
說是基於民族情感認同而出發的，後者則陳理較多，但仍帶濃厚文化本
位色彩，以爲中國文化可濟西方文明之缺陷。可參考陳忠信（1988）、林
毓生（1989a）、張灝（1989: 79-116）。

互攝」的「因果共識」(causal consensus)。因為，畢竟任何因果共識所賴以成立的社會表現形式都會有一定的靱性，不會一折即斷。換句話說，在生活世界裏，透過教化機制而形成之約定俗成風俗、習慣、與傳統，早已在人與人之間建立起一套共認的聯貫事件之因果關係的特定方式。這套方式保證了主觀互攝的世界有整合（卽社會整合，social integration）的可能⑲。基本上，這個整合的體現並不來自對背後「系統」性形式之邏輯性（卽「系統整合」）的直接體認，而是內涵在系統邏輯性，為未經充分察知、分析之層疊無窮的聯貫強制性所衍生之當中，連鎖關係驅動而使然的。這是我們在上文中所提，「系統」性形式係以「過去完成式」姿態出現在生活世界的「現在」常見的情形。只有當人們強烈企圖合理化生活世界並尋找解釋時，「系統」性形式的邏輯性才可能被挖掘出來，並且在生活世界中具體被披露開來，此時，「系統」性才會明顯地浮現出來。

總之，當「系統」性被高度潛意識化時，任何外力的挑動一開始往往只觸及生活世界中具體的實際活動內容，而且只是其中的一部份而已。它未必立刻威脅到整個生活世界的體系。因此，危機往往首先見諸於生活世界中的一些具體面相，而且首先以完成式來展現的，必然是「涉及基本生存的危機」。誠如上述的，當生活世界面對外力的接觸，事實上卽已出現了意義的定義與認同問題。但是，基於上述「系統」性形式與「生活世界」之實際活動間聯貫強制性的靱性的存在，認同危機並不會立刻浮現。人們往往會等到「生存危機」惡化（假若有的話），才開始思考問題，謀求解決，系統危機感才產生。而且，甚至等到「系統危機」完成後，「認同危機」才會充分展現出來。因此

---

⑲ 有關「因果共識」的說法，參看 Archer (1988)。社會整合是生活世界秩序建立的基質。有關之討論，參看 葉啓政 (1986)。

，就時間序列來看，危機是先始於「生存」，而「系統」，而以「認同」來完成其「整體」的危機意識狀態。根據這個理論，「中體西用」論的階段基本上乃反映中國人具有明顯「生存危機」，而未完全體認「系統危機」的威脅。這可以說是 Levenson (1965，1972)、Schwartz (1972)、與張灝 (1980)等人認為，晚清知識份子的求變改革主張，乃基於救亡圖存的「國家意識」，而非攸關文化認同的文化意識的另一種詮釋。只有到了五四時代，「系統危機」而至「認同危機」❷ 才逐漸展現出來，只是沒有充分地被知識份子察知出來而已。晚近「創造性轉化」主張之提出可以說是三種危機充分呈現的一種「整體」性的反應，儘管它們還是沒有完全清楚、有系統地被點明出來。

根據林毓生 (1989b) 的說法，「創造性轉化」乃指：「使用多元的思想模式將一些（而非全部）中國傳統中的符號、思想、價值與行為模式加以重組與／或改造，使經過重組與／或改造的符號、思想、價值與行為模式變成有利於變革的資源，同時在變革中得以繼續保持文化的認同。」(p. 388)

首先，撇開涉及「多元的思想模式」之知識論和方法論的問題不談，因為這不是本文關心的主題。「創造性轉化」這個概念，與以往的許多論調一般，基本上是知識份子對文化提出的一種主張。一方面，這主張乃代表知識份子自身對文化的反省；另一方面，它肯定知識份子是帶動社會變遷之引導者 (agency)，並對此角色給予殷切的期盼。很明顯的，假若知識份子之基本社會角色是處理符號象徵的文化事務，包含創造、修飾與傳播等等工作，那麼，順理成章地，「創造性轉化」的工作自然就落在知識分子身上而莫有他屬了。這樣的論調很明顯地是一種菁英論的立場，也是一種有意設計的計劃變遷

❷ 關於「系統危機」與「認同危機」的討論，參看 Habermas (1973)。

的主張。

　　旣然「創造性轉化」是計劃性的變遷，就不免要涉及意圖引導之方向的問題，也因此是價值涉入的。這個特性可從上述林毓生之定義中所提及「將一些（而非全部）……」、「加以重組與／或改造……」、「變成有利於變革的資源……」、與「得以繼續保持文化的認同」等等的陳述，見到一斑。如何是「這一些」而不是「那一些」；是如此「重組與／或改造」，而不是另外的；是如此才「有利」而非「有害」；是如此才足以「繼續保持文化的認同」而非破壞等問題，均不免涉及個人與／或集體的價值選擇的問題。

　　準此，林氏（1989: 389）所引用 Weber 之理想型分析來當成進行「創造性轉化」之策略，事實上已不具備 Weber 理想型分析之方法論所具「超乎價值涉入」（value free）的基本立場。Weber 選擇一種價值（或態度）（往往是在特定時空上具優位之價值）來做為分析文化與歷史的基線，但，基本上，對此一價值在主觀上並無好惡之辨，也並不拿來當成社會計劃的標準。因此，Weber 是對某些文化質素「定性」、也「定位」，但並沒有涉入「惡毒」與否，或是否具「惡劣的影響」的價值判斷。然而，當把 Weber 之方法用來當成「創造性轉化」的策略，則方法原來的精神就無法完全保持。其所從事的「定性」與「定位」，基本上擺脫不了「價值」與「好惡」之選擇的位階問題。「創造性轉化」於是乎乃是一個不折不扣具文化霸權意涵之「理想類型化」的社會活動，它反映的是某一些人或某類羣、階層、甚至階級的意識形態。誰能在競爭之中，爭取到領導權，誰就具有定義轉化方向的權力。從這個角度來看，主張「創造性轉化」的知識份子可能與其他主張者一樣地善，也一樣地惡，而此一主張基本上也無非只是諸多選擇可能中的一種而已。倘若「創造性轉化」有優於其他

主張之處，同時也是，在當前時空條件下，最具潛力之可行、也是最貼切的主張的話，那麼，其依據何在？或反過來問，其可能有的盲點或困難何在？

任何帶計劃變遷色彩的「善意」主張，都有產生「為惡」的潛在結果的可能性。但是，我們不能因為「為惡」可能性幾乎是無可避免，而對計劃的舉止採取完全寬容的態度，不給予任何的規範。尤其，計劃變遷既是一種人為、有意圖、有特定方向的變遷，它必然具「倫理」的意涵，需要設定一些倫理標準來考量的。做為一種計劃變遷的主張，「創造性轉化」所彰顯的「倫理」基礎基本上是在於：它表現出能夠同時吸納本土與外來和傳統與現代之文化基素的潛在空間，而且有不會刻板地先訂出一定預設優位前提的可塑性。因此，理論上，它可以是一個頗足貼近社會實在、且可行性會較高的主張。

「創造性轉化」是內涵有一些更寬廣的可能性。它不再如「中體西用」說那麼輕率地使用兩分的方式立刻把中與西定了位下來。它也不必然如頗多「折衷調和」論者一廂情願地以「中為主，西為輔」來開出藥方。同時，它可以不像「全盤西化論」一般大幅度否定傳統，或如「現代化」論者傾向「西為主，中為輔」的主張。這也就是說，「創造性轉化」概念最大的特色是在於：它已體認到，當一個社會面臨外來強勢文化排山倒海的壓力時，其所面對的不只是該文化的一部份，而是表現在「系統」化之「生活世界」的整體性競爭。因此，現實地來考量，對劣勢社會而言，吸收外來文化改變體質以適應更大的「世界體系」環境是勢在必行。這已不只是「願不願意」的主觀意志問題了。然而，畢竟人的生活世界是在既有「系統」性形式以明顯或隱藏方式來安置下進行的，傳統對形構生活世界有其社會與心理結

㉑　參考⑯。

構上的強制必然性，是不可能，也沒必要驟然完全放棄的。總之，這樣的見解毋寧展現出其具有歷史實徵感，也剔透出其具開放性的一面。這正是此一主張，與以往諸論斷相較之下，顯得更有可能貼切現實，展現更成熟地掌握歷史意識之可能性的理由所在。但是，弔詭的是，正因爲它是開放的，並沒有預先設定傳統與現代，外來與本土之間孰重孰輕，如何於其中拿捏分寸才足以開展新的契機，著實是件藝術工作，端看創造者的智慧與洞見了。

毋庸置疑的，既然創造性轉化是知識份子爲主的一種計畫變遷主張，它是帶有濃厚應然成分之文化象徵與價值的社會實踐，也是理論實踐成爲「實然」的活動。因此，它展現一種集體意識（更重要的，也是集體意志）的形成、凝聚、與行諸於社會的運動。運動始於一個帶有新意、對原來舊有狀態辯證的「源起狀態」(nascent state)，而終於爭取到制度化成爲具正當性之「系統」形式爲其鵠的⑫。從這個角度來看，知識分子所負載的「創造性轉化」的角色，基本上是透過文化象徵「系統」性的改造來完成改造生活世界的目的。此時，「系統」性的改造不祇指向邏輯性（這經常不是焦點），而是預設的析定，也就是終極理想價值命題的選擇。

就時間序列而言，「創造性轉化」所企圖建立的本質上是對「現

---

⑫ 此概念源於 Alberoni (1984)。
⑬ 雙重隨制性乃 Luhmann (1976) 提出的概念。Luhmann 用它來刻劃行動者之「存有」的社會特質。簡言之，存有仰賴選擇，而選擇意涵「非存有」的可能，也意涵其他可能的存有。當我們說一個事實是隨制的，即此一事實被看成是從其他可能中溢出的選擇。雖然它是一個選擇，但某個角度來，這只是可能性。易言之，雙重隨制乃是對無限世界所形成之複雜性從事化約，並表現在自我－他我 (ego-alter) 間之經驗與行動的有限組合。它成爲互動時的一種「肯定－否定」的整體內在邏輯結構，其在一定時空下是有限組合，但此組合又因有「否定」與可能性之開展而顯示有「無限」的契機，其樣態隨社會分化的程度，行動者之主觀意識而變。

在」之「生活世界」體系具辯證否定的「未來式」形式。它是一個逐漸在形塑中， 也力求被肯定且正當化的計劃， 選擇與組合是其最重要的課題。很明顯的， 「系統」化的形式要能發揮其意義，必須與選擇之主觀隨制性 (subjective contingency of choice) 相契合 (Luhmann, 1976: 508)，因而也就必須考慮到行動者的經驗與行動了。然而，行動者的經驗與行動卻又受制於其他關涉的行動選擇。如此的雙重隨制 (double contingency)㉓一方面開展了選擇的可能性，另一方面卻也界範了其可能性的範圍。就「創造性轉化」而言，此一雙重隨制是開放、也是「否定」的。它的冒險性高， 如何妥當吸納結構強制性 (structural imperative) 就變成十分的重要，它將決定所形成之「系統」性形式是否能夠充分發揮的要件。準此，影響行動者之選擇與組合的條件就不能不慎重考慮了。這些條件包含: (1) 目前體現之生活世界的樣貌， 這是「創造性轉化」眞正要用力而企圖移動的場域。(2) 與此一生活世界互嵌之「系統」性形式的特質，這是企圖修飾、乃至是被替代掉首先會碰到的面相。(3) 現有優勢的「系統」性樣態， 這是主控整個較大環境的主宰體， 是一向用來修飾、 否定原「系統」性形式的依據，但卻也往往是「創造性轉化」一樣企圖要修飾、乃至否定的「系統」性形式。是故,(3) 與(2) 中之「系統」性形式一齊，均可能是「創造性轉化」所欲否定或顚覆的對象。這是一種雙重的「系統」性否定。(4) 所持有之主導終極文化理念與價值，這是「創造性轉化」所欲追求的終極目的，也是整個文化設計之最終依據。

無疑地，在「創造性轉化」實際進行的過程中，這四個面相如何兼顧，就成爲關鍵問題。這是相當複雜的問題，如何在其中尋找平衡點， 實是一門有關文化設計的藝術。然而， 不管如何， 可以肯定的

是，這絕非如杜維明（1989）所主張的儒家第三期發展那麼簡單而且一廂情願的說法可以來處理的。它涉及到的是理想與現實、實然與必然的雙重考慮。簡言之，如何突破「本土過去與外來現在」，與「系統」性形式與「生活世界」之實際活動等雙重雙層的可能脫節之歷史困局，妥善安排一具優先重點順序，且又能互扣互攝之文化內容的改造，是一件具挑戰性的文化改造工程。

最後，我們必須談到的是有關「系統」化之生活世界的內部的問題。站在知識份子的立場，他們企圖透過「創造性轉化」來開展社會變遷的設計，是相當守其本分，乃一本知識份子所具之分化角色和其所掌握之正當社會資源（文化象徵符號的正當化）而為的。這樣的行動是以文化為源本，但並不是止於狹義的文化。更恰當地說，它是象徵理想的，其終極目的是把所形構的象徵理想「如是」而且「恰當」地轉化至個別次「系統」化面相，以達到社會整體的改造。文化只是改造的起點，絕非終點，更非全部。

理論上，「系統」化是對事物之樣態特質的一種描述，它是嵌滲進入人之社會生活的各個面相，舉凡政治、經濟、家庭、教育、與文化等等都可能具備此一特質。倘若我們把這些面相濃縮成政治、經濟、與文化三個面相來看，則「系統」化不但是分化，而且各自具有相當獨立自主的特質—如概化媒體（generalized media）的性質就不同。既然「創造性轉化」是企圖建構一套具象徵理念的知識系統，而由此來開展社會整體的改造，我們所可能遭遇的問題，就不只是此一知識系統所形構之理論是否能夠充分地、且邏輯上一致地表現（或轉化）在各個面相上，而是政治與經濟次體系性之世界之實際狀態對此一知識系統反彈力會有多大的問題。前者的問題是由知識系統為起點引伸出來的系統邏輯一致性的問題，是知識系統為本的思考方式，這

也是知識份子常所樂於採取的方式。後者的問題是系統彼此之間自主性競爭、內在邏輯是否一致、與相互搭配之策略的問題。因此，這是不同之「系統」性形式之間的優位性競爭與自主性防衛的問題。站在多元結構決定論的角度來看，「創造性轉化」之以改造知識系統來帶動整體改造的行動，是否會有時空與結構的必然極限，這是不能不問的問題。若是，極限何在？如何化解？又，改造所確立的理想目標是否必然無法如實且如是的轉化實踐，而一定會被扭曲？這些在在都是問題。

做為知識份子，當從事社會計劃變遷工程的設計時，他到底應當不避艱難地秉持確立的理念與知識系統來演繹、轉化其理想，做個徹底的理想主義者，還是如李澤厚（1987）之「西體中用」的主張，採取實在主義的立場，接受社會既有之優勢存在方式（包含生產方式）為根本之「體」而來開展中國式的「用」，這就有得爭執了。其實，知識份子對自己之社會分化角色一向就有很高的期許，而這種期許本質上是帶浪漫的色彩，這本就是知識份子之理想社會意義的內涵。無疑的，知識分子這種富浪漫之理想主義色彩，不免會使自己的社會角色膨脹，也會對自己所掌握的社會資源（象徵、符號的運用）在倫理與美學上給予過份崇高的評價。這容易反映出一種企圖無限擴張自我之霸權事業的心態。他們自傲為改造社會的先鋒，也是時代的舵手。一旦與掌握有權力的政治菁英與財富的經濟精英所組成之社會實在對了面，知識份子的「創造性轉化」，不論內容如何，勢必多少將與之有對立牴觸的地方，否則就無所謂轉化，也無所謂否定之可能和必要了。政治與經濟菁英本質上是保守的，因為他們是在既有建制上成為菁英。這個特點即明白道出他們基本上是必須仰賴建制、保護建制的本質。如此一來，理念上來說，知識份子與政治／經濟菁英聯合體之

間的關係經常是緊張，而且也可能是對立的。「創造性轉化」，在此情形下，多少是具有悲劇的性格。它成就的可能是個拿破崙，可能是亞歷山大，也可能是唐·吉訶德。不過，不管如何，它代表社會求突破中的一絲希望，沒有這絲希望，知識分子還能幹什麼？只有去替政客與資本家幫閒。要不，就做個具有潔癖、自求多福的自了漢了。

（原文刊於韋政通等著，《自由民主的思想與文化》，自立報系出版，1990年）

參 考 文 獻

方東美

　　1984　《中國人的心靈》。臺北：聯經。

中村元

　　1953　《中國人之思惟方法》。臺北：中華文化出版事業委員會 （徐復觀譯）。

牟宗三

　　1961　《政道與治道》。臺北：漢文。

　　1988　《歷史哲學》。臺北：學生 （重印）。

牟宗三等

　　　　<為中國文化敬告世界人士宣言>，《民主評論》，第九卷第一期，頁 2~21。

王新命等

　　1980　<中國本位的文化建設宣言>，帕米爾書店編輯部（編），《文化建設與西化問題討論集》，上集。臺北：帕米爾，頁 1~60。

杜維明

　　1989　《儒學第三期發展的前景問題》。臺北：聯經。

李澤厚

1987 ＜漫談「西體中用」＞，《中國論壇》，第二十五卷第四期，頁11～25。

余英時

1982 ＜試論中國文化的重建問題＞，氏著《史學與傳統》。臺北：時報出版公司，頁 165～183。

1984 《從價值系統看中國文化的現代意義》。臺北：時報出版公司。

林毓生

1989a ＜新儒家在中國推展民主的理論面臨的困境＞，氏著《政治秩序與多元社會》。臺北：聯經，頁 337～350。

1989b ＜什麼是「創造性轉化」＞，氏著，《政治秩序與多元社會》。臺北：聯經，頁 387～394。

金耀基

1975 ＜中國現代化的動向：一些觀察與反省＞，見金耀基等著《中國現代化的動向》。臺北：勁草文化事業公司，頁 1～36。

1985 ＜儒家倫理與經濟發展：韋伯學之說的重探討＞，香港中文大學社會科學院及社會研究所 （編），《現代化與中國文化研究研討會論文彙編》，頁 133～145。

胡適

1972 ＜充分世界化與全盤西化＞，胡適等《胡適與中西文化》。臺北：牧童，頁 139～142。

徐高阮

1972 ＜胡適之與全盤西化＞，胡適等《胡適與中西文化》。臺北：牧童，頁 11～24。

殷海光

1966 《中國文化的展望》。臺北：文星。

韋政通

1978 《巨變與傳統》。臺北：牧童。

孫廣德

1982 《晚清傳統與西化的爭論》。臺北: 臺灣商務。

張灝

1980 <晚清傳統思想發展試論>，張灝等《晚清思想》。臺北: 時報出版公司，頁 19～34。

1989 <新儒家與當代中國的思想危機>，氏著《幽暗意識與民主傳統》。臺北: 聯經，頁 79～116。

陳序經

1977 《中國文化的出路》。臺北: 牧童。

陳榮捷

1984 <中國哲學之理論與實際——特論人文主義>，方東美等著《中國人的心靈》。臺北: 聯經，頁 1～20。

陳忠信

1988 <新儒家「民主開出論」的檢討——認識論層次的批判>，《臺灣社會研究》第一卷第四期，頁 101～138。

黃光國

1988 《儒家思想與東亞現代化》。臺北: 巨流。

楊國樞

1988 《中國人之孝道的概念分析》，氏著《中國人的蛻變》。臺北: 桂冠，頁 31～64。

楊君實與杜念中 (編)

1987 《儒家倫理與經濟發展》。臺北: 允晨。

葉啓政

1984a <「倫理——實踐」的轉型與安置>，氏著《社會、文化和知識分子》。臺北: 東大，頁 89～136。

1984b <三十年來臺灣地區中國文化發展的檢討>，氏著《社會、文化和知識分子》。臺北: 東大，頁 199～272。

1985　＜文化優勢的擴散與「中心—邊陲」對偶關係＞，《中國社會學刊》第九期，頁 1～24。

1986　＜「功能」的概念——社會的事實抑或詮釋的幽魂＞，《中國社會學刊》第十期，頁 17～60。

蔡錦昌

1989　《從中國古代思考方式比較荀子思想之本色》。臺北：唐山，第一章。

Alberoni, F.

1984　*Movement and Institution*. New York: Columbia University Press.

Athusser, L.

1979　*For Marx*. London: NLB.

Archer, M. S.

1988　*Culture and Agency: The Place of Culture in Social Theory*. Cambridge University Press.

Etizoni, A.

1968　*The Active Society*. New York: Macmillian.

Habermas, J.

1973　*Legitimation Crisis*. Boston, Mass.: Beacon Press.

1987　*The Theory of Communicative Action*. Volume 2, Boston, Mass.: Beacon Press.

Levenson, J.

1965　*Confucian China and Its Modern Fate: A Trilogy*. University of California Press.

1972　*Liang Chi-Ch'ao and the Mind of Modern China*. 臺北：虹橋。

Lin, Yü-sheng

1979　*The Crisis of Chineses Consciousness*. The University of Wisconsin Press.

Luhmann, N.

1976 "Generalized media and the problem of contingency," in J.J. Loubser and others (ed.) *Exploration in General Theory in Social Science*, Vol. 2, New York: Free Press, 507-532.

Mannheim, K.

1952 "Competition as a cultural phenomenon," in *Essays on the Sociology of Knowledge*. New York: Oxford University Press, 191-229.

Schutz, A.

1970 *Reflections on the Problem of Relevance*. Yale University Press.

Schutz, A. & T. Luckmann.

1973 *The Structures of the Life-World*. Northwestern University Press.

Schwartz, B.

1972 "The limits of tradition versus modernity as categories of explanation: The case of Chinese intellectuals," *Daedalus*, Spring, 71-88.

誰才是「知識份子」？

「知識份子」這個名詞常常在報章雜誌中出現。人們用起來，似乎十分地順手，總是把它當成是一個不用再斟酌，而大家都會明白其意涵的詞彙。譬如，大家都會同意「知識份子」一定都是讀過一些書，曾接受過相當程度之正式教育的人；許多人更以為「知識份子」除了是「讀書人」這個特性，還必得是對人類與社會有一貫而熱誠的關懷與批判的精神。諸如此類的看法很難說不對，因為它們都有一定的現實指涉，也都反映一定的社會意義，用起來都可以具有一定的效度。但是，倘若我們用些心，仔細認真地深加思考，就不免發現情形好像並不是那麼地單純，「想當然爾」地來使用「知識份子」這個詞彙，似乎很難周延地勾勒我們所欲圖描述的現象的全貌。這樣的認知上的困境，嚴格說來，並不只是在確立「知識份子」之指涉時才發生，使用其他描繪有關人與社會的概念時，常常也會遭遇到。所不同的或許是，使用「知識份子」概念時，曖昧之處特別地明顯而已。基於這個理由，更有鑒於「知識份子」一直是時下臺灣知識界相當關心的課題，本文乃企圖對「知識份子」此一概念做一番把梳釐清的工作。

一. 「知識份子」概念的語意本質

研習有關人之行為、社會，與文化的學者大都會有著一個共同的
體認，總感覺到所使用的概念，一旦認真地細究，往往很難可以明確
的界定。因此，概念之定義難以明確，一直使得社會學者有著認知上
焦慮，也在溝通上有著困惱，更因此懷疑到社會學科是否是門科學。
從歷史的眼光來看，科學方法源於對自然現象的研究之中，「自然科
學」的科學認知模式是否可以全盤地引用到社會現象的研究之中，或
社會學科是否足以稱之為科學，或必要是科學，都是值得討論的問
題。但是，在這兒，我們並不關心這些問題，我們所興趣的是：社會
學科所使用的概念，如「知識份子」，到底具有些什麼特性？

Bierstedt （1959）曾區分兩種定義，一為唯名定義（nominal
definition），另一則為唯實定義（real definition）。根據他的說法，
「一個唯實定義乃是一對某一概念之俗成約定內涵宣稱的命題。以更
為技術性的語言來說，唯實定義乃描繪一主題名辭之周延內涵的命
題。它有如下三個重要特性：（1）一個唯實定義陳述二個各有其獨立
意義，但彼此卻是同義的辭句，（2）它有真實聲稱，亦即，它是一個
命題，和（3）它因此可以充當推論中的前提。」（Bierstedt, 1959:
127-128）相對於唯實定義，唯名定義（有時稱之言辭定義，verbal
definition）乃是使用某一特定字彙或詞句以替代另外之字彙或詞句的
一種意向宣稱。前者所使用之字彙或詞句稱之為「界定端」（defini-
ens），我們替代的字彙或詞句稱之為「被界定端」（definiendum）。一
個唯名定義因此有三個重要性質：（1）被界定端的意義乃賴界定端之
意義而定，亦即，被界定之辭句或概念除了是武斷賦予的以外，在文

面上無任何其他意義; (2) 定義不具眞實宣稱, 亦卽, 它不具眞僞之分, 它不是命題, 和 (3) 它不能做爲推論中的前提(Bierstedt, 1959: 126-127)。

很明顯的, 把「知識份子」當成一個概念來看待, 它是符合上述有關唯實定義的三個特性。首先, 被界定端「知識份子」一辭並不是一個武斷創立的字彙。在給予任何語言更明確界定說明之前, 這個字彙本身, 在經驗世界裏, 有著特定的意涵。其界定端所陳述的, 無非是使用更多、更豐富、或更明確的文字來勾勒、界範這個被界定字彙的意涵, 兩者在意義上具有等同的關係。因此, 在一定之時空格局中, 「知識份子」此一被界定端和界定端的描繪之間基本上乃屬經驗的指涉宣稱, 經驗上具有眞僞區辨的意思。它本身可以是一個命題, 因此自然地也就具有用來當成從事推演之前提的條件; 亦卽我們可以根據「知識份子」的定義來從事演繹推論的工作。

既然「知識份子」一詞是具備唯實定義的性質, 其最爲困惱的問題毫無疑問的就在於, 界定端所使用之文字是否可以「恰確而等同地」勾勒出被界定端的意涵。換句話說, 要確立「知識份子」的意涵, 我們勢必參照此一字彙在經驗世界中的脈絡, 絕不能孤立地抽離來觀看, 所謂「脈絡意義」(contextual meaning) 就成爲考慮的重點, 而不能、也不只是注意到它的字典意義 (dictionary meaning) 了。

考慮一個字彙的脈絡意義, 事實上卽是確立其「討論界域」(universe of discourse)。一般而言, 構成「討論界域」之意義有三個重要的樣態 (modes), 它們分別是指謂 (denotation)、意含 (signification)、與詞似 (connotation)❶。「當我們考察一個語詞的指謂時,

---

❶　參看何秀煌 (1965: 93-180)。

我們是在追問這個語詞所指謂的事物是什麼；當我們考察一個語詞的意含時，我們是在追問這個語詞所指稱的性質或特徵是那些；當我們考察一個語詞的詞似時，我們是在追問這個語詞與另外的語詞之間的關係——它們的指謂與／或意含是否相等？或者不相等？」（何秀煌，民54: 98-99）詞似涉及的是兩個語詞之間的等同關係，這並不是我們在此討論「知識份子」此一語詞（或謂概念）的重心，因此可以略而不談，而只討論其指謂與意含的問題。

對於一個指謂對象是具體事物的語詞，其指謂的確認的確是比較容易。譬如，當我們要告訴別人「什麼叫做『山』時，最簡捷而直接的方式就是帶這個人到可以看到『山』的地方，手指著『山』，告訴他這就是『山』。」在日常生活中，我們頗多利用這樣的方式來教導兒童學習語言和認識事物。但是，誠如 Wittgenstein 所指出的，我們又怎麼能保證，以這樣方式來確認的指謂，在別人心目中的「山」，即是我們所企圖指謂的「山」的整體意義呢？極可能，在別人心目中，所以為「山」這個語詞指謂的不是「山」這麼一個整體的形象，而是籠罩在山頭那片朦朧瀰漫的霧氣，或只是夕陽背後暗黑的陰影。由於人類對語言掌握能力不同、經驗分殊，指謂時情境確立不易，指謂的對象縱然是相當具體的事物，也極可能產生誤差。這種情形當運用於如「知識份子」這樣一個相對抽象的語詞，其可能產生誤認之處，自不免就更為嚴重了。

根據以上的立論，很顯然地，比較能夠妥貼地掌握一個語詞的意義，應當是同時兼顧到指謂和意含這兩個樣態。這兩個樣態可以說是互為表裏。何秀煌（1965: 119）明白地指出：「一個語詞指謂著那些具有這個語詞所意含的性徵的事物；並且，一個語詞意含著那些被這個語詞所指謂的事物所具有的性徵。這就是一個語詞的指謂與意含之

間最基本的關係。」於是乎，為了處理如「知識份子」這樣的語詞，掌握「意含」是確立「指謂」，也是勾勒其所具之意義絕對必要的步驟。

當然，「知識份子」此一字彙（或語詞）指的必然是一些活生生的人，但是，絕對不是所有的人，而是一些具備某種特質的人，因此，就指謂而言，「知識份子」具備的是特稱含攝（particular inclusion in denotation），它必須用一些性徵來加以界範的。經驗更告訴我們，「知識份子」所指涉的「人」的性徵不是「人」所直接顯示的具體外顯形象，而是由其人格或社會角色特質，長期而且持續地表現在許多不同場合之不同面相的行為中抽離出來的基本特徵（如「批判精神」、或「不滿現狀」的性格）。因此，單以「指謂」來勾勒「知識份子」的意義，幾乎可以說是絕對不可行的。要充分地彰顯並掌握「知識份子」的意義，就不能不從語詞的另一個樣態——意含來進行了，而且也惟有從「意含」來著手，才有可能比較妥貼地掌握、釐清「知識份子」此一概念的可能。

綜合上面所提示的，「知識份子」乃是一個在經驗上具唯實意涵的概念，因此，它的定義乃是具有「真實宣稱」性質的命題。當我們企圖從「意含」來勾勒其脈絡意義時，我們勢必在其「真偽」宣稱上涉及到經驗層面之適當和周延性的問題。所謂「經驗的適當性」指的是「信度」（validity）的問題，乃是問及我們在界定端所描繪的，是不是已「恰確地」指涉到經驗世界中具有「知識份子」之意涵的「知識份子」，這是一個屬於「是不是」的問題。所謂「經驗的周延性」指的可以說是「信度」（reliability）的問題，乃是問及在界定端所描繪的是不是已「充分地」涵蓋了經驗世界中「知識份子」的基本性徵，這是一個屬於「機率」的問題，問的是界定端的語詞是不是已夠

完整地勾勒了「知識分子」的屬性，或具有幾成的把握的問題。

　　不管是適當性抑或周延性，在界定「知識份子」的意含工作上，我們所面對的是經驗的問題。說得更平白些，「知識份子」一詞不是一個學者武斷自創的概念，它必得在日常生活中具有一定的經驗內涵。它是一個普通語言 (common language)，人們使用它時，同受其所處之時空格局的界範，並具有一定的脈絡意義。這個意義之所以具有做爲學術討論的價值，正在於它可以而且必須還原到那個時空來定位。但是，這中間有一個相當弔詭的現象存在，那就是：普通語言的意涵一向相當鬆散、不明確，常隨著使用者的瞭解程度、認知經驗，乃至動機與利益歸向而不時浮盪變動。這樣子的意涵與要求明確的科學精神是相牴觸的。因此，使用起來，自然不免因人而異，而有難以形塑共識。

　　長期以來，在以自然科學的認知模式爲科學之基本規範的要求下，社會學者所面臨最最困擾的問題卽在於概念的定義無法明確。爲了達到明確，不少學者（尤其，深受實證科學觀影響的學者）莫不講求「運作定義」(operational definition)，企圖以可以量化測量的一些指標來界定概念。這樣地做，的確是可以達到使概念明確的功效，但卻往往掌握不了日常生活中一個語詞之實質意義的精髓。爲了提高精確度以臻共識，反而可能變得只是在堆砌一些人工化的虛幻文字，變成毫無意義。人類使用之語言的意含本就受制於一定時空條件與個人因素。普通語言的不精確性原本就是社會定則，也反映社會實在的本質。語義的寬鬆是人之世界的特點，寬鬆留給人們更多的詮釋、想像、和思考空間，可以讓人們自行去填補更豐富、更富情感、更感動人的意含的機會。面對著這樣的常則，做爲一個講求「客觀」科學精神的學者，他的「客觀」不應是爲了力求定義精確，竭力去除普通語

言中的曖昧，而應當是如何適當而又周延地捕捉普通語言被使用時的意義精髓。心理學者 Mandler 與 Kessen（1959: 18）說得好。 他們說：「科學家的任務不是建構一種與他的普通語言毫無關聯的新語言。他的任務毋寧是重組普通語言的結構， 刪除模糊字眼， 避免分歧概念，與以普通語言為基礎逐步重建一種新語言，以免除普通人常呈現的問題與困難。這樣的進路並非只是一種計畫或提示方法，而相當程度地是對不同科學工夫的描述。科學並不捨棄俗語而是改變其中有異議之特徵，以在其內力求重建來使用普通語言。因此普通語言不但是科學之先決條件，而事實上也是科學語言建立的根本基礎。」

準此立論的基礎來看，當我們欲對「知識份子」此一語詞加以解析，首先我們必須認識並且接受其以普通語言之姿態呈現在日常生活中所可能具有的意含。這樣的態度是絕對地必要，否則的話，我們無法有效地掌握「知識份子」的實際社會意義，自然也就無法進行更進一步的討論了。關照「知識份子」的日常生活意含，並不意味我們必須毫無修飾地保留其原有的認知內容，學術的工作是一種重建的工作，我們所要，也是應做的是，如上引 Mandler 與 Kessen 所指出的， 以其在普通語言中所具之原貌為骨幹， 加以更抽象地概念化，並賦予意義的詮釋。本文的主旨即在於此。

同時， 為了讓重建後的「知識份子」概念一旦還原到實際世界中，仍然具有實質上的意義，在釐析過程中，我們絕對必須掌握的是其所具有之「歷史」與「文化」性，也就是「時間」與「空間」性。換句話說，「知識份子」這一個概念意涵的適當與周延性，隨著時代與社會之文化脈絡的不同，應隨時加以調整（Ludz, 1976）。正因為如此，此一概念的意含相當複雜、多變，比社會學門中其他概念，如角色、階層、權力、菁英……等等，似乎更難以妥貼牢靠地掌握住，

其意含的「討論界域」有賴對「脈絡意義」加以探索，才可能掌握的。

二. 「知識份子」概念的歷史發展脈絡

從上述語義學的立場來看，「知識份子」概念早已註定是模糊、曖昧、而多變的。隨著一個社會的特殊文化、政治、與社會條件，也隨著一個社會的歷史條件的不同，「知識份子」有著不同的語根來源，也因而有著不同的語義源流。在這樣的背景下，「知識分子」的意含不但多元，而且多變，它有如蘇州月餅一般，餅皮可以一層一層地剝除，每剝除或添加一層，其所賦予的意含也就略有損增，意涵也自然有了不同（葉啓政，1984c: 18-31）。

西文「知識份子」一詞見諸於世，大致上始於十九世紀，但是在這之前，在十七世紀重理性時代，即有稱所有知識源於純理性之說，而稱具此知識者爲「知識主義者」（intellectualist）。Bacon 在其著《博識進展》（*Advancement of Learning*）中，即批評此「知識主義者」乃抽象形上論者。Hume 引 Locke 之說亦譏笑十八世紀的「知識主義者」爲先驗理性主義者。

大體而言，在整個十九世紀西歐的字典中，知識份子（intellectual）一詞是難得一見的。若有見之，亦是意指「詭辯家」（Sophisters）與「謀略家」（Calculators）。這種人 Burke 蔑視之爲抽象哲士（Philosophes）。長期以來，此一語詞一直維持一種蔑視的意思，乃意含一個人不具想像創造力的世俗論者❷。

---

❷ 以上資料引自 Kirk（1956: 3-10，12-15）。同時參閱 de Jourenel（1960）。

　　眞正具現代意思的「知識份子」一詞乃源於俄國與法國。後來波蘭社會學者 Gella（1976）又加以考證，以爲應當源於波蘭。現在略加分述如下。

　　俄文的「知識份子」一詞（ ИНТеЛЛИГеНТ ），英文的詞似爲intelligentsia，而此字由拉丁文intelligentia而來。根據 Malia（1961）的說法❸，此一語詞首先見諸於俄文中乃是一八六○年代由小說家 Boborykin 提出，隨卽流行起來。當時所指的一羣人，可追溯至1830與1840年代把德國觀念論哲學的論點引進俄國的小圈人物。眞正對俄國「知識份子」加以解析刻劃的是小說家 Turgenev 的著作《父與子》，他把俄國知識份子分成兩代。早在十九世紀初沙皇時代，與西歐國家相比，俄國文化、經濟至爲落後。不少地主與貴族子弟到西歐留學，他們帶回西歐的社會思想與生活方式。不論就思想與生活方式，這些留學生與當時俄國社會現狀是格格不入。Turgenev 卽指出，第一代（卽父代）的知識份子滿懷烏托邦的理想主義色彩，他們崇尚西歐文化，喜歡討論哲學、文學、與藝術，並刻意模倣西歐（尤指法國）上流階層的生活方式。但是，到了兒子這一代，他們從父親這一代的經驗中體認到不能光談理想，必須考慮現實的問題。他們不再高談哲學、文學、與藝術，轉而從事實際的社會改革運動。在一八八一年亞歷山大二世被暗殺後，一羣來自更爲異質階層的人物出現，他們是第三代。這一代直至二十世紀來臨前，他們以不同方式接收前兩代之遺產，產生不同的思想羣，如民粹主義、馬克思主義、自由主義、與新康德主義。

　　綜觀俄國的「知識份子」，Malia（1961：2）以爲，不管是屬那一代，本質上他們的意含是屬意識形態的，因此，知識份子不應被視

❸　同時參考 Seton-Watson（1960），Nettl（1969）。

爲只是革命反動份子。他說:「說實在的，此一字眼自從被創用以來就至少有二重疊的用法: 或指所有具獨立思考能力的人——Pisarow所謂的『批判思考的實在主義者』或『虛無主義者』，這只是最極端與有名的顯例; 或更狹義地指，反對的知識份子，不論是否爲革命份子。」(Malia, 1961: 2) 只有到了一九一七年俄國革命發生以後，知識份子才被用來指涉「在社會主義秩序下與無產階級和苦難農民站在一齊的棟樑 (pillars)。」(p. 3) 知識份子於是不再具有批判思想的指謂。自此以後，在俄國人的用語中，知識份子只是意指那些運用心靈而非勞力的人。例如一九五〇年代初期出版之《莫斯科哲學字典》中卽如此定義「知識份子」:「乃包含一由奉獻自己於勞心工作的人所組成的中介社會階層。他們包含工程師、技術員、律師、藝術家、敎師、科學從業者……知識份子從未、也不可能成爲一個獨立的階級，因爲在社會生產體系中他們不具獨立的位置。」(引自 Nettl, 1969: 96) 經過這麼近百年的歷史轉折，在俄國人眼中的「知識份子」的意含有了相當大幅度的改變。他們不再是指具早期「古典知識份子」❹ 所有強調批判思想的浪漫成份。其所具的特點毋寧更近乎 Trotsky 所謂的「官僚」或 Dijlas (1954) 的「新階級」(new class)。

　　就法國而言，「知識份子」不是 intelligentsia，而是 intellectual。此字首度出現於一八九八年一月二十三日之 *L'Aurore* 雜誌中 Clemenceau 所寫的一篇文章。他使用此一語詞來描述因 Dreyfus 案件而對政府有所批判的文人❺。此一字眼立刻被 Maurcie Barrés 用來泛指

---

❹ 此乃 Malia (1961: 2) 的用語。

❺ Dreyfus 案件乃指於一八九四年九月在駐巴黎之德國武官辦公室內之字紙簍中，發現有記載法國機密情報之備忘錄。法國政府隨卽展開調查，軍官 Alfred Dreyfus 因其筆跡與該備忘錄之字跡相近，被認爲涉嫌重大，於十月十五日被捕，隨後卽展開一段漫長偵訊查審。爲此，法國一些知識份子對政府大加撻伐，乃 "Intellectual" 一字之來源。

對國家不忠的人❻。撇開這個相當特殊的狀況不談，intellectual 一字後來爲西方學者所引用時，其意思就與 intelligentsia 不同，乃泛指那些帶波西米亞聖徒式 (Messianic Bohemians) 的文人，他們長年逗留在咖啡店中高談闊論，批評時政，以天下爲任(Salomon, 1960)。就此意含傳統來看，intellectual 不具階層的含意，著重的是他們的心態與社會角色，這是與俄式定義不同的地方。

Gella（1976: 12）指出，intelligentsia 一詞之源有三，分別來自俄國、德國、與波蘭。一向學者以爲此字源於一八六〇年俄國作家 Peter Boborykin。Waclaw Lednicki 指出，此詞早在一八四六年卽爲俄人 V. G. Belinsky 所用，但幾乎同時已見諸於波蘭❼。Pipes（1961）亦注意到，早在一八四九年左右，德文的Intelligenz已具有與 intelligentsia 相同的指涉，乃泛指一羣在教育程度與其「進步」態度上有別於社會中其他人的人。Gella（1971: 4）更指出，此一字眼早在一八四四年卽由 Karol Libelt用 於波蘭。根據 Gella（1976: 12)的意見，此字眼之所以是源於波蘭部份是基於語言學上的考慮。此字之見諸於現代語言乃來自拉丁文，而拉丁文對波蘭文之影響遠比對俄文影響爲大。再者波蘭文之 inteligencja 的字尾 "cja" 比俄文之 "tsia" 更近拉丁文 intelligentia。再者，波蘭文之字尾 "cja"（卽英文中 "tsia" 的拼音）在波蘭文中相當普遍，相反地卻甚少在俄文中看到。

總之，不管 intelligentsia 一詞是始於俄文抑或波蘭文，遠在1860年代，波蘭社會卽出現了一個文化上同質性甚高的階層，他們的心理特徵、生活方式、社會地位、尤其價值體系甚具特色。他們出現在分割中的波蘭，當時擁有土地的貴族，爲了在城市中維持具特色的生

---

❻ 引自 Nettl（1969: 87，❹❺）。
❼ Pollard（1964）亦有類似的指正。

活方式傳統，以別於正興起的中產資本階級，設了一套自己的教育體系，稱之爲 gymnasium。在此教育機構中，學生學習各方面的知識，其中最重要的是培養強烈的領導意識與社會責任。因此，由此環境培養出來的人相當重視自己的學歷，常以此爲榮。當時，在波蘭甚至有一規定，只有具備 gymnasium 之證書的人，才有接受及要求決鬥的權利，這是一種榮譽。往後，這個傳統並不存在，但是貴族式的精神卻爲波蘭受高等教育者所持有。他們勇於批判社會，以國家大事爲己任。因此，當波蘭被列強分割時，這一批人成爲救國以及反抗統治者的主要力量 (Gella, 1976)。

在中國的歷史中，與「知識份子」所指謂最爲接近的是「士」與「儒」字了❽。士與儒的意含追溯起來十分的複雜，其中涉及考證工夫，非筆者能力所及。在此，讓我們撇開「士」與「儒」的原始意義不談，我們發現，在中國社會裏，也與西方相同，一直存在有一羣爲數不多、基本上是處理文字與象徵意義的人，一向我們俗稱爲「讀書人」。尤其是在儒家傳統的薰陶下，這一羣「讀書人」具有一套的生活方式傳統，足以稱之爲「知識份子」的。根據錢穆（1950: 66）的意見，早期中國知識份子乃由習禮而至批評當時貴族之一切非禮，孔子卽是一例。「孔子的批評，一方面是歷史的觀念，根據文王周公，從禮之本源處看。一面是人道的觀念，根據天命、性、仁、孝，和忠恕等等的觀點，從禮的意義上看。」（錢穆，1950: 67）諸子百家的興起可以說是第一次知識份子最明顯地表現其對貴族不滿於思想上的例子。

循此一傳統，尤其是科舉制度建立以後，在制度化之陞昇管道的

---

❽ 有關「士」與「儒」的討論，參看胡秋原(1978: 119-124)、錢穆(1960)、與余英時（1980）。

引誘與君權至上之政治建制的高壓下，中國知識份子顯得十分地軟弱無力❾。在此結構的影響之下，知識份子的特性在於以人文精神為指導來實踐個人式的「成就道德」，而不以「成就知識」為鵠的（徐復觀，1956: 136）。知識份了的成就在於以「內發」式的個人道德成就為本，講求個人修養以成就倫理規範，進而推演到政治秩序的形塑和維持。因此，基本上，中國知識份子始終是忘不了政治，即使最稱為隱退人物；如莊周、老聃，著書講學時，亦對政治抱甚為關懷。錢穆（1977: 66）稱中國知識份子的這種意識為上傾性，而非刻意致力於社會下層的「下傾性」。

我們列舉了歐洲與中國的知識份子的歷史發展，有兩層的意思。第一、因為現代所使用之「知識份子」概念乃源於俄國與法國，而站在東方人的立場，更不能不兼顧自己的文化傳統，因此，簡略地論述各有關社會之知識份子的發展，實乃為我們從事進一步之解析舖路。第二、我們希望藉此具體地指出「知識份子」此一語詞意含的多元與多變，從而指出探討「知識份子」概念時關照時空因素之重要性。「知識份子」一概念是必須擺回到實際的歷史與文化相度來考察，才有可能適切的瞭解，其定義也才具有實際的社會學意義。因此之故，「知識份子」此一概念必須從歷史與文化特殊性的角度來進行建構，才可能具備適當與周延性，這是解析「知識份子」一直需要守信在心的基本原則。

三. 「知識份子」與「觀念」—「推」的一面

在上文中，我們指出定義「知識份子」的困難基本上在於它是唯

---

❾ 余英時（1976）稱此一格局為「君尊臣卑」，知識份子的抗衡制約力大打折扣。同時參看徐復觀（1956）。

實概念。它在社會中實際被理解的內涵，具有信度上的適宜性，是不能不被尊重的。但是，由於人們認知經驗有差異，歷史與文化條件又不一，我們很難為「知識份子」理出一條千古不變、又放諸四海皆準的意含。

從上述有關中國與歐洲之「知識份子」指謂的歷史來看，固然因為時空差距，「知識份子」的意含是有所不同，但是，我們卻發現，其間還是可以找到普遍共俱的特徵。這些特徵可以說是「知識份子」概念的原性，而上述不同的意含基本上只是這些原性為不同時空條件所形塑的不同呈現而已。

說到「知識份子」的原性，也是從上述之古典概念中抽離出來的普通性徵，可以濃縮成為「知識份子」與觀念 (idea) 的關係來表現。基本上，假若「知識份子」與社會中其他類屬的人有著根本的不同，其不同乃在於「知識份子」是處理象徵觀念，而且往往以從事觀念有關之工作為本的人。Parsons (1969) 在論「知識份子」時，即指出，知識份子要產生，一定要有兩個條件：(1) 文字的發明和象徵的使用，和 (2)哲學的突破。易言之，「知識份子」要存在，而其存在要具有社會意義，首先必須具備的條件是，人們會使用象徵符號，而且會用這些象徵符號來從事抽象思考。因此，Shils (1958, 1974)、Eisenstadt (1973)、Lipset (1963, 1976)、Weber (1953: 1976) 與 Schumpeter (1950: 147)等人莫不以為「知識份子」的核心意含是：他們擔當「觀念精練化」(idea-articulation) 的工作。

以上的說法很明顯地對「知識份子」的指謂具共同點，即他們是 Coser (1965) 所謂的「觀念人」(the man of idea)。Mannheim 的定義最能傳達這個意思。他說：「知識份子乃是一羣人，其特殊的任務是為其存在之社會提供有關世界的解釋。」(Mannheim, 1936: 10)

因此，知識份子的社會角色被認爲卽是從事文化象徵的建構、修飾、詮釋、與批判（Ludz, 1976）。他們乃是一羣在社會中比其他類屬的人更擅於使用象徵形式，並且秉賦哲學思考和特殊認知能力，以來詮釋、理解宇宙、人生、和種種社會制度。他們創造、保存、修飾、傳散、正當化、並且經常使用具象徵性之文化品（Shils, 1974; 葉啓政，1984a, 1984b）。

從文化象徵的角度來確立「知識份子」的原性，原則上應當是具正當性的，但是，關鍵在於我們採取怎樣的觀點來進一步理解「知識份子」此一「觀念」的原性。Parsons（1969）主張應當從社會角色（social role）來確立「知識份子」此一類屬的文化象徵與觀念意義。他以爲，知識份子卽「一個人，他雖是在其所處社會中扮演一組複雜社會角色，但其最期望的角色能力，在正常情況下也是他自己分享的，是一種文化意味高於社會意味的考慮。他個人所認定的是，其原基角色和位置，對其行動中具有價值之結果所可能產生之貢獻的意義。」（Parsons, 1969; 4）換句話說，Parsons 以爲，我們應當以「知識份子」之「觀念」在社會中所可能的角色來界定「知識份子」。這樣的觀點，與其說是角色觀，毋寧說是 Parsons 一貫之「功能」主張的化身，而冠以「功能」觀更爲精確。Nettl（1969; 55）對此一認識進路提出不同的意見，他以爲：「（知識份子）定義的問題，以我個人觀點來看，不能始於角色或社會結構、或甚至因此始於人，而只能首先從觀念本身來下手，才可能從地面上起飛。它必須從內往外定義，從觀念的類型開始而轉向觀念精鍊者的類型；只有如此，才可能把制度化的變項再加進去。因此，制度定點與意義的問題基本上乃與觀念類型、而非人的類型有關。」於是乎，Nettl 稱 Parsons 的角色論是一種「拉」（pull）的觀點。很顯然的，我們在上面所引述的「觀念人」

的看法是屬於這一類型的，而 Nettl 稱由「觀念」之類型本身來看的為「推」（push）的觀點。

Nettl 此一「推」的觀點基本上乃從「知識份子」的指謂—「觀念人」中的主題「觀念」來下手。他以為，首先我們應當區分「知識份子」與把「觀念人」當成整體的類屬；其次則應特別地區分開「知識份子」與「科學家」。(Nettl, 1969; 62) Nettl這個主張，乍看之下，十分地含糊，難以讓人明白其意涵何在。很明顯的，在他的理解中，「知識份子」是「觀念人」的話，此一「觀念人」（或更具體而妥貼地說，「觀念的精鍊者」）並不足以周延地勾勒「知識份子」的原性，其原性應當從何種「觀念人」、或其「觀念」特質為何來著手；也就是說，「知識份子」只是一種另具特殊意含的「觀念人」，而非凡是處理或使用觀念的人均可稱之「知識份子」。 Nettl 這一觀點有其精闢之處，牢捉的是「知識份子」的「觀念」本質。從認識論立場來看，此實乃「拉」論者所未逮。儘管其最後所得的定義或分類，與「拉」論者並無太大的不同，但是，兩者認識與理解的起點卻是截然不同的。

根據 Nettl 的看法，從觀念的立場來下手，強調的是一種新觀念與既存知識儲藏之間的關係。大體而言，有兩類型可以區分開，一為「品質」性（quality）；另一為「範圍」性（scope）。所謂「品質」乃指「為一既定思想體系之公設（axno-normative）（或價值與規範）結構所接納或排拒，且對既知成分之意義和關係加以重組者」，而「範圍」處理的是「經由附加嶄新或至少新的有關知識，以拓展討論之範疇者。」(Nettl, 1969: 63) Nettl 此一區分與 Kuhn (1970) 之論科學革命時所指之典範改變與常軌科學有異曲同工之處。典範改變涉及品質觀念的問題，而常軌科學內的進展則是範圍性觀念的添減。

品質性觀念和範圍性觀念的不同大致可從四方面來區分。其一、

具特殊性之科學知識屬後者，而具普遍性之人文知識屬前者。其二、前者所涉及的社會結構乃指向社會政治制度化，其參考指涉對象是階層、階級、或社羣，而後者的參考對象是圈內同儕團體形成的學術制度化機制。其三、後者之觀念精練化乃賴「發現」(discovery)，而前者則有賴「否定」(negation)。其四、前者所說的衝突乃表現於代表兩種不同意識型態之無限結構形式，而後者所展現的衝突則是兩個有限社區（意指學術社區）對新典範之接納情形❿。這四個區分簡扼地勾勒出：範圍性觀念往往是在一定觀念典範形構下的精練化過程，若涉及典範更替者，也只是侷限在一定學術空間中的行動，其基本態度是相當冷靜、而中性的。但是，品質性觀念則不同，它的精練化或革命性更動往往、至少可以不是侷限在一有限的社會空間，而是向社會整體開展的。由於其基本更動的性質是否定，因此本質是一種意念的喜好選擇，其結果是帶「不滿」(dissent)的態度。不滿因此意涵「對觀念體系的一種喜好的結構性對立，而非以對一新科學知識的認同取代舊有且可能只是部分失效的知識。」(Nettl, 1969: 67)以 Nettl 的意思❶，科學家只處理範圍性觀念，而只有處理品質性觀念，常具「不滿」態度的才是屬於「知識份子」的觀念原性。因此，「知識份子」的真正含義不但應當包含某種類型的思想，更應包含至少是與社

---

❿　Nettl 以 Marx 之理論代表前者，而 Freud 代表後者。詳細討論，參看 Nettl (1969: 62-90)。

❶　Nettl (1969: 79) 也指出兩種觀念要具有效用，必須相互增強支援。在學院中產生之範圍性新觀念需要獲得學術外具不滿形式的支持，它才可能在社會之中傳散並制度化。換言之，此二類觀念中任何之一的傳散要變得有效，只有當各自之生產落點是分開而且適當地制度化才有可能。只有到此階段，制度化的問題才可重現影響觀念的討論。Nettl 的意思是說，只有社會有一合理而獨立的學術制度與政治制度，觀念之交流與蓄融才有可能。

會結構不滿（socio-structural dissent）具潛在關係者，也就是說，「知識份子」之觀念一定要是具普遍意義者，而且足以對社會產生效用。此一觀念又必得有文化基礎或檢驗形式（form of validation），但其最終關懷的是具普遍意義的生活品質❿。在此關照下，「知識份子」有三個基本特質：(1) 從事的專業乃與文化之檢驗有關，(2) 其角色是具社會政治意含的，(3) 具有指向普遍性之意識(Nettl, 1969: 81)。

雖然，根據 Nettl 「推」的觀點所得到有關「知識份子」的定義，基本上與 Parsons 之「拉」的觀點所導出的，並無太大的不同，但是，其間不同的認識基礎，卻是具有相當重要的意義。首先我們要指出的是，Nettl 從區分範圍性與品質性觀念下手，很明顯的是有意把「知識份子」與「科學家」（或學者）區分開。這一區分不但具有文化上的意義概如其說，其更為重要的是，藉此才能更加突顯「知識份子」的社會角色，以及其在社會結構中的特質。很明顯的，根據 Nettl 的論說，「知識份子」的「不滿」特質是其內涵的原性，而非外衍的屬性⓭。此一特質乃由其所具有之「觀念」演繹出來的邏輯結果。循著這個線索，Nettl 似乎是以歐洲（包含俄國、法國與波蘭）古典「知識份子」的歷史觀來為「知識份子」的指謂與意含定位，也頗吻合中國古典的意含，其意義毋寧是古典的，用意是相當的浪漫⓮。

我們這樣評價 Nettl，並無意低估或貶抑 Nettl 之論說方式的意思。在此要討論的是把「知識份子」限制在以品質觀念的角度來出發

⓬　Shils（1958, 1968, 1974）亦持此看法。

⓭　Feuer（1967）亦以「不滿」為知識份子之本質，只是 Feuer 不若 Nettl 有著明顯的邏輯推論之論說。

⓮　在現代社會學中，Intellectual 與 Intelligentsia 兩字已經互用，而已喪失原先特殊的歷史意含，不再有具特殊的指謂了。

是否得當的問題。既然「知識份子」是處理觀念的人物，從「觀念」的類型由內往外看的說法應當是合理而可行的，而且在論述脈絡上確實是有邏輯優先性。事實上，許多學者，如 Shils (1974)、Feuer (1976)、Eisenstadt (1972)、Mannheim (1936)、Lipset (1963)、Schumpter (1950)、或 Knopfelmacker (1968) 等人早已暗示到，只是他們不若 Nettl 一般，那麼清楚且具體地明指從「觀念」本身來分析。但是，誠如在上文中所指出的，「知識份子」的概念是有如蘇州月餅，其意含可以，也應該是多面、多層的，必須參酌文化、社會，與政治條件來調整的⑮。其所以必須如此，有一部份的理由是來自於「觀念」（或謂「知識」）之社會意義因時空轉移而改變的緣故。我們深以為，以品質性觀念為其工作內容，而且對社會政治事務有不滿傾向乃界定「知識份子」之核心條件。這類「知識份子」一直是存在的，而且還會繼續存在，只是其重要性的比重可能因時空而有不同而已。但是，那些把自己侷限於學術圈內，尤其又是從事範圍性觀念之精鍊工作的人們的地位又如何呢？我們是否應如 Nettl 般，把他們排除於「知識份子」的範疇之外？還是，也視之為「知識份子」，只是當成是另外一種次類型？

嚴格來說，「知識份子」的界範本質上是一個權宜性的定義問題，其包容範疇的大小可以是相當武斷，隨論述上的需要來決定。但是，我們還是不免要問，倘若採取「拉」的立場來看，一旦審諸社會結構的特色，那麼，又會是怎麼一回事。

---

⑮ 譬如 Aron (1957) 即指出，知識份子乃相對社會中其他人而言的，其指涉的對象應隨一個社會的各種條件而不同。在一個「未開發」社會，一個大學畢業生即可視為知識份子，Ludz (1976)、Gella (1976)、Shils (1974, 386-423) 都有類似的主張。

四. 「知識份子」與「社會結構」——「拉」的一面

首先，我們要指出，倘若從 Nettl 之「觀念」主導的「推」論來看，以往如 Lipset（1963）、Spender（1960）、Aron（1957），或Eisenstadt（1973）等人企圖以某種特定職業（或以受教育之多寡）來界定「知識份子」，將是誤導的思考方式。固然從經驗實徵的角度來看，Nettl 所界定之「知識份子」大都是受過相當的教育，也以從事某些特定的職業為主，但是，這樣的相關性是在特定文化與社會條件下的經驗外衍關係結果，而不是由其「觀念」本身內涵所演繹出來的。它們的關係是條件性的，本質上是特定、或然，而非普遍、全然，其與否成立或相關程度如何，端看支撐條件而定。因此，受過高等教育的人，如大學教授、新聞從業者、政治評論家、作家、藝術家等等不一定就是 Nettl 式的知識份子。這些專業基本上是處理品質性觀念（知識），但是他們未必會具體地把「不滿」表露出來。雖說品質性觀念內涵有「不滿」之成分，但「不滿」成分要以某種外在社會形式表現出來，終究還是涉及到個人性向、道德勇氣，與種種外在客觀條件。正因為如此，從社會結構之「拉」面來看「知識份子」之意含與指謂是必要，而且具有意義的。

從社會結構的「拉」面來看「知識份子」至少包含兩個層次（或面相）的考慮。其一是侷限在 Nettl 定義下的「知識份子」，另一是Nettl 所排除在外從事「範圍性」觀念者。我們已經指出，Nettl 力主「知識份子」乃指謂從事品質性觀念之精鍊且對社會政治事務具不滿傾向者，的確是嚴守古典浪漫的定義，可以說是最狹義，也是最最核心的「知識份子」原型（prototype），擺在現代社會來看，還是具

有意義的，這是可以肯定的。但是，從「觀念人」的社會特徵來看，「知識份子」必定是一個注重理論，而且具備「理論」思考能力或傾向的人。他們對一個社會之「文化象徵」相當有「正當化」(legitimatization) 的任務。他們創造文化象徵，並且從事保存、修飾、傳散、詮釋，和再造的工作。因此，從文化角度來看，他們是有關文化象徵創造的神才菁英 (charismatic elite)，乃具「文化象徵的理論創釋性」（葉啓政，1984: 92-93）。

人類是一種懂得使用「象徵」的動物，因此，創造與使用「理論」是人類之文化活動的核心之一。然而，人類又是一種強調行動的動物，行動是對「理論」的一種實踐形式。由「理論」到「實踐」是一個相當複雜的「轉換」與「安置」社會過程，在此自難細論⑯。但是，有一現象卻是明顯的，那就是：理論有不同的抽象與關照層面，隨著關照層面的不同與對知識（觀念）之社會或心理要求的差異，理論並非一直停滯在抽象層面，而必須轉換其概念指涉以應實際之需。因此，由「理論」轉變成實際的實踐行動是一個包含無數次之轉換與安置概念的過程。「知識份子」於此過程中自然是扮演著最具關鍵的角色。縱然我們考慮的僅是品質性觀念（知識），「知識份子」的文化象徵理論創釋性還是會有著不同關照的層面，其對觀念的處理和不滿之表現方式自然也就跟著有形式上的不同。準此，容或 Nettl 式之「知識份子」定義是做為界範的最後防線，「知識份子」的認定亦可能因其對觀念（即「理論」）掌握的層面不同和表現不滿（或謂「實踐」）方式之不一而有差別。此一差別事實上亦即明白指出「知識份

---

⑯ 有關知識份子的「理論」與「實踐」關係的討論，參看葉啓政 (1984a)。在本文中，我們只做簡扼的描述。法國學者 Bender 亦有類似看法，參看 Nichols (1978，特別是頁 121-192)。

子」可能具有的次類型。有的「不滿」僅偏限於「理論」上的飾化或更新；有的是以溫和的行動，透過輿論或其他非武力之管道要求改革；有的則以激烈的革命行動來從事體制上的改變。由於篇幅限制的關係，因觀念層面與不滿形式不同所衍生的次類型，在此就不擬再細論了。底下，讓我們轉來討論另一 Nettl 排除在外的人物，卽從事「範圍」性觀念之精鍊的人物，看看他們應不應也納入為「知識份子」之範疇來看待[17]。

誠如 Bell (1973) 所指出的，工業社會發展到了二十世紀五十年代以後，在結構上產生了一個明顯的變動。從十九世紀工業革命以後，科學與技術開始結合 (Nisbet, 1976)，逐漸形成制度化的知識體系。大學與各種研究機構遂成為製造知識，以科技的方式來服務經濟與政治的場所。這樣的知識制度化，到了二十世紀二次大戰以後更是明顯，卒使整個經濟與政治的運作愈來愈仰賴知識與資訊。這種結構性的改變最明顯的是生產自動化與科學管理的日漸被看重。在生產過程中，傳統靠技能（skills）營生的勞力者地位日降，取而代之的是靠販賣知識與資訊的勞心者。尤有進之的是，表現在人事管理上，把人當成生產工具，因而強調人之生產效率一直是市場社會的特色，本不足為奇的，但是，到了二十世紀五十年代以後，強調科學管理已不只偏限在經濟生產上，而大幅度地應用到政治上。在如此之工具理性高度膨脹下，「知識」的意義被實用工具化，一個人擁有技術性知識，卽等於是具有較有利的生存機會。此一潮流洶湧推動使得整個社會的運作愈來愈是仰賴「知識」，社會流動也相當程度地取決於知識之有

---

[17] Nettl 式的定義其實為許多學者所接納，認為只有具此特徵的才有資格被稱之為「知識份子」。如 Feuer (1976)、Dahrendorf (1969)、金耀基 (1971)、劉述先 (1973)、徐復觀 (1956)。

無與實用性的多寡。更重要的是，知識的製造、更新、和人才的養成制度化，知識本身形成是一個龐大的制度。在此制度中，相當嚴密的分工與報酬體系於焉形成。於是，在各種組織中，從事 Nettl 所謂之「範圍」觀念之精練之作，以轉化知識成為具體實用之用途的從業人口日增[18]。這類也是靠觀念（知識）的「知識人」，意義自是不同於上述之「知識份子」原型，但在現代社會中，其重要性是絕對不能忽視的。

這類依附在組織科層建制中以販賣知識為生的「知識人」，Bell (1973) 稱之為科技知識份子（technological intellectual）以別於代表上述「知識份子」原型之人文知識份子（literary intellectual）。Gramsci (1971) 則稱此類人為「組織知識份子」（organizational intellectual）。就其社會角色之本質來看，這類「知識份子」的社會意義是具高度的工具性，他們的存在是依賴在「組織科層」之下，其主要特色不是對社會批判與不滿，而是成為膺服於組織之功利實用目的下，推動效率與效用之理性的工具。因此，他們的角色不是指向對社會政治事務之終極理念的批判，而是如何強化特定理念的實踐。縱然他們具有批判精神與不滿心理，也大半是針對達致此一理念的手段是不是具有效率與效用的問題而來。

很顯然的，雖然這類知識人與上述知識份子之原型同是屬於觀念人，也都可能是以從事觀念之精練工作為本，但是，其對觀念所持的態度與處理內涵卻是有若天淵之差別[19]。面對如此指謂上的分歧，是不是應當把這後者的「知識人」也視為「知識份子」而納入定義之

---

[18] 有關組織中之專業知識份子的討論，最典型的是 Price (1963)，另外可參看 Whitley (1984)、Olesen & Voss (1979)、Knorr-Cetina (1981)、Wilson (1984)。

[19] 有關此類知識人的詳細討論，參看葉啟政 (1984b)。

中，毫無疑問的，是個權宜與喜好的問題。但是，無論如何，從社會結構的角度來看，這卻又不能不以最嚴肅態度來處理。我們所以如是說，最主要的依據是：「一個概念之有效性必須建立在於對歷史的關照」這麼一個命題。從歷史眼光來看，在知識普遍成為社會生產的重要決定元素之前，科技知識人或者不存在，或者是以其他姿態表現，或者是為數不多，且地位不顯著。此時，古典「知識份子」一枝獨秀地成為代表文化象徵的神才菁英，其地位自是不容忽視。但是，當科技知識人人口日增，而且在社會中的決定地位大為提升，其所締造出來的「知識」與「觀念」對文化自然有相當程度的影響力。此時，這類文化象徵的神才菁英就不容視了。當然，我們可以用有別於「知識份子」的另外言詞來指謂，但是，我們在前文中已提到，社會學門的名辭之特色，也是可貴之處在於尊重普通言語。基於現象學的考慮，我們以為，惟有首先相當程度地尊重日常生活中使用的言語，再於界定項中賦予以較明確的言辭說明，是在確定現象意義與科學精確性之間尋找平衡點的必要要求。這樣對概念的主張與努力是使學術概念既能貼切日常事實，又可能保持相當程度之科學性的要件。基於這樣的原則，在日常生活中人們使用的「知識份子」概念實應包含 Nettl 式的原型與 Bell 所謂的科技型。

這樣的指謂所具之現實意義在現代社會中更是明顯。尤其是社會日漸走上制度例行化，民主法治又日益落實，誠如 Ascoli 早在1936年就已指出的，知識份子已少有明確責任和義務在身，他們的功能主要是消極預防性為主，其任務以「技術性」的成份居多（ p. 246）。Habermas（1970: 81-122）也明確指出，在現代社會中，內涵以個人為主之自由民主理念和科學精神的「理性主義」乃成為制定一切現象的優勢標準（ superior criterion ）。此一標準早已形成氣候，成為知

識份子的 「批判論說文化」（culture of critical discurse）的主要標竿 （Gouldner, 1979）。在此時代潮流支配下，制度例行化更助長了知識界強調「理性——經驗主義」（rational empiricism），而現代知識份子也以理性——經驗取向見長 （Shils, 1974: 71）。準此關照整個時代背景與社會結構，「知識份子」已逐漸被技術化。此一指謂要具效準性，自然就不能不兼顧到科技知識人的特徵了。毫無疑問的，若此，則「知識份子」的概念就內涵著一種「兩難」的困境。

五. 「知識份子」的現代內涵——其兩難困境的解析

現代「知識份子」的兩難內涵可以說是現代文明（與文化）困境的一種反映。這種兩難乃源於社會「質」變所帶來之新意理與傳統古典意理矛盾的結果。（Wilson, 1984）這個問題的討論見諸於社會學古典理論如 Marx, Durkheim 與 Weber 著作之中，也是批判理論的論說重點，早已為修習社會學的學生所熟悉，在此實毋庸多說。在此，我們所要談論的是由 Weber 與 Eisenstadt 之社會資源或精英三邊論引伸出來有關「知識份子」的問題。

首先，我們要指出的是，由於工業革命帶來的變遷本質上是社會整體的「質」變，而不光是數變，「知識份子」當成是一個處理文化象徵的觀念人，其所具的社會意義就十分的重要。從俄國知識份子的身上，我們看到十九世紀以來變遷社會中知識份子的特殊歷史性格——邊際人。一方面，社會有傳統，它具有矜持延續的靱性，另一方面，外來（或由內部結構引發）優勢文化（狹義地說，觀念）的衝擊力又大。知識份子面對這樣的對立勢力，無論就觀念或情感認同上都可能有矛盾。做為一個觀念的引導者與價值的確立者，他們在理想與

現實之間有緊張與矛盾。Malia（1961: 4）指出十九世紀的俄國知識份子卽具此一異化現象。其實，這個現象是普遍地存在現代社會之中，只是在邊陲社會中特別地明顯而已。O'Dea（1972: 163）研究天主敎傳統時，稱知識份子此一兩難緊張爲「蘇格拉底緊張」（Socratic tension），它們大致有三個對立:（1）傳統主義相對理性，（2）穩定與延續相對創新與創造，和（3）制度正當化相對批判評價[20]。無疑的，知識份子所面對的這些兩難情境可以說是社會由「傳統」邁向「現代」所產生之「質」變轉化中必然內涵的結構問題。化解這個問題本身就是一項艱難的工作，也正因爲如此，此一問題衍生出「知識份子」的另外一個兩難的困境——理論與實踐（也是，理想與現實）的裂罅。處理這個問題，就必須關照到 Weber 與 Eisenstadt 的社會資源與菁英三邊論了[21]。

　　Weber（1954）認爲人類社會有三股伴生的力量，分別處理生活中三個重要但不同之層面的問題。它們分別是物質意欲（material interest）、權威（authority）、與價值取向（value orientation）。這三個力量又分別由三種社會資源來搭配運作，它們依次是金錢、權力、與知識。在現代社會中，這三種社會資源往往被制度化而分別歸諸不同的正當化領域。Eisenstadt（1981）卽指出，此一制度化過程使得此三個領域分別具有相當的自主性，而此自主性因此衍生了不可替代性。但是，由於在社會生活中人類的需求是多元、必須、而且也僅能由各種不同的資源分別來滿足，資源所具之自主與不可替代性因此保證了各自所擁有的社會價值，也於是產生了「交換」的必要性[22]。這

---

[20]　Eisenstadt 與 Curelarn（1976）在討論近代西方社會學發展時，也指出西方社會學理論事實上卽處理五種對立的矛盾。其中三種卽 O'Dea 所指的，另外兩類分別爲: 操弄控制相對屈服，權威相對自由與平等。同時參考 Eisenstadt（1972）。

[21]　詳細的討論，參看葉啓政（1984a）。

些資源所具有的特性——自主性、不可替代性，與交換性，於是編織出一幅複雜多變的社會網路。一個人所掌握資源的多寡與種類也就決定了他在社會中所占的地位。

大體來說，在社會中，掌握有控制物質意欲（因而，金錢）的乃屬一般所謂的「經濟菁英」；掌握有權威者卽是「政治菁英」，而掌握有決定價值取向（與知識）的卽是「知識份子」（上述廣義之「觀念精鍊人」）。他們分別代表社會中的秀異份子，主宰了三個主要的社會資源。Eisenstadt (1972: 8-9) 發現，在社會中，這三類人都有「欲保持其最大的自主性，但又欲對對方加以最大控制」的傾向，他們都欲求在建構文化與社會秩序過程中爭取到自主的機會（Eisenstadt, 1981: 160）。只是，大體而言，非政治性之菁英傾向於把自己視爲與政治權威是並行（假若不是優於的話），他們因此相當活躍地參與社會與政治事務，而且把自己看成是此等事務之意識形態特質的攜帶者或代表，且常以爲政治權威對自己具潛在可計算性的。更弔詭的是，政治菁英卻常把自己也看成是具自主性之文化秩序的精鍊者，而且以爲自己比文化菁英（知識份子乃此類菁英之代表）更具潛在優勢(Eisenstadt, 1981: 161)。

雖然在今天民主法治且已高度理性化的社會中，在制度上，社會給予此三類菁英的個自自主領域正當化的保障，但是，無疑的，由於政制代表社會中正當權威的最終實體，更由於權力所具強制約束力具有較多實質（如掌握軍隊、警力，與監視系統)與象徵（如合法性)的資源動員實力，政治菁英所可能掌握的實際控制權往往優於其他菁英。這種現象在民主法治制度化未臻完備的社會中更是明顯。基於這樣現實的條件，知識份子與政治菁英之間的關係常是相當不平衡，更罔談

㉒ 關於社會資源的類型、特性，及其交換模式，參看 Parsons (1975)。

有充分互惠互制的自主能力。同時，更由於，在功利理性主義的潮
流下，科技助長市場社會走向極端。組織迫使不少知識份子（尤指科
技知識份子）不得不相當程度地也屈服在經濟菁英的掌握之下。如此
雙重的結構因素，使得以「知識」（觀念）爲資源的知識份子必然在認
知、利益、乃至情感認同上分裂掉。這樣的分裂導致知識份子難以形
成一個具有共同理念與利益的階級（class）❷，縱然可以當成一個階
層(stratum) 來看待，其所以定義的屬性（如具相當程度的教育水準
、大多從事專業性的工作、屬中等收入者等等）其實也不具足以勾勒
出明顯的社會意義❷。相反地，「知識份子」的意義應當是從從一分
裂性來理解，才比較能夠彰顯❷。

　　我們指出，由知識份子與「政治——經濟」建制的關係來看，
Nettl 以「推」的立場所企圖指謂的「知識份子」原型並不足以充分
地反映「知識份子」的全貌。當我們從「拉」的角度來考量「知識份
子」與其他菁英（尤其是政治菁英）的結構關係，我們就不得不承
認，無論就事實的表現或分析上的意義立場來看，把「知識份子」指
謂浪漫化將是不夠周延，也未必適當的。靠「觀念」來表現自己的知
識份子在現實世界中並不全是具有明顯的不滿心理，也未必都具批判

<hr />

❷　Mannheim（1956）以爲，知識份子本質上不可能形成一有如 Marx 所
　　以爲之無產階級般，具有獨立的階級意識。他們必然要依附在某一階級
　　之下，以理念（或更確切地說，意識型態）來向某一階級認同，並謀求
　　理想與利益的實現。
❷　易言之，通常用來代表知識份子之階層屬性並非勾勒知識份子之原性的
　　必要條件，它們充其量只是反映此一類屬人群所具特殊的社會條件。這
　　些條件基本上是歷史因素促成的外衍特徵，並不是一種內涵的特質，因
　　此，截至目前發展階段而言，把知識份子看成一個階層，並不具明顯且
　　有用的分析意義。這就如同肯定人有兩個眼睛一般，固然是事實，但對
　　瞭解人存在的意義並沒有直接明顯的意義。
❷　詳細的分析、參看葉啓政（1984a）、Eisenstadt（1972,1973,1981）。

精神。他們可能因認知、利益、情感等因素，屈服在其他菁英的威勢之下。再說，縱然他們具有批判精神，乃至也有不滿心理，其所表現的，也可能有形式與程度上的不同，更罔論有的是全無批判精神或不滿心理了。更重要的是，後兩類型的人在現代社會中並不是少數，他們自不容被忽視的。

從上述的結構關係來看，做爲「觀念人」的知識份子必然是要在理念、理論、實踐行動、羣屬認同等等上分裂，更罔談因私利之考慮而會有更多不同的主張。在這樣的必然情況之下，Nettl 之「知識份子」原型只是一種古典浪漫的理想典型，他們存在於每個社會之中，也是人類在道德上共同期許肯定的原型。但是，面對著政制、組織，與金錢等等結構性條件的制約，這種原型固然是散發了人類偉大的情操，但卻帶著相當濃厚的悲劇色彩。這類型的人是如 Dahrendorf (1969) 所說的傻人 (fool)，當然也可能成爲政治與經濟的玩偶，成爲另一種的傻人。因此，把「知識份子」看成是文化象徵之神才菁英，他們不但在「觀念」上分裂，也在其社會角色上分裂，尤其是與政治的關係上有著嚴重的陣營分裂。這可以說是「知識份子」當成一羣人來看待時，首先展現的兩難困境。分裂使他們難以成爲一個階級，也難以具有形成階層的必要，更使他們一直是互相對立，互相撻伐，而往往成爲政治與經濟勢力玩弄的偶物。這也正是何以 Nettl 式的「知識份子」原型具有反諷之意思，一直爲人們所景仰，也以爲最具社會意義之所在。

再說，「知識份子」，不論如何區分，其本質都是涉及到「觀念」，也必然掛聯上「理論」。觀念和理論是個複合體，本身就因其傳統內涵、預設、認知經驗、情感歸屬等因素而充滿矛盾與對立，「知識份子」當成「觀念人」或「理論人」來看待，內部分裂也一樣地自是必然的

趨勢。再說，理論轉換成實際行動，而實際行動安置於社會之中的過程，基本上是個複雜的社會過程。在此一複雜多變，又糾結甚多外衍干擾因素的過程中，促成「知識份子」分裂的因子更是再加一層。其實，上述 O'Dea 所指出之三組兩難困境正反映「知識份子」此一分裂的必然性。

尤有進之的是，由理論至實踐乃代表兩種本身就具內在裂罅的狀態。理論帶有「理想」色彩，實踐原則上是「理想」在「現實」中的具體化，「現實」不是由「理想」演繹出來順理成章的自然社會形式。正相反的，「現實」與「理想」是分屬兩個不同且具半獨立性的社會範域，彼此之間可能具有邏輯一致的關聯性，但也可能充滿著不協調，乃是對立。知識份子就是締造此可能性的關鍵人物。因此，理想與現實的隔閡，又添加了「知識份子」當成一羣人可能面臨的兩難困境。這種兩難，一旦再加進「內在」（或謂「傳統」）文化與「外來」文化的對立因素，就更形明顯，也更加嚴重了。

總的來說，凡此種種內涵及外衍的兩難或矛盾，促使「知識份子」更是難以形成內聚共識，而且也難以被看成具有共屬性的人。瞭解「知識份子」因此不能從其共相，而必須從其殊相來著手。「推」的觀點是勾勒知識份子的起點，但「拉」的考慮卻是捕捉「知識份子」之社會特質必要的思考路線。單從「觀念」之本質推出去，但若沒有佐以「社會結構」整體的拉把，是無法周延而適當地瞭解「知識份子」的。說來，這是何以「知識份子」此一言詞一直撲朔迷離，難以明確掌握，始終困擾著學者的緣故。正因為如此，我們才以為「知識份子」的概念像個蘇州月餅，剝了一層皮，又有另一層，一直可以剝下去。要怎麼剝，剝到那一層，那就得關照到時空條件了。或許我們可以這麼說，「知識份子」是個有外限的東西，但其形狀為何，但看

怎麼捏塑，可以隨時空條件與運用需要而變形的。不過，人類總是懷
有理想，也總祈盼理想可以充分實踐，而不只是一個虛幻的烏托邦。
正因為這份人類共享的理想可能是超越時空，所以古典浪漫之「知識
份子」的意指一直被視為是原型，也始終具有一份莫以名狀的魅力，
運用在現實社會的解析上，也一直具有「價值關聯」上的實質意義。

　　最後，讓我們對「知識份子」的指謂與意含做個簡單的綜合說
明。基本上，「知識份子」是處理與使用象徵的人，其最原始的內涵
是「文化」的，我們不妨以「觀念人」或「知識人」稱之。在此前提
下，要進一步來界定「知識份子」，那就必須關照歷史與文化條件，
以「類型」的方式來進行是其中一個可行的方式。大致上，有下列四
組意含是可能指涉到的。

　　（1）強調品質性或範圍性觀念，

　　（2）關心社會政治事務與否，

　　（3）是否具有批判精神與不滿心理，

　　（4）依附政治或經濟組織建制的程度

　　理論上，由這四組意含可有16種不同的類型，這就構成了「知識
份子」的百景圖，Nettl 之古典浪漫「知識份子」指謂的只是其中之
一種而已。

　　（原文刊於《中國論壇》二六五期，1986年）

參 考 文 獻

余英時

　1976　〈君尊臣卑下的君權與相權〉，見氏著《歷史與思想》。臺北：聯經
　　　　出版公司。頁 47-76

1980 《中國知識階層史論》。臺北: 聯經出版公司。

何秀煌

1965 《記號學導論》。臺北: 文星書局。

金耀基

1971 《中國現代化與知識份子》。香港: 大學生活社。

胡秋原

1978 《古代中國文化與知識份子》。臺北: 衆文 (再版)。

徐復觀

1956 <中國知識份子的歷史性格及其歷史的命題>,見氏著《學術與政治之間》甲集。臺中: 中央書局。頁 136-153。

劉述先

1973 <關於知識份子問題的一些反省>,見《論中國文化問題》。臺北: 新文化事業供應公司。頁 165-168。

葉啓政

1984a <『理論──實踐』的轉型與安置; 知識份子的理想和社會的現實>,見氏著《社會、文化和知識份子》。臺北: 東大。頁89-135。

1984b <現代工業社會中的知識份子>,見氏著《社會、文化和知識份子》。臺北: 東大。頁 137-173。

1984c <從文化觀點談知識份子>,見《理想與現實》。臺北: 時報出版公司。頁 18-31。

錢穆

1960 《國史大綱》。臺北: 國立編譯館。

1977 《國史新稿》。臺北: 三民書局。

Aron, R.

1975 *The Opium of Intellectuals*. Garden City, New York: Doubleday.

Ascoli, M.

1936 *Intelligence in Politics*. New York: W. W. Norton & Co.

Bell, D.

1973 *The Coming of Post-industrial Society*. New York: Basic Books.

Bierstedt, R.

1959 "Nominal and real definition in sociological theory," in L. Gross (ed.) *Symposium on Sociological Theory*. New York: Harper & Row, 121-144.

Coser, L.

1965 *Men of Ideas: A Sociological View*. New York: Free Press.

Dahrendorf, R.

1969 "The intellectual and society: The social function of the fool in the twentieth century," in P. Rieff (ed.) On *Intellectuals: Theoretical Studies, Case Studies*. Garden City, New York: Doubleday, 47-52.

De Jourenel, B.

1960 "The treatment of capitalism by continental intellectuals," in G. B. de Huszan (ed.) *The Intellectuals*. Glenoce, Ill.: Free Press, 385-397.

Dijlas, M.

1954 *The New Class: An Analysis of the Communist System*. New York.

Eisenstadt, S. N.

1972 "Intellectuals and tradition," *Daedalus*, Spring: 1-19.

1973 *Tradition, Change and Modernity*. New York: John Wiley.

1981 "Cultural traditions and political dynamics; the origins and modes of ideological politics," *British Journal of Sociology*, 32: 155-181.

Eisenstadt, S. N. & M. Curelarn.

1976 *The Form of Sociology*: *Paradigms and Crises*. New York: John Wiley.

Feuer, K.

1976 "What is an intellectual?" in A. Gella (ed.) *The Intelligentsia and the Intellectuals*. Beverly Hills, Calif.: Sage, pp. 47-58.

Gella, A.

1976 "An introduction to the sociology of intelligentsia," in A. Gella (ed.) *The Intelligentsia and the Intellectuals*. Beverly Hills, Calif.: Sage, 9-34.

Goulder, A. W.

1979 *The Future of intellectuals and the Rise of the New Class.* San Franscio, Calif.: Seaburg.

Gramsci, A.

1971 *Selections from the Prison Notebooks*. New York: International Publishers.

Habermas, J.

1970 "Technology and science as ideology," in *Toward A Rational Society*. New York: Beacon, 81-122.

Kirk, R.

1956 *Beyond the Dreams of Avarice*. New York: Henry Regnery.

Nettl, J. P.

1969 "Ideas, intellectuals, and structure of dissent," in P. Rieff (ed.) *On Intellectuals*: *Theoretical Studies*, *Case Studies*, Garden City, New York: Doubleday, 53-122.

Knopfelmacher, F.

1968 *Intellectuals and Politics*. Melbourne, Australia: Nelson.

Knorr-Cetina, K.

1981 *The Manufacture of Knowledge*. Oxford, England: Pergamon.

Kuhn, T.

1970 *The Structure of Scientific Kevolutions*. Chicago, Ill.: The University of Chicago Press.

Lipset, S.M.

1963 "American intellectual: their politics and status," in *Political Man*. Garden City, New York: Doubleday, 323-371.

Lipset, S.M. & A. Basu

1976 "The roles of the intellectual and political roles," in A. Gella (ed.) *The Intelligentsia and the Intellectuals*. Beverly Hills, Calif.: Sage, 111-150.

Ludz, P.C.

1976 "Methodological problems in comparative studies of the intelligentsia," in A. Gella (ed.) *The Intelligentsia and the Intellectuals*. Beverly Hills, Calif.: Sage, 37-45.

Malia, M.

1961 "What is the intelligentsia," in R. Pipes(ed.) *The Russian Intelligentsia*. New York: Columbia University Press, 1-18.

Mandler, G. & W. Kessen

1959 *The Language of Psychology*. New York: John Wiley.

Mannheim, K.

1936 *Ideology and Utopia*. New York: Harvest Books.

1956 *Essays on the Sociology of Culture*. London: Routledge and Kegan Paul.

Nichols, R.

1978 *Reason, Tradition, and the Intellectual*: *Julien Benda and Political Discourse*. Lawrence, Kansas: The Regents Press of Kansas.

Nisbet, R.

1976 *Sociology as an art Form*. New York: Oxford University Press.

O'Dea, T.F.

1972 "The role of the intellectuals in Catholic tradition," *Daedalus*, spring, 151-189.

Oleson, A. & J. Ross.

1979 *The Organization of Knowledge in Modern America*. Johns Hopkins University Press.

Parsons, T.

1969 "The intellectual: a social role category," in P. Rieff (ed.) *On Intellectuals*: *Theoretical Studies, Case Studies*. Garden City, New York: Doubleday, 3-24.

1975 "Social structure and the symbolic media of interchange," in P.M. Blau (ed.) *Approaches to the Study of Social Structure*. New York: Columbia University Press, pp. 94-120.

Pipes, R.

1961 *The Russian Intelligentsia*. New York: Columbia University Press.

Pollard, A.

1964 "The Russian intelligentsia: the mind of Russia," *California Slavic Studies*, No. 3.

Price, D.J. de Solla

1963 *Little Science, Big Science*. New York: Columbia University

Press.

Salmon, A.

1960 "The Messianic Bohemians," in G.B. de Huszar (ed.) *The Intellectuals.* Glenoce, Ill.: Free Press, 19-27.

Schumpter, J.A.

1950 *Capitalism, Socialism and Democracy.* (3rd ed.) New York: Harper & Row.

Seton-Watson, H.

1960 "The Russian intellectuals," in G. de Huszar (ed.) *The Intellectuals.* Glenoce, Ill.: Free Press, 41-50.

Shils. E.

1958 "The intellectuals and the powers: some perpectives for comparative analysis," *Comparative Studies in Society and History,* 1: 5-22.

1968 "Intellectuals," in *International Enyclopedia of the Social Sciences,* Vol. 7, 379-415.

1974 *The Intellectuals and the Powers and Other Essays.* Chicago, Ill.: The University of Chicago Press.

Spender, S.

1960 "The English intellectuals and the world of today," in G.B. de Huszar (ed.) *The Intellectuals.* Glenoce, Ill.: Free Press.

Weber, M.

1953 *From Max Weber.* (trans by H.H. Gerth & C.W. Mills) New York: Oxford University Press, 3rd printing.

Whitley, R.

1984 *The Intellectual and Social Organization of the Sciences.* Oxford, England: Clarendon.

Willson, H. T.

1984 *Tradition and Innovation*. London: Poutledge and Kegan Paul.

— 7 —

— 5 —

— 3 —

滄海叢刊書目